Rudolf Röhr

Das Flämingdorf Borne war mein Zuhause

Die liebevolle Mutti

schwistern. Jeder, der an dem „Mast" vorbeiging, langte mal kurz hin. Meine Geschwister behaupten heute noch, ich hätte sie damals ab und zu verpetzt, dafür bekam ich dann von ihnen Schläge. Ich bin da anderer Meinung! (Siehe Leseprobe oben).

Oft begann der Streit am Mittagstisch. Dann stand meine Mutter auf und holte den Rohrstock vom Büffet. Der Rohrstock lag oben neben der großen Uhr. Meistens war dann Ruhe am Tisch. Ab und zu gab es auch etwas raus damit. Die Uhr tat bis 2002 brav und treu ihre Dienste auch ohne Rohrstock daneben. Zuletzt stand und ging sie noch in Niemegk in der Garage.

Die Erziehung hatte unsere Mutti übernommen. Vati griff nur ein, wenn es mal ganz schlimm wurde. Der Rohrstock meiner Mutter war mehr ein Drohmittel. Selten kam er so richtig in Aktion. Später einmal, ich war doch schon recht groß geworden, mühte sich mein Vater im Haferstall ab, mir eine rechte Tracht Prügel zu verpassen. Er gab sich redlich Mühe, ich merkte kaum etwas. Um ihm Genugtuung zu verschaffen, fing ich fürchterlich an zu brüllen. Er war es zufrieden und ließ ab. Mit ein paar Katzenköpfen und mal einer Tracht Prügel sind wir anständige Erdenbürger geworden.

Während des Krieges durften keine Busfahrten von der evangelischen Frauenhilfe aus organisiert werden. So trat einfach der Kriegerverein als Veranstalter auf. Das klappte. Meine Mutti wollte uns immer von unterwegs etwas mitbringen. Ich war etwa 3 Jahre alt und hatte mir etwas zum Fliegen gewünscht. Mutti kam abends von der Fahrt nach Hause. Sie brachte mir einen Ball mit und wollte mich nun in die Arme schließen, endlich hatte sie ihren Kleinen wieder. Ich wehrte mich und sagte zu ihr: „Du Aas!" Sie war schockiert. Wo ich das an diesem Tag aufgeschnappt hatte, weiß ich nicht mehr.

Meine Eltern

Mein Vater hatte als Schüler das Gymnasium in Waren/Müritz besucht. Er wohnte dort in einer Pension. Die Müritz fror im Winter meistens zu. Beim Schlittschuhlaufen hatte er meine Mutter kennen gelernt. Als Student zog er als Freiwilliger in den Ersten Weltkrieg und war Geschützführer bei der bespannten Artillerie. Nach dem Krieg beendete er sein Studium der Theologie in Berlin. Damit beginnen seine Erinnerungen in „Warum bin ich solange im Fläming geblieben" (1999). 1926 kam er nach Borne und blieb dort bis zu seiner Pensionierung 1963.

Meine Mutter zog nach der Hochzeit 1926 nach Borne. Sie starb im Februar 1945 im Krankenhaus Belzig an einer Nierenerkrankung. Es war nur der Kreisarzt da, er konnte sie nicht retten. Die anderen Ärzte waren im Krieg. Sie wurde auf dem Friedhof in Borne beigesetzt. Der Trauerzug erschien mir endlos. Ich hatte als Kind so große Angst, Mutti könnte scheintot sein, im Sarg wieder aufwachen und keiner würde es bemerken. Diese Vorstellung verfolgte mich jahrelang.

Bei dieser Beerdigung lebte der alte Aberglaube der Borner auf. Mutti war auf dem Vorderflur des Pfarrhauses aufgebahrt. Als die Träger den Sarg nach draußen trugen, stürzten sich ein paar alte Weiber auf die Schemel, auf denen der Sarg gestanden hatte und drehten sie um. Es sollte so schnell keiner wieder sterben. Wie wir einige Tage nach der Beerdigung erfuhren, hatten sich die Frauen auch bemüht, den großen Spiegel auf dem Flur zu verhängen, das gehörte dazu. Sie schafften es nicht. Ein alleinstehender alter Mann, „Olle Prinz" war ein paar Wochen vor meiner Mutter gestorben. Der Aberglaube blühte wieder auf. Der folgende Spruch machte die Runde im Dorf: „Ein alter Mann zieht immer eine junge Frau hinterher!"

Ferien in Waren

Bei unserer Großmutter in Waren/Müritz verbrachten wir jedes Jahr ungefähr drei Wochen unserer Ferien. Mein Vater hatte sich 1936 einen Ford-Eifel gekauft, der war für die schlechten Landwege durch seine große Bodenfreiheit wie geschaffen. Damit brachte er uns nach Waren und holte uns auch wieder ab. Er versorgte zu Hause unser Viehzeug, Enten, Hühner, Gänse und Schafe. In seinen Briefen an meine Mutter lag immer eine Bildergeschichte, die er gemalt und Reime dazu gedichtet hat. Im Anhang seiner Erinnerungen ist eine solche Bildergeschichte abgedruckt.

Damals fuhr meine Mutter im Laufe des Jahres auch mal mit dem Zug in ihre alte Heimat Waren und besuchte ihre Mutter, die dort allein lebte. Sie war eine sehr gütige alte Dame. Wir freuten uns immer sehr auf die Reise. Nicht schulpflichtige Kinder konnten verbilligt Eisenbahn fahren.

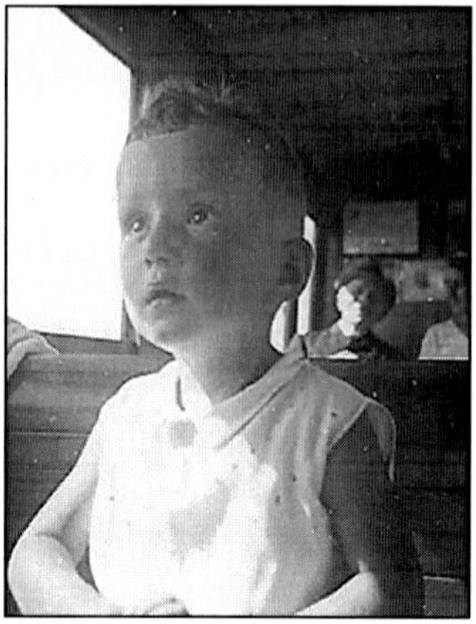

Auf dem Dampfer in Waren

In Berlin mussten wir recht schnell vom Bahnhof Friedrichstraße zum Stettiner Bahnhof, heute Nordbahnhof, kommen, sonst war der D-Zug nach Rostock über Waren weg. So fuhren wir mit einem Taxi durch Berlin. Es war ja nicht weit. Die Taxis waren recht lang, waren bis zu den Fenstern von unten her dunkelgrün, der Rest war schwarz. Unter den Fenstern zog sich ein schwarzweißer Streifen, er bestand aus schwarzen und weißen kleinen Quadraten, vom Beginn einer Vordertür der einen Seite hinten herum bis zur anderen Seite. Das war jedes Mal für mich ein Erlebnis, aber immer mit der Angst verbunden, schaffen wir den Zug?

Einmal hatte ich fürchterliche Angst, der Zug könnte ohne uns abfahren. Meine Mutter musste auf dem Stettiner Bahnhof schnell noch zur Toilette. Als Kind durfte ich mit in die Räume der Damentoilette. Das war ein Glück. Die Toilettentüren hatten eine besondere Verschlusstechnik. Die Türen der leeren Toiletten standen mit einer Sperre etwas offen. Man musste ein 10-Pfennig-Stück in einen Schlitz an der Tür einwerfen, dann ließ sich die recht schwere Tür mit diesem unheimlichen Schloss öffnen. Meine Mutter war anscheinend mit der Technik auch nicht so recht vertraut, zog die Tür wahrscheinlich nicht energisch genug zu, die Tür blieb in der Sperrvorrichtung hängen und Mutti saß so eingesperrt im Klo. Unsere gemeinsamen Bemühungen, die Tür zu öffnen, sie von innen, ich von außen, blieben erfolglos. Wir hätten sicher noch einmal ein Geldstück einwerfen müssen. Da war ich doch in großer Sorge um meine Mutti. Ich holte Hilfe, die befreite meine Mutter noch rechtzeitig. In letzter Minute erreichten wir den Zug. Ich machte später immer einen großen Bogen um diese Toilettentürtechnik. Sie schien mir zu gefährlich.

Unser Viehhof in Borne

Auf dem großen Grundstück in Borne hielt mein Vater Hühner, Enten, Gänse, Kaninchen, Schafe, zeitweilig ein Schwein und in der schlechten Zeit auch Ziegen. Als Züchter von Rhodeländer-Hühnern besuchte unser Vater mit seinen Hühnern Ausstellungen und kam oft mit Preisen zurück. Um die Legeleistung der Hühner zu kontrollieren, hatte er Fallnester gebaut. Wenn das Huhn zum Legen ins Nest ging, fiel eine

Das Füttern der Hühner mit Uschi

Holzklappe vor den Nestausgang. Wenn das Huhn gelegt hatte, gackerte es. Jemand aus der Familie kam, ließ das Huhn aus dem Nest, las die Ringnummer des Huhnes ab und trug das Ei mit einem Strich in eine Liste ein. Zur Brutzeit wurde die Ringnummer auf das Ei geschrieben. So wurden nur Eier von den besten Legern lt. Liste den Glucken untergelegt. Als die Küken geschlüpft waren, wurden sie anfangs mit Spratt's Kükenfutter gefüttert, das vorher etwas mit Wasser aufgeweicht wurde. Wenn ich dieses Futter zubereiten und in den Kükenstall bringen musste, aß ich schnell mal einen Teelöffel davon. Es hat mir immer sehr gut geschmeckt, trotzdem blieb ich ein zartes Kind! Der Knoten riss erst, als ich mit dem Studium fertig war. Da wurde ich ein kräftiges „Kind". Heute bin ich leider zu kräftig geworden.

In diese Zeit fielen meine ersten „Operationen" bei Hühnern. Es kam oft vor, dass die Hühner einen festen Kropf hatten. Unternahm man nichts, starben sie. Mein Vater öffnete mit einer scharfen Schere den Kropf, in dem sich meistens trockenes Gras angesammelt hatte, entleerte den Kropf und spülte mit einer Chinosol-Lösung den Kropf aus, ehe er mit Nadel und Zwirn den Kropf wieder zunähte. Das übernahm ich von ihm und führte oft diese OP durch. Meine Schwester konnte das auch. An einen Beruf als Tierarzt war damals überhaupt nicht zu denken.

Das Schweineschlachten und die Gartenernte

So weit ich mich erinnern kann, haben wir jedes Jahr im Dezember ein Schwein zu Hause geschlachtet. Die Schlachtung musste während des Krieges beim Bürgermeister angemeldet werden, dann bekam man einen „Schlachteschein". Der Fleischbeschauer war eine Amtsperson und hatte darauf die Schlachtung mit dem geschätzten Gewicht des Schweines zu bestätigen. Das Gewicht wurde bei der Ausgabe der Lebensmittelkarten für Fleischwaren angerechnet. Hatte man geschlachtet, bekam man eine gewisse Zeit keine Fleischmarken. Der Daumen vom Fleischbeschauer war bei den vielen Schätzungen „über den Daumen" recht krumm geworden. Wir waren es aber zufrieden. Voraussetzung für die Schlachtung war, dass das Schwein „selbst gehalten und gefüttert worden war". Diesen Passus konnte man umgehen, wenn man kurz vor der Herbstviehzählung schon ein größeres Schwein kaufte, einstallte und noch ein paar Wochen fütterte.

Auf eine Begebenheit möchte ich hier noch einmal eingehen, obwohl sie mein Vater in seinen „Erinnerungen" schon beschrieben hat: Meine Mutter war stolz auf das gefütterte Schwein und erwartete ein Lob von „Vater Mieritz", unserem Hausschlächter. Als das Lob nicht kam, fragte sie ihn, „Ist das Schwein nicht schön fett, Vater Mieritz?" „Det kann ick Ihnen sagen, Frau Pastern, noch eene paar Tage und det Schwein hätte bloß noch Fett jeschissen!"

Beim Brühen

So trug das Viehzeug zur Ernährung der Familie bei. Dazu kam das Gemüse und die Kartoffeln aus dem großen Gemüsegarten. Obstbäume hatten wir ausreichend und dementsprechend reichlich Obst, das im Keller für den Winter gelagert wurde. Ein Teil kam auf den Hausboden. So lange es nicht fror, lag es gut dort oben. Allerdings vergnügten sich dort die Ratten mit dem Obst. Wir hörten das, wenn wir abends im Bett lagen. Dann tobten die Ratten auf dem Hausboden umher, sprangen manchmal zwischen die dort lagernden leeren Weinflaschen und rissen sie um. Das war für uns Kinder besonders schaurig und erinnerte an Geister. Wir gingen auch nie abends auf den Hausboden und schielten immer zur Bodentreppe, wenn wir ins Bett gehen mussten. Die Weinflaschen wurden gesammelt. Wir gaben sie im Herbst mit nach Belzig in die Mosterei, wenn wir das Obst dort mosten ließen.

Ein großer Teil der Äpfel wurde nach Berlin verkauft. Sie mussten nach bestimmten Normen sortiert werden. Der Umfang des Apfels wurde mit Drahtringen gemessen. Jede Sorte hatte vorgeschriebene Größen, die eingehalten werden mussten. Die Äpfel durften keine Druckstellen und Beschädigungen aufweisen. Sie wurden schon beim Pflücken wie rohe Eier behandelt. In die Transportkiepen wurden sie in ein weiches Strohbett gelegt. Die Kiepen wurden mit einem Sacktuch überspannt und zugenäht. Die großen Sacknadeln besitze ich heute noch. Der „Hundewagen" wurde durch einen Umbau verlängert, dadurch passten mehr Obstkiepen

Der umgebaute Hundewagen mit Stangen für die Stangenbohnen

auf den Wagen und ab ging es zum Bahnhof Borne. Als Expressgut waren die Äpfel schon nach Stunden in Berlin. Dass man den Wagen umbauen und so verlängern konnte, war wieder eine Eigenkonstruktion meines Vaters, an dem eigentlich ein Baumeister verloren gegangen war.

Tabakanbau

Tabakwaren waren nach dem Krieg Mangelware, deshalb begann man mit dem Eigenbau. Die Kartoffeln im Garten mussten einen Teil der Anbaufläche an den Tabak abgeben! Kartoffeln und andere Nahrungsmittel, wie Milch, Quark usw. verdienten wir, als wir alt genug waren, beim Kartoffelrapen bei den Bauern.

Mein Vater war ein passionierter Raucher. Neben Zigarren rauchte er Pfeife. Seine „Piepe“ ging nie aus. So sorgte er selbst für den Anbau von Tabak. Anfangs gab es den Samen für eine Tabaksorte mit rundem dunkelgrünem Blatt und gelben Blüten. Das war ziemlich „starker Tobak“, wie mein Vater sagte. Ein Jahr später wurde ein feinerer Tabak gesät. Die Pflanzen waren größer, hellgrün, hatten spitze Blätter und rosarote Blüten. Das Ganze war eine „heilige Handlung“. Im Winter wurde der Tabak in Blumentöpfen ausgesät. Nach ein paar Wochen wurden die kleinen Pflänzchen pikiert. Wenn es das Wetter zuließ, wurden die so gezogenen Pflanzen ins Freie gepflanzt. Wenn sie anfingen zu blühen, wurden die Blüten abgeschnitten und das Ernten der ersten Blätter begann. Das so genannte „Sandblatt“ als unterstes Blatt brach man zuerst ab. Nach Tagen wurden die nächsten Blätter geerntet, bis nach und nach nur noch der Stamm stand. Der Stamm wurde auch aufgehoben, getrocknet und klein gehackt. Als „Machorka“ hat er noch manchen Raucher erfreut. Nachdem die einzelnen Blätter geerntet waren, wurden sie auf lange dünne Drähte gezogen und auf dem Stallboden getrocknet. So wie mein Vater Nachschub für die Piepe brauchte, wurden trockene Blätter abgenommen, fein glatt gestrichen, vom Sand gesäubert und fermentiert. Dazu wurde eine wässrige Lösung mit einem Ferment zubereitet, die mit einem Pinsel von beiden Seiten auf das Blatt aufgetragen wurde. Fünf bis sechs solcher Blätter wurden zu einer dicken Wurst fest zusammengedreht und in ein Weckglas gepresst. Das gefüllte Weckglas wurde mit Gummiring und Deckel und einer Spange fest verschlossen und einige Tage in die Bratröhre des warmen Kachelofens gestellt. Dort schwitzte der Tabak mit dem Ferment richtig durch Das war der Vorgang des Fermentierens. Danach wurden die feuchten Tabakwürste mit einem Messer ganz fein geschnitten und anschließend auf einem Kuchenblech in der warmen Stube getrocknet. Fertig war der Grobschnitt. Unser Schmied hatte eine Tabakschneidemaschine gebaut, die von Haus zu Haus ausgeliehen wurde. Die

Tabakwürste wurden in einer Art Kanal fest zusammengepresst und von hinten mit einem Holzschieber nach vorne gedrückt, ähnlich wie bei einer Häckselmaschine. Mit einer scharfen Klinge wurde der so herausgepresste Tabak geschnitten. Mit jeder Hebelbewegung des Messers wurde über eine Spindel der Schub angetrieben. Da die Maschine oft unterwegs war, musste eine Vorbestellung beim Schmied abgeben werden.

Der Tabakqualm beim Rauchen stank fürchterlich aus der Pfeife. Ich bekam davon starke Kopfschmerzen. Wegen der Kohlenknappheit heizten wir im Winter nur zwei Zimmer. Unten wurde das Esszimmer geheizt, in dem wir uns alle tagsüber aufhielten, in dem mein Vater qualmte. Oben im Haus wurde gegen Abend das Kinderzimmer geheizt, in dem wir schliefen. Nachmittags, wenn ich Schularbeiten machen musste, qualmte mir mein Vater seinen blauen Dunst vor. Er hat leider mit seiner Raucherei nie Rücksicht auf mich und meine Kopfschmerzen genommen.

Tabak war sehr begehrt. Bald hatten es Diebe auf unseren Tabak im Garten abgesehen und stahlen nachts die besten Blätter. Das war meinem Vater zuviel. Er baute eine Alarmanlage um den Tabak herum. An eingeschlagenen Holzpflöcken wurden oben flache Winkel geschraubt, an die Drähte befestigt wurden, die bis oben in das Schlafzimmer verlegt wurden. Etwa eine Strecke von mindestens 60 m. Am Ende des Drahtes schaukelte eine kleine Glocke, unsere „Totenglocke“, die wir zur Beerdigung von Küken eingesetzt hatten. Stieß jemand mit dem Bein gegen den Draht, meldete die Glocke oben den Dieb. Das passierte ein- oder zweimal. Von Stund an wurde nichts mehr geklaut.

Postamt Borne

Die Post in Borne war bei Gottlieb und Pauline Fischer in guten Händen. Pauline sortierte die Post auf ihren Ehebetten. Gottlieb trug sie aus. Man sah immer das Postauto ins Dorf fahren und wusste, jetzt ist die Post da. Dann konnte man, wenn man eine dringende Post erwartete, zu Fischers gehen und sich den Brief oder die Karte abholen. Wenn man zu schnell zu Fischers kam, überraschte man Pauline beim Kartenlesen. „Jott ach Jott“, murmelte sie dann, „ick habe die Post ja noch jar nicht alle gelesen!“ Das war das Postgeheimnis von Borne!

Onkel Fritze

„Onkel Fritze“ war unser Nachbar Fritz Hampel, den ich sehr mochte. Er war wie ein Vater zu mir, freute sich immer, wenn ich zu ihm kam und ihm bei seinen Arbeiten half. Wichtiger war ihm meine Gesellschaft. Ich ging oft mit ihm zur Scheune, die außerhalb von Borne in Richtung Belzig lag. Dort hielt ich die Säcke auf, damit er den Häcksel für seine Pferde einschippen konnte. Onkel Fritz war immer sehr darauf bedacht, dass der Häcksel recht kurz geschnitten war. Scharfe Messer an der Häckselmaschine waren für ihn wichtig. Als Tierarzt hatte ich später viel Ärger mit Pferdekoliken, die mit solchem kurz geschnittenen Häcksel gefüttert worden waren. Langer Häcksel sorgt für eine gute Verdauung. Hampel hatte aber nie Probleme mit dem kurzen Häcksel bei seinen Pferden.

Freund Walter Fäder (Pen)

Mit „Onkel Fritze" fuhr ich oft nach Wiesenburg zur Mühle Fäder. Bei Fäders wurde das Getreide abgeliefert, dort konnte man Düngemittel und Kohlen kaufen. Fäders hatten eine große Mühle und mahlten Mehl und Schrot. Im Tausch für Getreide bekamen die Bauern ihr Mehl. Walter Fäder sen., Bruder des Geschäftsinhabers Paul Fäder, spendierte mir immer eine Tüte mit ein paar Pfund Mehl. Er war der Müller in dem Familienbetrieb. Darüber habe ich mich sehr gefreut, konnte ich doch für uns alle etwas zum Essen mitbringen. Sein Sohn Walter wurde mein bester Freund. Wir gingen auch gemeinsam ab 1943 in die Belziger Oberschule. Dort wurde er „Pen" nach der englischen Schreibfeder genannt.

Pflaumenmus- und Sirupkocherei

Zur Vorratswirtschaft für den Winter bis zur nächsten Ernte gehörte auch das Pflaumenmus- und Sirupkochen im großen Kupferkessel in unserer Waschküche. Bis zu zwei Zentner Bauernpflaumen wurden mit der Hand ausgesteint. Die gesamte Familie und die Hampelschen Frauen saßen um eine große Wanne herum und warfen die ausgesteinten Pflaumen dort hinein. Dann begann am nächsten Morgen das Kochen, das fast den ganzen Tag dauerte. Damit das Mus nicht anbrannte, musste ständig mit einer besonderen Muskelle hin- und hergerührt werden. Die Kelle hatte einen langen Stiel wie ein Besen, an dem ein etwa 8 cm breites und ca. 50 cm langes Brett rechtwinklig angebracht war. Eigentlich war es kein Rühren, sondern ein ständiges Hin- und Herschieben auf dem Boden des Kessels. Um die Wirkung des Nichtanbrennens noch zu erhöhen, legte man ein paar faustgroße Steine mit in den Kessel. Zur Geschmacksverbesserung wurden frische Walnüsse mit der grünen Schale dazu gegeben.

Wenn auch schon das Aussteinen der Pflaumen eine klebrige Sache war, so klebte beim Kochen des Sirups erst recht alles. Von den Bauern wurden ein paar Zentner Zuckerrüben gekauft. Diese wurden gewaschen, gebürstet und geputzt, bis an der Rübe kein Sandkrümel mehr zu finden war. Die langen Wurzeln musste man schonen, denn darin war der meiste Zucker enthalten. Dann wurden die Rüben in einem sauberen Rübenschneider geschnitzelt, im Kessel weich gekocht, heiß in einen grobleinenen Sack gefüllt und so in einer Presse fest zusammengepresst. Die Spindel, mit der man die Schnitzel presste, war sehr fein, so dass man aus den Schnitzeln ziemlich den letzten Tropfen Saft herausholen konnte. Manchmal platzte auch der Sack, dann hatte man die Schnitzel im Saft. Das war nicht so schön, weil der Saft durch ein Sieb gegossen werden musste. Die Schnitzel waren nach dem Pressen fast trocken. Der so gewonnene Saft wurde im Kessel gekocht. Das dauerte auch Stunden. Das Kochen erforderte schon eine sehr große Geschicklichkeit und Erfahrung vom „Koch". Der Saft musste ständig kochen, durfte aber nicht überkochen und das konnte schnell passieren. Das konnte man auf zweierlei Weise verhindern. Einmal riss man die Ofentür auf, so verringerte man die Hitze, reichte das nicht aus, musste man mit einem großen Durchschlag schnell den kochenden Saft abschöpfen und wieder in den Kessel gießen. Der so eingekochte Saft wurde in Tontöpfe abgefüllt. Dieser Sirup war dickflüssig und von dunkelbrauner Farbe. Er wurde auf eine Brotschnitte gestrichen. In schlechten Zeiten, wenn es keinen Zucker gab, wurde Sirup zum Süßen von Speisen und beim Backen verwendet. Die Mehl- und Milchsuppen sahen ganz braun aus, schmeckten aber prima!

Einen besonderen Wert erhielt die Zuckerrübe, wenn man aus dem Sirup Zuckerrübenschnaps brannte. Das geschah meistens in der Nacht, weil es eigentlich verboten war. Eine Milchkanne war zum Destillationsapparat umgebaut worden und ging den Winter über von Haus zu Haus. Jeder wollte sich ein paar Flaschen Rübenschnaps brennen. Eigentlich waren die Schwarzbrenner leicht zu entdecken. Wenn nämlich nachts im kalten Winter der Schornstein kräftig qualmte, wurde dort unter Garantie Schnaps gebrannt. Der Schnaps hatte es in sich und sorgte immer für Stimmung, wo man ihn trank. Unser Gendarm Oberpichler aus Belzig hat zum Glück nie nach oben geguckt!

Zur „Nachtarbeit" gehörte auch das Schwarzschlachten. In der Beziehung hielten die Dorfbewohner sehr fest zusammen.

Hampels, unsere Nachbarn

Mit der Familie Hampel pflegten wir eine sehr gute Nachbarschaft. Gemeinsam wurde Pflaumenmus und Sirup gekocht, und der Kuchen und das Brot im großen Backofen abgebacken. Oma Lüdicke, die Mutter von Frau Hampel, heizte mit „Riesbunde" (Reisigbunde) den Backofen und achtete darauf, dass Kuchen und Brot die richtige Gare und die anschließende Bräune hatten. Oma Lüdicke hatte auch eine Ader für das „Besprechen". Meine Schwester bekam einmal hässliche Warzen an den Händen. Sie hatte alles versucht, die Warzen blieben. Oma Lüdicke erfuhr davon und holte nach dem Abbacken des Kuchens und Brotes meine Schwester in die Waschküche. Der Mond stand auch recht günstig. Jedenfalls sollte meine Schwester uns nichts von dem ganzen Hokuspokus erzählen, sonst wirkte das „Besprechen" nicht. „Mäken du musst stille sin!", legte sie ihr ans Herz. Eine Speckschwarte wurde im Backofen heiß gemacht, damit wurden die Warzen bestrichen. Was da alles noch so nebenbei passierte, habe ich nie erfahren. Die Warzen gingen jedenfalls oder rein zufällig weg. An solchen Hokuspokus glaubten viele Leute zu dieser Zeit auf dem Lande.

In Roßlau bei Dessau wohnte eine besonders intelligente „Hexe". Kurz nach dem Zusammenbruch gab es kaum Tierärzte und kaum Medikamente. Wenn die Tiere erkrankten, fuhren die Frauen mit der Bahn nach Roßlau zur „Hexe". In den Taschen hatten sie reichlich Naturalien verstaut, überwiegend Hausgeschlachtetes. Mein Vater war ja der Pastor, er sollte davon nichts wissen. Dann erkrankten Hampels Schweine. Emma Hampel setzte sich auf die Bahn und kam mit Verhaltensregeln aus Roßlau wieder. Wir wussten nichts davon. Ich meine heute, es war ein Rotlauf, an dem einzelne Schweine gestorben waren. Eines Tages wollte sich mein Vater wieder die große Sense von Hampels borgen, um im Garten die Brennnesseln abzumähen. Das tat er ab und zu. Emma Hampel wand sich, wollte und „durfte" die Sense nicht verborgen. Mein Vater sollte nicht böse sein, im Augenblick könnte sie ihm die Sense nicht borgen. Das Verbot, etwas zu verborgen, gehörte zu den Anweisungen der Wahrsagerin. Emma Hampel wollte aber auch nicht sagen, warum sie die Sense nicht verborgen konnte. Schließlich kam ihr die Idee, Opa könnte ja mit der Sense rüberkommen und die Brennnesseln abmähen. So geschah es, sie verborgte die Sense mit „Opan". Ist auch in den Erinnerungen bei meinem Vater nachzulesen.

Wir waren in vielen Dingen Selbstversorger

In der schlechten Zeit gleich nach dem Krieg wurde in unserem Kessel in der Waschküche auch Seife gekocht. Aus der Freibank-Verkaufsstelle in Belzig holten wir Schweinefett, Rindertalg und Knochen. Das kam alles zusammen mit Seifenstein in den Kessel und wurde gekocht. Nach dem Abkühlen setzte sich im Kessel oben eine ca. 5 cm dicke graue Seifenschicht ab, die mit dem Messer in handliche Seifenstücke geschnitten wurde. Nachdem sie auf Schiebern getrocknet waren, wurden sie vor allen Dingen zum Händewaschen benutzt. Im Kessel blieb eine dunkelbraune Brühe zurück, die ausgeschöpft werden musste. Ablasshähne gab es damals noch nicht. Ich musste das mal ausschöpfen und wollte das modern betreiben und physikalische Gesetze nutzen. So legte ich einen Gartenschlauch in den Kessel und saugte mit dem Mund an dem Schlauch, damit sie ablaufen konnte. Plötzlich hatte ich die scharfe Brühe im Mund, das brannte fürchterlich. Lange hatte ich zu tun, um diesen Geschmack los zu werden. Ich hatte meinen starken Sog unterschätzt und den Schlauch nicht rechtzeitig und schnell genug nach unten gehalten. Gestorben bin ich nicht daran.

Täglicher Einkauf

Nährmittel, Dinge des täglichen Bedarfs usw. kauften wir in unserem kleinen Kolonialwarenladen bei „Hitzen Muttern" in Borne, in Geschäften in Belzig bzw. bei Herrn Kreyssing aus Belzig, der einmal in der Woche schon mit einem kleinen Lieferwagen über die Dörfer fuhr und diese Waren brachte. Uns Kindern gefielen dann immer die Zucker- und Mehltüten, die nach dem Einfüllen und Abwiegen sorgfältig zugefaltet wurden. Sie wurden nicht einfach gefaltet und zusammengedreht, da wurde ein Teil zuerst nach innen gedrückt und die andere Seite von oben her dann so eingeknickt, dass eine flache Delle entstand. In dieser Delle lagen Waldmeisterbonbons für uns Kinder. Bäcker Engemann kam mit einem Pferd und einem Planwagen und brachte das Brot. In der Kneipe bei „Gastwirts", so wurde die Familie Paul nur genannt, gab es neben Getränken und Tabakwaren auch Essig vom Fass zu kaufen. Dazu ging man mit einer leeren Weinflasche zu „Gastwirts" und ließ sie sich füllen. Einmal war ich doch sehr überrascht, was eine gefüllte „Essigflasche" aushielt. Ich hatte den Essig geholt, kam zu Hause auf den Hof, stolperte vor dem Treppeneingang zum Haus und schlug die Flasche beim Hinfallen auf die steinernen Stufen. Nichts passierte. Die Flasche blieb ganz. Ich konnte es kaum glauben.

Nach der Ernte kamen jedes Jahr Händler aus der Wiesenburger und Zerbster Gegend mit frischem Sauerkraut und frischen sauren Gurken. Das schmeckte. Es war mal etwas anderes, sonst kannten wir nur die von meiner Mutter eingelegten Gurken. Der letzte in der Reihe der Händler war der Lumpenhändler. Von ihm bekamen wir Kinder kleine bunte Flöten aus Metall. War er wieder weg, flötete und piepte es an allen Ecken im Dorf.

Frau Danneberg, die Dannebergern, aus Belzig war ein hageres, altes Mütterchen. Ich habe sie nie anders gekannt. Sie war die Botenfrau für viele Borner und Bergholzer. Sie erledigte in Belzig viele kleine Aufträge und kam bei Wind und Wetter, im Sommer und Winter mit ihrem Hundewagen ins Dorf. Sie hatte einen großen kräftigen Hund, der den Wagen gemeinsam mit ihr zog. Noch heute wundere ich mich, wie es diese Frau mit diesem Wagen durch den Sandweg nach Borne geschafft hat. Sie brachte sogar für unsere Hunde das Hundefleisch mit. In Belzig gab es den Freibankschlächter Ay, von ihm holte sie das Fleisch. Es waren meistens Lungen, der Schlund usw. Das wurde alles mit billigem Reis in einem besonderen Topf für unsere beiden Hunde gekocht. Die freuten sich über das schöne Futter, oft bissen sie sich beim Fressen, weil sie futterneidisch waren.

Unser Ajax

Unsere Hunde

Ich wurde mit zwei Hunden groß, einem Boxer und einem Terrier. Der Boxer „Ajax" war ein richtiger Kinderhund.

Was der sich so alles von uns gefallen ließ! Er saß aber auch immer bei uns, egal was wir spielten. Ohne Ajax ging bei uns nichts. Wir waren bei ihm in jeder Hinsicht sicher aufgehoben. 1936 hatten meine Eltern einen kleinen Ford Eifel gekauft. Viel Freude hatten wir nur ein paar Jahre damit, dann kam der Krieg. Benzin wurde rationiert. 10 Liter Benzin im Monat bekam mein Vater für seine Dienstfahrten auf Zuteilung. Das Auto musste aber auf dem Nummernschild einen „Roten Winkel" als staatliche Zulassung nach außen hin haben, sonst durfte er nicht fahren. Ein paar Tage vor dem Zusammenbruch kamen deutsche Soldaten, um das Auto für die Wehrmacht zu beschlagnahmen. Weil das Auto nicht fahrtüchtig war, haben es die deutschen Soldaten mit einem „Primus" Trecker abgeschleppt, den sie ebenfalls vorher konfisziert hatten. Durch den „Einsatz" sollte der fahruntüchtige Ford noch zum „Endsieg" beitragen. Wenn meine Eltern mit dem Ford unterwegs waren und zu Hause erwartet wurden, machten wir Kinder oder unser Hausmädchen das Hoftor schon rechtzeitig auf. Einmal, wir Kinder spielten im Sandkasten, der zwei recht hohe Bretter hatte, sahen wir, wie unser Boxer, der mit uns im Sandkasten saß, ganz interessiert durch die Bretterritze guckte. Plötzlich sprang er auf, rannte zum Tor und biss einem fremden Mann ins Bein. Was war passiert? Unser Mädchen hatte das Tor geöffnet, da kam ihr dieser fremde Mann entgegen und forderte sie auf, mitzugehen. Das konnte Ajax scheinbar nicht ab und biss zu. Auch wenn wir spazieren gingen, rannte er nur ein paar Schritte vor uns her, blieb stehen, um nach uns zu sehen, ob wir denn noch alle da waren, dann rannte er wieder ein paar Schritte voraus. Damals hatte ich schon den Wunsch,

Uschi mit Ajax und Schnucki

wenn ich einmal Geld und Platz haben sollte, kommt ein Boxer ins Haus. Inzwischen erfreut uns der sechste Boxer.

Der Terrier dagegen war ein Einzelgänger und oft recht giftig. Mittags beim Fressen gab es oft eine Beißerei. „Schnucki", so hieß unser erster Terrier, war ein Katzenjäger, ein Mäuse- und Rattenfänger. Beim Katzenjagen waren sich beide Hunde einig. Sie haben aber nie eine gekriegt. Im Garten waren die Katzen zu schnell auf den Bäumen oder hinter den Zäunen verschwunden. Saß eine Katze auf einem Baum, wechselten sie sich in der Wache ab. Einer blieb im Garten, während der andere auf den Hof lief, Wasser trank oder fraß. Ratten und Mäuse gab es aber genug. Unser Nachbar Hampel borgte sich Schnucki öfter einmal als Mäuse- und Rattenfänger aus. Im Schuppen im Dorf hatte er das Schrot untergestellt. Wenn er da mal Ordnung schaffte, fielen die Mäuse nur so aus ihren Verstecken. Schnucki konnte viele fangen. In der Scheune nach Belzig lagerten die Getreidegarben, die im Sommer mit dem Mähbinder gemäht, dann aufgemandelt, eingefahren und im Winter gedroschen wurden. Die vollen Getreidegarben waren ein ideales Futter für Ratten und Mäuse. Ging es beim Dreschen im Winter in der Scheune im Tass/Tenne zu Ende, verkrochen sich Ratten und vor allen Dingen viele Mäuse hinter den letzten Garben. Hob man die an, sausten sie in alle Winde. Schnucki war ein Meister seines Faches. Er biss nur zu, ließ die tote Maus fallen und hatte schon die nächste gefangen. Er war ein kühler Typ und verlor nie die Übersicht. Mein Vater hatte selbst eine Rattenfalle gebaut, in der sich die Ratten lebend fingen. Die Falle war etwas größer als ein Schuhkarton. Anfangs ließen wir die so gefangene Ratte in einen Sack springen und schlugen mit einem kräftigen Schlag den Sack gegen die Wand, die Ratte war tot. Später, wenn Schnucki das bemerkte, dass wir in der Falle eine Ratte hatten, schlich er nur um uns herum. Mein Vater nahm die Falle, hielt sie in die Luft, öffnete die Falltür und ließ die Ratte herausspringen. Sie kam nicht einmal bis auf den Boden. Schnucki hatte sie schon in der Luft gegriffen und schlug sie sich um die Ohren, bis kein Knochen mehr ganz war. Oft bissen ihn die Ratten auch in die Lefzen. Er ließ nie los. Nach dem ersten Todesbiss hielt er gleich erst einmal kurz Ausschau, ob denn eine zweite Ratte zu greifen war.

„Bärchen vom Rehsumpf" und die Einquartierung

Später, als Ajax und Schnucki gestorben waren, brachte meine Schwester aus Dessau einen uns als Beißer bekannten Terrier namens „Bärchen vom Rehsumpf" mit. Nachbarn unserer Dessauer Bekannten waren Besitzer dieses Bärchens, der wegen seiner Bissigkeit sehr gefürchtet war. Eines Tages kam meine Schwester mit Bärchen an der Leine mit dem Zug nach Borne. Sie war zu Besuch in Dessau gewesen. Für uns alle zunächst ein großer Schreck. Es dauerte aber nicht lange und Bärchen war der liebste Hund. Er hat uns auch nie gebissen. Ähnlich wie Schnucki war er ein Ratten- und Mäusejäger. Er war allerdings recht hitzig. Wenn wir eine Ratte aus der Falle springen ließen, so dass sie auf zwei, drei Sätze entkommen konnte, machte er einen Satz und hatte sie wieder fest „im Griff".

In Borne und Bergholz hatten wir während des Krieges Einquartierung. Soldaten wurden für den Wehrmachtsstreifendienst ausgebildet. Man nannte sie damals „Kettenhunde". Die beiden Offiziere, Hauptmann Müller aus Rostock und Hauptmann Bergmann aus Wien, die den Lehrgang leiteten, wohnten bei uns. Bei den Quartiermachern hatten sich das Badezimmer und das WC in unserem Haus herumgesprochen. Jeden Morgen kam ein Teil der Soldaten, die in Bergholz wohnten, nach Borne zum Unterricht in den Saal des Gasthofes. Ehe sie in die Hauptstraße vor unserer Tür einbogen, formierten sie sich zum Marschblock und sangen ein Lied. Eines Tages zog mein Vater mit seiner Falle just zu dieser Zeit vor das Hoftor und entließ die Ratte aus der Falle, die im hohen Bogen auf die Soldaten zuschoss, der Hund hinterher. Der Gesang brach jäh ab, der Marschblock war ein auseinander stürmender Haufen. Bärchen hatte seine Ratte. Mein Vater hat sich wohl abends bei den Hauptleuten entschuldigt, sie nahmen die Entschuldigung an. Es hätte auch anders ausgehen können.

Hauptmann Müller fütterte die Hühner, Enten und Gänse, die wir hatten. Er machte sich auch sonst sehr nützlich und half, wo er konnte. Hauptmann Bergmann war ein „feiner" Mensch, ein Wiener. Ihm lag die grobe Arbeit nicht so. Eines Tages holte er sich eine Stehleiter aus dem Stall, um im Garten Äpfel zu pflücken. Er wollte sich auch nützlich machen. Wir wussten nichts davon. Der Baum war nicht so groß, es reichte die Stehleiter. Es dauerte nicht lange, da erschien Hauptmann Bergmann wieder auf dem Hof, in seinem Korb nur ein paar Äpfel. Später fanden wir im Garten unter dem Baum einen Poabdruck. Hauptmann Bergmann war mit der Stehleiter auf einer Seite eingesackt und „abgestürzt“.

Bärchen in der Schmiede

Der Onkel und der Großvater meines Freundes Harri betrieben gemeinsam die Schmiede im Dorf. Eines Tages kam Opa, Gustav Beuter, zu Handrichs und schimpfte mich fürchterlich aus. Ich ging in Distanz und fürchtete mich vor einer Ohrfeige, so aufgebracht war Opa! Ich wusste nicht so recht, um was es eigentlich ging. Ich merkte dann, es ging um unseren Hund, um Bärchen. Was war geschehen? Unser Grundstück war ringsherum hundesicher eingezäunt. Nur wenn mal das Hoftor offen stand, nutzte Bärchen die Gelegenheit, einen „Spaziergang“ durchs Dorf zu machen. Dabei machte er seiner edlen Herkunft alle Ehre. Stolz erhobenen Hauptes trabte er gemütlich umher, schnupperte hier, schnupperte da, setzte seine Markierungen. Er ließ sich auch von großen Hunden nicht stören, die er mal traf. Knurrten sie ihn an, griff er sofort an. Das überraschte sie, sie flüchteten. Ich kann mich nicht erinnern, dass er mal mit einer Bisswunde nach Hause gekommen wäre. Auf seinem Spaziergang trabte er zielgerichtet zur Schmiede hin. Im an die Schmiede angebauten Schuppen, ein Schleppdach nennt man so etwas, wurden die Pferde beschlagen. Unser Schmied war weithin für seinen guten Hufbeschlag bekannt. Beim Ausschneiden der Hufe fielen die Hufhornspäne auf die Erde. Auf die hatte es unser Bärchen abgesehen, die fraß er sehr gerne. Für ihn war das eine Delikatesse. Als er nun wieder einmal der Schmiede einen Besuch abstattete, erwischte ihn Opa Beuter, griff zu einer Schippe und schlug nach dem Eindringling. Dieser, geübt im „Nahkampf“ mit Schippenstielen, sprang auf den Schmied zu, biss in den Schippenstiel unmittelbar hinter der Schippe, ruckste kurz und hatte dem Opa die Schippe entrissen. Sicher hatte der nicht mit dieser Attacke gerechnet. Jedenfalls ließ Opa die Schippe los. Bärchen zog hocherhobenen Hauptes mit der Schippe in der Schnauze Richtung Heimat. Der lange Schippenstiel schleifte auf dem Pflaster hinterher. Alles Schimpfen und Drohen des Schmiedes rührte ihn nicht. Kurz vor der Dorfmitte ließ er die Schippe fallen und trottete nach Hause. Opa Beuter musste wohl oder übel voller Wut und Ärger die Schippe zurückholen. Den „Erfolg“ konnte ich dann bei Handrichs verbuchen.

Bärchen war ein unermüdlicher Kämpfer. Sein Lieblingsspielzeug mit uns Kindern war ein besenstielartiger Stock. Wenn er sich in den verbissen hatte, war er nicht abzuschütteln. Wir hielten den Stock hoch, er sprang ebenfalls hoch, verbiss sich in den Stock und ließ nicht wieder los. So konnten wir uns drehen, der Hund schwebte in der Luft wie beim Kettenkarussell. Wir konnten den Stock über die Schulter nehmen, er hing dahinten dran. Das war natürlich immer ein Kampf. So war Bärchen im Greifen und Wegziehen von Stielen erprobt. Opa Beuter hatte keine Chance.

Mein Vater hatte einen Tesching, mit dem er damals die große Spatzenplage bekämpfte. Heute sterben sie leider langsam aus. Vati war ein guter Schütze und schoss auch öfter flüchtende Ratten vom Balken. Unser Bärchen war die Knallerei gewöhnt und stand aufmerksam dabei, um die getroffenen Spatzen oder Ratten zu empfangen.

Hundemusterung

Eines Tages kam ein Befehl der Wehrmacht, alle Hundebesitzer hätten um 14 Uhr auf dem Dorfplatz mit ihren Hunden zu erscheinen. Man suchte Meldehunde für die Wehrmacht. Der Dorfplatz war mit großen und kleinen, echten und unechten Hunden „behundet". Alle Hunde bellten, fühlten sich stark. Plötzlich gab es einen großen Knall, der Platz war leer. Ein Soldat hatte eine Platzpatrone im Karabiner abgeschossen. Man wollte die Schussfestigkeit der Hunde prüfen. Die Hunde stoben in alle Himmelsrichtungen auseinander. Eine alte Frau lag an der Erde, ihr Hund zog an einem Strick, den sie sich um den Bauch gebunden hatte. Er kam schließlich los und flüchtete. Zwei Hunde blieben interessiert stehen und warteten auf das, was da kommen würde. Es war der große Fleischerhund, eine Art Dogge, von „Vater Mieritz", dem Hausschlächter, und unser Bärchen. Bärchen war zu klein, er wurde ausgemustert. Der Fleischerhund wurde zwar gemustert, aber auch nie eingezogen. Manche Hunde kamen tagelang nicht nach Hause. Sie fanden sich aber alle wieder ein.

Schützenkönig

Mein Vater war im 1. Weltkrieg Kriegsteilnehmer und somit Mitglied des Kriegervereins von Borne. Jedes Jahr wurde ein Schützenfest gefeiert. Vorher marschierte alles zum Schießstand, der leider sehr weit entfernt vom Dorf schon halb nach Belzig hinter der Bahn lag. Da gab es immer einen Kampf um den Schützenkönig. Andere Vereine kamen mit ihren Schützen. Gut waren die vom Postschützenverein aus Belzig. Der Wettkampf begann. Mein Vater hatte sich eine große alte Kette mit einem großen Stern als Orden eingesteckt, die er dem Schützenkönig umhängen wollte. Er behielt sie in der Tasche. Er selbst wurde der Schützenkönig! Er hatte sogar noch den zweiten Platz belegt. Sie konnten für ein anderes Kriegervereinsmitglied in den Wettkampf gehen. Gottlieb Fischer hatte

Vati gebeten, für ihn zu schießen. Da hätte er sich bald selbst als Schützenkönig abgeschossen. Abends brachten zwei Mädchen Vatis Preise. Er bekam eine kleine Statue vom Alten Fritz auf einem Sockel für den Schreibtisch und eine geflochtene Wäschetruhe, die bis vor ein paar Jahren bei uns noch ihre Dienste tat. Für uns Kinder waren solche Feste immer äußerst interessant.

Ganter Anton

Wir hatten zwei Gänse und den Ganter „Anton", der bewachte den Hof besser als ein Hund. Kam ein Nachbar oder sonst wer auf den Hof, stürzte er sich sofort auf den Ankömmling, fasste ihn in Brusthöhe am Schlafittchen und schlug mit den Flügeln. Beides war immer sehr schmerzhaft. So mancher Knopf einer Weste oder eines Mantels ging dabei verloren. Man konnte ihm nur beikommen, wenn man ihn ganz schnell kurz hinter dem Kopf am Hals fest in den Griff nahm und zur Seite schleuderte. Da musste man aber Übung haben. Er lebte viele Jahre mit seinen beiden Damen bei uns und sorgte für Gänsenachwuchs. Meistens waren sie im Garten auf der großen Wiese mit den Schafen bzw. Ziegen. Auf der Wiese im Gebüsch überlebten diese Tiere 1945 den Zusammenbruch. Sie wurden auch nicht geklaut, wie es damals an der Tagesordnung war. Niemand hatte sie bemerkt.

Kinder spielen oft den Beruf des Vaters

Jedes gestorbene Küken oder andere verendete Tiere beerdigten wir Kinder feierlich. Taufen wurden ebenfalls abgehalten. Eine alte Haustürglocke diente als Kirchenglocke. Sie meldete später auch die Tabakdiebe. Auf einem Brett wurde das tote Tier „aufgebahrt", mit Blumen geschmückt und im Trauerzug zum blumengeschmückten Grab getragen. Meine Schwester spielte den Pastor. Die Mädchen, unser Nachbar Onkel Fritz hatte drei Töchter, trugen selbstgebundene Kränze im Haar. Die beiden älteren Schwestern Inge und Lore trugen die Bahre. Die jüngste Tochter Gerda und ich waren die „Leidtragenden". Mein Bruder läutete die kleine Glocke, die an einem Baumast gebunden war. Mit einem Mal war plötzlich Ruhe. Der Glöckner Harald war vom Baum gefallen. Auch diese kritische Situation wurde gemeistert.

Der Trauerzug nach der Beerdigung

Das Grab des Kükens

Liebe zur Landwirtschaft

Mein Interesse für die Landwirtschaft erwachte schon recht früh. Unser Nachbar Fritz Hampel hatte eine kleine Landwirtschaft und verdiente sich als Milchfahrer von Bergholz etwas dazu. In Borne fuhr „Der olle Wiedefeld“ den Milchwagen. An jedem Tag des Jahres fuhr „Onkel Fritze“ morgens mit seinem Milchwagen nach Bergholz, lud dort von Haus zu Haus die vollen Milchkannen auf seinen Wagen und fuhr mit seinem Pferdegespann nach Belzig zur Molkerei. Das war eine ganz schöne Leistung, die 20-Ltr.-Kannen während der Fahrt auf den Wagen zu heben. Damals gab es noch keine Milchkannenbänke. Die Kannen standen bei jedem Kuhhalter vor der Tür. Später gab es die Milchbänke. Sie waren für den Milchkutscher eine Erleichterung. Im Dorf standen mehrere Milchkannenbänke. Dort brachten mehrere Halter ihre Milchkannen hin. Man brauchte die Kannen dann nur in gleicher Höhe auf den Wagen übersetzen. Mein größter Wunsch war es, einmal mit zur Molkerei fahren zu können. Alles, was „Onkel Fritze“ machte, war für mich interessant. Ich bin oft dort gewesen, wenn er nachmittags seine Landwirtschaft versorgte und habe sehr viel gelernt. Er war auch handwerklich geschickt. Eines Tages kam Onkel Fritze extra meinetwegen mit seiner Milchfuhre morgens noch einmal über Borne und nahm mich mit nach Belzig. Sonst fuhr er von Bergholz direkt nach Belzig. Das war schon interessant, wenn die Milchwagen aus den umliegenden Dörfern sich in der Molkerei trafen. Dort wurden auch die neuesten Neuigkeiten ausgetauscht. So schnell konnte keine Zeitung sein. Oft gab es schon in der Stadt unter den Milchfahrern ein Milchwagenrennen, wer wohl als Erster an der Molkereirampe war. Die vollen Kannen wurden auf ein Rollengestell gesetzt. So rollten sie bis zur Waage, wo die Milch ausgegossen und gleich gewogen wurde. An einer anderen Rampe kamen die gewaschenen Kannen wieder heraus. Zum Teil waren sie mit Butter- oder Magermilch gefüllt, wie es eben jeder Bauer bestellt hatte. Am Buttertag bekam der Milchfahrer eine große Kiste mit Butterstücken ausgeliefert, die beim Zurückbringen der Kannen im Dorf auf die Kannendeckel gelegt wurden. Kinder begleiteten den Milchwagen oft durchs Dorf und riefen laut vor den Gehöften, z.B. „Pauls Motter, de Botter!" Das blieb bis heute in meinem Gedächtnis haften, wenn ich ein Stück Butter sehe. So mancher Botengang wurde durch die Milchkutscher erledigt. Wenn jemand im Dorf gestorben war, lagen zur Beerdigung die Kränze auf den Milchkannen für das ganze Dorf.

Opa Wiedefeld fuhr die Borner Milch nach Belzig. Er hatte immer schwere und gemütliche Pferde. Opa schlief meistens auf der Fahrt nach Belzig in seinem Schutzhäuschen, das auf dem Milchwagen montiert war. Die Pferde suchten sich alleine den Weg, dabei kam es recht oft vor, dass sie auf dem schmalen Fahrradweg dahintrotteten und man durch lautes Rufen lange brauchte, um „Opan" zu wecken, damit er den Weg frei gab.

Pfingsten an der „Maie"

Pfingstsonnabend versammelte sich die Jugend abends im Dorf. Eine große Birke wurde aus dem Wald geholt und als „Pfingstmaie" mitten im Dorf aufgestellt. Der Stamm wurde bis in eine Höhe von zwei Metern mit Eisenstäben beschlagen, um die Birke vor dem Absägen durch die Jugendlichen der Nachbardörfer zu schützen. Obwohl in jedem Dorf eine Pfingstmaie stand und durch die Jugendlichen die ganze Nacht über bewacht wurde, gelang es doch hin und wieder, den Baum abzusägen. Die Wächter waren übermüdet eingeschlafen, hatten manchmal auch zu viel Alkohol getrunken! Sie hatten die Lacher auf ihrer Seite. In solch einer Nacht kamen die jungen Borner Burschen auf eine tolle Idee. Morgens um 4 Uhr holten sie sich einen kleinen Gummiwagen. Heinz Schüler stieg mit zwei Milchkannen auf den Wagen, die anderen zogen und schoben das Gefährt durch das Dorf, so wie der Milchwagen jeden Morgen seine Tour machte. Heinz klapperte mit den Milchkannen und ahmte das Hüh und Hot von „Wiedefelds Opan" nach. Ohne auf die Uhr zu gucken, sprangen die Bauern aus dem Bett und meinten, sie hätten verschlafen. So nahmen sie nur die am Abend zuvor ermolkene Milch, luden sie auf Handwagen und brachten diese Milchkannen an den Ortsausgang des Dorfes, um den Milchwagen zumindest für diesen Milchtransport noch zu erreichen. Die Milch musste unbedingt mit zur Molkerei, es gab noch keine technische Kühlung und am nächsten Tag wäre sie sauer gewesen. Die einzige Kühlung war der Keller. Wenn es dann mal gewitterte, wurde die Milch sogar im Keller sauer.

Einmal war „Relligs Heinrich“ Opfer der Streiche. So stellten sie abends im Dunkeln einen „Stiesel“, eine Vogelscheuche, an seine Haustür und klopften. Damals gab es kaum Lampen an der Eingangstür. Heinrich kam auch, sprach den Stiesel an, der nicht antwortete. Schließlich war es ihm zu viel und er stieß ihn mit der Hand vor die Brust, der Stiesel fiel um, Heinrich verschwand blitzschnell von der Tür.

Der Abend im Dorf

Bei Hampels durfte ich auch bald die Pferdeleine halten und die Pferde lenken. Ähnlich war es bei meinem besten Freund Harri. Seine Eltern hatten einen der größten Bauernhöfe in Borne. Wir waren beide im November geboren und wurden schon im Kinderwagen nebenher durchs Dorf geschoben. Während Onkel Fritz zwei leichte Pferde hatte, besaßen Handrichs sechs bis sieben schwere Pferde und einen 28-PS-Deutz-Traktor. Hier war eben auch mehr los. Ich konnte noch nicht die Uhr am Kirchturm lesen, aber abends, wenn die Gespanne zwischen sechs und sieben vom Feld ins Dorf fuhren, war ich von zu Hause weg. Da lebte das Dorf so richtig auf. Meistens bin ich um diese Zeit zum großen Leidwesen meiner Eltern zu Handrichs hinten über den Friedhof verschwunden. Es sollte um 19 Uhr bei uns Abendbrot gegessen werden, ich war weg! Ich wollte dort sein, wo das Leben war, das können Eltern nicht verstehen. Zu Hause gab es deswegen öfter etwas hinter die Ohren. Mein Vater bemühte sich intensiv, dass ich die Uhrzeit ablesen konnte. Er hatte als junger Pfarrer dafür gesorgt, dass eine weithin sichtbare Uhr am Kirchturm angebracht wurde. Ich konnte bald die Kirchturmuhr lesen, blieb aber trotzdem nicht zu Hause. Auf dem Heimweg war das Gewissen umso schwerer belastet. Ohne Kenntnis der Uhrzeit wäre das nicht so schlimm gewesen.

Kinderspiele im Dorf

Wir sind auch gerne ins Dorf zum Spielen gegangen. Es gab ein paar Spiele, die fast alle Kinder des Dorfes in der Dorfmitte vereinten. Das Völkerballspiel mit zwei Parteien war meist die Domäne einiger Mädchen. Es geht dabei um das Abwerfen der gegnerischen Spieler in zwei Feldern. Wer getroffen wurde und den Ball nicht fangen konnte, war „abgeworfen“ und musste aus dem Kasten. Die Mädchen konnten am besten fangen und werfen.

Ein weiteres Spiel war das Steh-Geh-Spiel. Als Spielfeld stand der gesamte Dorfplatz zur Verfügung. Ein Kind war der „Greifer“. Jedes Kind, das vom Greifer berührt wurde, musste nach der Aufforderung „steh“ sofort stehen bleiben. Es konnte von seinen Mitspielern durch Berühren und der Aufforderung „geh“ erlöst werden, wenn der Greifer nicht aufpasste. Das Ziel des Greifers war es, alle Kinder mit seinem Schlag zum Stehen zu bringen. Das gelang nur, wenn es wenig Kinder waren.

Das größte Spiel für uns alle war das Suchen oder Verstecken im ganzen Dorf. Bei den Dorfbewohnern war es nicht so beliebt. Zwei gleiche Gruppen wurden gewählt. Eine Gruppe konnte sich im Dorf verstecken, die zweite suchte dann. Meistens wurde es sonntags gespielt, wenn alle den „Sonntagsstaat", die Sonntagskleidung, anhatten. Es dauerte oft einige Stunden. Man versteckte sich in Futterkammern, im Stroh, in Kellern, in Maschinenschuppen. Der Clou war die Häckselkammer mit den Häckselsäcken, in die man kroch. Wir sahen auch entsprechend aus. Die Getreideacheln hatten sich schön im Haar und vor allen Dingen in der sonntäglichen Kleidung festgesetzt. Wobei Wollkleidung alles an Acheln aufnahm. Zu Hause gab es immer Ärger mit den Müttern.

Durch das Versteckspiel im ganzen Dorf kannten wir jeden Garten, jeden Obstbaum und alles, was so in den Gärten angebaut wurde. War die Zeit der Ernte gekommen, „bedienten" wir uns hin und wieder. Ein Baum hatte es uns allen angetan. Es war ein Sommerapfel, der im Garten der Familie Rettig stand. Er stand auch dicht am Zaun und war oft Ziel unseres Raubzuges. Der Apfel schmeckte köstlich. Später, als ich dann hier in Niemegk wohnte, wollte ich mir immer diese Sorte anschaffen. Aber es gab sie nicht.

Wie es so auf dem Dorf üblich war, wurde auch „Pferd" gespielt. Zwei Jungs im gleichen Alter und von gleicher Größe waren ein „Passgespann". Mit Handwagen, Leinen und Peitsche fuhren wir durch die Gegend. Ein größerer Junge war Kutscher. Harri und ich waren ein solches Gespann, ebenso mein Bruder und Reinhold Loth.

Sonntags, wenn wir nicht so recht wussten, was wir machen sollten, fuhren wir gern auf dem einzig noch im Dorf existierenden und funktionierenden Göpel Karussell. Bevor es den elektrischen Strom gab, wurden durch einen Göpel die Maschinen, wie Schrotmühle, Dresch- und Häckselmaschine angetrieben. Vier Balken waren über Kreuz an ein Zahnräderwerk angeschlossen. An diese Balken wurden je nachdem, welche Maschine betrieben wurde, ein oder zwei Pferde angespannt. Es war Platz für vier Pferde. Sie liefen im Kreis, zogen an den Balken und trieben so die Maschine an. Mit fünf bis sechs Kindern an den Balken schafften wir es, den Göpel in Bewegung zu setzen, wenn z.B. nur die leere Häckselmaschine oder gar keine Maschine angeschlossen war. Die Häckselmaschine machte einen ganz schönen Krach, wenn sie mitlief, dann wurde der Besitzer alarmiert. Da war es höchste Zeit, die Kurve zu kratzen. Der Göpel wurde Anfang der 50er Jahre abmontiert.

In eine Häckselmaschine legte man Stroh, das zu Häcksel, etwa 4 - 5 cm lange Strohschnipsel, geschnitten wurde. Der Häcksel wurde mit Getreidekörnern gemischt und den Pferden als Futter gereicht. Dieses Futter musste immer etwas in der Krippe mit Wasser angefeuchtet werden. Wenn die Pferde schnaubten, flog der trockene Häcksel aus dem Trog, dann konnten sie das reine Getreide als Delikatesse fressen. Gerade das sollte das Wasser verhindern. Sie sollten ja auch satt werden, der Häcksel diente als Ballastfutter.

Wir als die Paster-Kinder waren immer mit dabei, haben jeden Blödsinn mitgemacht. Mir hat das jedenfalls immer viel Spaß gemacht.

Kino in Belzig

Sonntags gab es in Belzig in zwei Lichtspieltheatern „Kino". Fernsehen gab es noch nicht. Da zogen wir Kinder in einer größeren Gruppe nachmittags zu Fuß oder mit dem Rad nach Belzig. Hatten wir uns einen etwas gruseligen Märchenfilm angesehen und beim Heimweg dunkelte es schon, bekamen wir doch schon manchmal Angst vor dem Pop. Wenn ich heute mal wieder das Buch von den „Heiden von Kummerow" lese, muss ich an meine Kindheit denken und kann herzlich darüber lachen. Damals hatte man als Kind eine kleine Freundin, zumindest bildete man sich das manchmal ein. Wenn man es schaffte, im Kino neben seiner „Angebeteten" zu sitzen, war das ein ganz „tolles" Erlebnis. So genügsam waren wir damals! Wenn ein ganz besonderer Film lief, war das ganze Dorf auf den Beinen, um sich diesen Film in Belzig anzusehen. Dann waren Karten rar. Es konnte passieren, dass man in der ersten Reihe saß! Das Kino war die einzige Kommunikation, wo man bewegte Bilder mit Ton sehen konnte.

Kartoffelernte

Im Herbst, wenn die Kartoffelernte begann, war das die „Hohe Zeit" für uns Kinder. Jeder Bauer hatte seinen Stamm an „Rapstern", Frauen die von Bauer zu Bauer gingen und dort die Kartoffeln meist hinter der Kartoffelschleuder rapten/aufsammelten. Die Rapster wurden den ganzen Tag bei dem jeweiligen Bauern mit sehr gutem Essen versorgt. Das ging schon morgens beim Kaffee mit guter Wurst und selbstgebackenem Kuchen los. Auf dem Feld gab es herzhafte Wurststullen zum Frühstück. War das Feld nicht weit vom Dorf, fuhr man zum Mittagessen nach Hause. Lag es weiter entfernt, kam jemand mit Pferd und Wagen und brachte das Essen auf den Acker. Es gab ja noch keine Autos in der Landwirtschaft. Mit dem Pferdegespann brauchte man viel Wegezeit. Zum Mittagessen stellten wir uns als Kinder ein und bekamen meistens von dem köstlichen Mittag etwas ab. Es waren die „Rester“, die zum Aufheben und Aufwärmen nicht lohnten. Keiner von den Bauern wollte sich lumpen lassen, so gab es immer etwas Gutes.

Maidenlager

1941 wurde in Borne hinter dem Dorf Richtung Wiesenburg vom Reichsarbeitsdienst (RAD) ein Lager für Maiden (Mädchen) gebaut. Der Baustil war überall gleich. In Baitz und Niemegk standen auch solche Maidenlager. Es war im Viereck gebaut. Vorn quer stand die Führerbaracke, in der die „Führerinnen“ bzw. die Leitung wohnten. Rechts stand die „Kameradschaftsbaracke“, in der die Maiden untergebracht waren. Die einzelnen Zimmer nannte man „K 1“, „K 2“ usw. Das waren die „Kameradschaften“, in denen die Maiden wohnten und schliefen. Links zog sich die Wirtschaftsbaracke hin. Vorn war der große Essenraum, dem sich die Küche und die Vorratsräume anschlossen. Das Ende bildeten die Sanitäranlagen, Duschen, Bäder, Toiletten und schließlich die Heizungsanlage. Den Abschluss bildete hinten quer ein Stall, in dem Garten- und andere Geräte, die Fahrräder und Schweine untergebracht waren. Der Innenraum zwischen den Baracken hatte einen Appellplatz und war von schönen Blumenbeeten umsäumt.

Die jungen Maiden im Alter von 17 - 18 Jahren sollten die Haus- und Feldarbeit kennen lernen. Sie wurden auf die vier Dörfer Borne, Bergholz, Klein Glien und Hagelberg aufgeteilt. Mit den Rädern fuhren sie in die umliegenden Dörfer zu ihrer Arbeit. Gegen 8 Uhr früh verließen sie das Lager und kamen gegen 16 Uhr wieder zurück. Auf dem Heimweg trafen sie sich auf der Dorfstraße. Kam eine Maid nicht rechtzeitig aus dem Gehöft, wo sie arbeitete, riefen die auf der Dorfstraße Wartenden immer laut „A-lopp-lopp-lopp!“ Wir vollendeten diesen Ruf mit „Ihr seid bekloppt!“ Das gab dann Ärger! Als Kinder haben wir oft unseren Schabernack im Lager getrieben. Abends wurde an den Fenstern geklopft, auf dem Schwein geritten, den Maiden beim Duschen zugesehen, obgleich die Fenster sehr hoch angebracht waren. Sehr schön waren die Weihnachtsfeiern im Lager. Zur Adventszeit wurden wir Kinder ins Lager eingeladen. Die Maiden spielten Theater, sangen Lieder, bewirteten uns. Wir waren die Ehrengäste und fühlten uns auch so. Schöne Erinnerungen. Leider waren wir zu jung, um uns dort eine Freundin zu suchen. Die Jugendlichen, die für sie in Frage gekommen wären, waren als Soldaten im Krieg. Sie besuchten im Urlaub mal die Maiden. Da ihre Ausbildung nur sechs Monate dauerte, kamen kaum Freundschaften zustande. Die Führerin des Lagers blieb als einzige Maid in Borne und heiratete hier. Wie sie mit den Maiden umging, war schon toll. Sie war ihnen sicher ein gutes Vorbild.

Das Lager blieb aber den Soldaten nicht verborgen. In Zerbst war ein Flugplatz. Dort wurden Piloten für Jagdflugzeuge ausgebildet. Sie hatten bei ihren Übungsflügen das Lager bald entdeckt und wollten den Maiden ihre Stärke beweisen. So tauchten sie mit ihren „ARADO-96“ Übungsflugzeugen auf und schossen im Tiefflug über das Lager hinweg. Gefährlicher war der Sturzflug auf das Lager. Die ARADO-96 war dafür gar nicht eingerichtet. Es war eine ziemlich lahme Ente, wie man damals immer sagte. Der gefährliche Anflug wurde sehr schnell verboten.

Die Wasserversorgung

Borne liegt mit seinen ca. 156 m über Meeresspiegel verhältnismäßig hoch. Es war schwierig mit der Wasserversorgung. Man hatte deshalb ein zentrales Wasserwerk in Richtung Klein Glien gebaut. Aus ca. 92 m Tiefe wurde das Wasser mittels Windkraft (einer Turbine) in zwei Kessel gepumpt. Das Werk lag recht hoch, so hatte das Wasser in den Rohren unten im Dorf den richtigen Druck. Das Wasser reichte oft nicht aus, um das Dorf jederzeit ausreichend zu versorgen. War es im Sommer recht heiß und windstill, gab es kein Wasser, obwohl ich mich nicht erinnern kann, dass jemand das Wasser aus der Leitung zum Sprengen seines Gartens benutzte. Das Pumpengestänge bestand aus ca. 10 cm starken und etwa 5 m langen Holzstangen, die durch einen Metallverschluss aneinander gekoppelt waren. So ging das mit den Stangen in die Tiefe des Brunnens. Oft brach eine Stange, die ersetzt werden musste, dann wurde auch das Wasser knapp. Als das Maidenlager belegt war, gab es öfter kein Wasser. Die Maiden duschten recht ausgiebig, dann waren die Wasserleitungen leer. Wie oft sind wir mit dem Handwagen, beladen mit Milchkannen, zum „Wasserberg“ gefahren und haben dort Wasser geholt. Anfangs musste mit einer Kanne an einem Seil das Wasser aus den Kesseln mit der Hand hochgezogen werden. Später hatte man unten an den Versorgungsrohren, die aus den Kesseln kamen, einen großen Wasserhahn angeschlossen. Da konnte man die Kannen einfacher füllen.

Es gab aber noch einen Ziehbrunnen im Dorf in der Ecke vor den Gehöften von Richard Koreuber und Emma Rießler. Dieser Brunnen hätte aus dem Märchen stammen können. Der Froschkönig hätte sich sicher darüber gefreut. Er war aus Feldsteinen gemauert etwa 6 - 8 m tief. An einer Kette, die über eine Holzrolle lief, konnte man mit einem Eimer Wasser schöpfen. An einer Kurbel drehte man den vollen Eimer hoch, der frei hängend über den Rand des Brunnens hinausgezogen werden musste, um das Wasser in die mitgebrachten Gefäße zu gießen. Im Sommer ging das ja. Im Winter glitzerte der Brunnen, die Ränder und die Umgebung wie ein Märchenschloss. Das verschüttete Wasser machte alles zur

Eisbahn. Eigentlich muss man sich wundern, dass da niemand ausgerutscht und in den Brunnen gefallen ist. Dafür wurden genügend Eimer versenkt. Wer den Eimer nur an den Haken der Kette hängte, hatte meistens Pech. Der Eimer blieb im Brunnen. Wenn genügend Eimer versenkt waren, kam mein Vater mit einem Dreihaken, der wie ein kleiner Anker aussah. Der wurde an eine lange Leine gebunden. Damit angelte mein Vater die Eimer wieder aus dem Brunnen. Das erforderte sehr viel Geschicklichkeit. Er hatte die erforderliche Ruhe dazu.

In trockenen Sommern holten wir für unseren Garten das Wasser aus den Dorfteichen. Im Fläming wurden sie „Puhl“ genannt. Borne hatte einen großen und einen kleinen Puhl. Sie waren beide nur durch einen Garten, in dem auch eine Scheune stand, getrennt. Sie lagen gleich hinter unserem Garten an der Faulen Gasse. Das war mit unserem Hundewagen, auf den zwei große Metallfässer gestellt wurden, nicht weit. Für uns Kinder war das immer ein Anlass, so richtig im Wasser herumzupanschen.

Die Teiche waren nicht sehr sauber. Dort floss das Regenwasser aus dem gesamten Dorf hinein. Bei großen Regengüssen und bei starken Schneeschmelzen, wenn das Wasser die Dorfstrasse breit heruntergelaufen kam, wurden die Jauchepumpen der Bauern in Betrieb gesetzt und die Jauche auf die Straße gepumpt. So entledigte man sich schnell der Jauche, die man über Winter schlecht ausfahren konnte.

Auf dem Teich

Im Winter traf sich auf dem großen zugefrorenen Puhl die Jugend. Mit Schlittschuhen liefen wir übers Eis, spielten Zecken und Eishockey! Aus Astgabeln schnitten wir uns die Eishockeyschläger. Tennisbälle ersetzten den Puck. Das war immer eine tolle Jagd. Die Schlittschuhe wurden an die Sohlen der hohen Schuhe mittels eines kleinen Schlittschuhschlüssels angeschraubt bzw. mit einem Lederriemen angeschnallt. Manche fuhren sogar mit Halbschuhen oder Gummistiefeln Schlittschuh. Da hatte man aber kaum Halt und knickte laufend um. Was sollte man aber machen, wir kannten nichts anderes und waren glücklich! Heute hat man Schuhe mit angeschraubten Schlittschuhen. Schnallte man abends die Schlittschuhe ab, lief man die ersten Schritte wie auf Eiern.

Interessant wurde es erst, wenn das Tauwetter einsetzte. Zu meiner Kinderzeit gab es über Wochen noch richtigen Winter mit viel Schnee und richtiger Kälte. Da waren die Straßen nach Belzig und vor allen Dingen nach Bergholz zugeweht. Die Einwohner mussten die Wege wieder freischippen. Mit Pferden, Treckern und Schneepflügen war dem Schnee oft nicht beizukommen. Setzte das Tauwetter ein, floss das Schmelzwasser in großen Bächen durchs Dorf in die Teiche und von dort weiter

Richtung Belzig. Wenn dann nachts wieder starker Frost einsetzte, konnte man von Borne bis kurz vor Belzig auf einer Breite von ca. 5 m auf dem Eis mit dem Schlitten und Pieken fahren. Mit den Pieken stieß man sich auf dem Eis ab. Zurück war das schlechter, dann mussten wir unsere Schlitten ziehen, wenn nicht gerade ein Pferdewagen von Belzig kam, an den wir uns anhängen konnten.

Der Teich war bis oben ran voller Tauwasser. Das war dann immer besonders schön zum Spielen. Auf unseren Rodelschlitten legten wir uns als Sitz einen alten Sack, um von unten nicht nass zu werden! Dann ging es mit Schlitten und Pieken auf den Teich. Pieken haben wir uns selber gebaut. In etwa 60 cm lange Holzstöcke wurde unten ein großer Nagel geschlagen, mit dem man sich auf dem Eis abstoßen konnte. Unten war noch das Eis, oben das Tauwasser. Trotz des Sackes bekam man einen nassen Hosenboden. Vom Schlitten durfte man nicht herunterfallen, dann war man völlig durchnässt. Es geschah leider recht oft. Taute das Eis, ohne dass es Schnee gegeben hatte, wurden „Klippen" gebaut. Das Eis brach in große Stücke. Mit den Schlittschuhen oder dem Schlitten versuchten wir, über diese Schollen zu fahren. Oft genug hat man ein kühles Bad genommen, wenn man die nächste Scholle nicht erreichte.

Die große Sensation Abend für Abend ereignete sich im Sommer nach dem Krieg auf dem Teich. Aus dem Lager der Technischen Nothilfe kurz vor Belzig hatten wir uns 1945 unter anderem Schlauchboote geholt. Wir hatten zwei große und ein kleineres Boot. Damit fuhren wir auf dem Dorfteich umher und versuchten uns gegenseitig zu rammen. Es war eine richtige Wasserschlacht. Da fiel so mancher in den Teich. Wir hatten uns auch Reservetanks von den Feldern geholt, die die alliierten Bomber, die nach Berlin flogen, abgeworfen hatten, wenn sie leer waren. Die wurden seitlich aufgemeißelt und jede Hälfte diente uns als Boot, in dem einer sitzen konnte. Die untere Hälfte war stabiler und schwerer. Da konnte man sogar ein Steuer anbauen, das mit den Füßen betätigt werden konnte. Das Oberteil war leicht und wurde durch eine quer gespannte Kette von uns stabilisiert. Kleine Bretter dienten als Paddel.

Einmal hatten wir einen Jungen, der aus Berlin zu Besuch war. Er wollte mit Gewalt mal mit dem Oberteil auf dem Teich fahren. Er durfte auch fahren. Plötzlich sprang er mit dem Ausruf „Mann über Bord!" in den Teich. Dreckig und modderig stieg er an Land. Der Teich war nicht tief, aber modderig.

1945 hat so mancher Soldat seine Handgranaten gezündet und in den Teich geworfen, da flog der Modder nur so durch die Gegend. Es lagen trotzdem viele ungezündete Handgranaten und Munition sowie Gewehre im Teich, die die Soldaten 1945 weggeworfen hatten. Man fand das alles später, als man den Teich von Modder und Unrat räumte, um den Löschwasservorrat für die Gemeinde zu verbessern. Beim Räumen des Teiches ist zum Glück nie etwas passiert.

Die Ausrede

Eine Begebenheit aus meiner Kindheit möchte ich noch erwähnen. Heute noch sagt man mir nach, dass ich schon immer eine Ausrede zur Hand gehabt hätte. Diese Fähigkeit hätte ich schon als kleiner Junge gehabt. Mein Vater erzählte gern folgende Geschichte: Als ich im Gemüsegarten auf den schmalen Wegen, sie waren so breit wie eine Schippe, mal auf das Beet getreten bin und mein Vater deswegen mit mir schimpfte, hätte ich geantwortet: „Wenn ich doch so wackeln muss!" Das wäre schon die erste Ausrede gewesen.

Spinnichte

Geselligkeit wurde in Borne groß geschrieben. Wie schon erwähnt, gab es kein Fernsehen, so versammelte sich die Familie nicht vor der Glotze. Im Dorf hatten sich unter den Erwachsenen Freundschaften zwischen vier bis fünf Ehepaaren gebildet. Diese Ehepaare trafen sich an den Wochenenden zur Spinnichte bei einer Familie. Die Frauen machten Handarbeiten, die Männer spielten Karten. Es wurde auch etwas getrunken und zum Abschluss gab es Kaffee und Kuchen. Die Mädchen in unserem Alter, mit denen wir befreundet waren, trafen sich auch in der Wohnung eines Mädchens, deren Eltern zur Spinnichte ausgegangen waren. Sie machten auch Handarbeiten. So gegen 20.30 Uhr erschienen wir Jungs dann auf der Bildfläche. Da wurden Gesellschaftsspiele wie „Mensch ärgere Dich nicht" usw. gespielt. Sehr beliebt waren Pfänderspiele. Man musste etwas raten, wenn man es nicht wusste, musste man ein Pfand abgeben. Waren genügend Pfänder beisammen, wurden diese verteilt. Dazu musste einer immer fragen, „was soll derjenige tun, dessen Pfand ich hab in meiner Hand!" Da gab es viele Möglichkeiten: den „Ofen anbeten". „Lieber Ofen hör mich an, ich hab' keine Frau und du keinen Mann!" Ein Mädchen musste dann aufstehen und ihn erlösen. „Kirschenkosten" war sehr beliebt. Der- oder diejenige musste reihum mit verbundenen Augen die Jungs oder Mädchen küssen und sagen, wer das ist. „Uhrenküssen", ein Junge und ein Mädchen mussten versuchen, eine Taschenuhr zu küssen, die zwischen denen hin- und herpendelte. Wir haben auch Karten gespielt. Wer z.B. Schwarzer Peter wurde, wurde im Gesicht mit Ruß beschmiert. Den gab es in jeder Küche im Herd. Es hat jedenfalls immer sehr viel Spaß gemacht.

Geselligkeit

Zur Geselligkeit im Dorf gehörten auch große Feste, an denen das gesamte Dorf teilnahm. Es fing im Februar mit „Fastnachten" an. Zwei Jungen wurden zu „Platzmeistern" und zwei Mädchen zu „Ehrendamen" gewählt. Am Sonntag trafen sich die Mädchen, die Platzmeister und die Musikkapelle bei einer der Ehrendamen. Es wurde gemeinsam Kaffee getrunken. Jedes Mädchen hatte ein Schleifenband mitzubringen, das den Platzmeistern aufs Jackett genäht wurde. Sie bekamen noch eine große Schärpe um, ein Blumensträußchen in die Brusttasche des Jacketts und ein Sträußchen an den Hut. Vor dem Haus der Ehrendame versammelte sich die Jugend und marschierte mit der Kapelle und den Mädchen zum Saal. Nachmittags war auch Tanz für die Kinder. Abends war der Tanz öffentlich für die Nachbardörfer.

Am Montag zog vormittags die Jugend mit Musik von Haus zu Haus, ein Ständchen wurde gespielt. Platzmeister und Ehrendamen luden zum abendlichen Tanz ein, es gab ein Schnäpschen, einen herzhaften kleinen Imbiss und weiter zog die Truppe. Die Platzmeister mussten ganz schön trinkfest sein. Nachmittags trafen sich die Mädchen und Platzmeister bei der zweiten Ehrendame, tranken Kaffee und zogen wieder in den Saal. Am zweiten Tag war es üblich, dass die Geschäftsleute aus Belzig kamen und mitfeierten. Da gab es reichlich Freibier. An diesem Tag waren die Dorfbewohner mit ihren Gästen unter sich. Die einzigen Auswärtigen waren die Jugendlichen aus Bergholz, mit denen wir uns sowieso gut verstanden.

Bei jeder Tanzveranstaltung im Saal gab es die „Kiekeweiber". Der Saal hatte zwei große Fenster zur Straße hin. Die waren allerdings sehr hoch. So mussten sich die Kiekeweiber Stühle und Bänke mitbringen, damit sie besser in den Saal gucken konnten. Ihnen entging nichts, wer mit wem tanzte, wie oft sie tanzten, wie dicht sie miteinander tanzten, wer was und wie viel getrunken hat usw. Am nächsten Tag konnte man das in der „Dorfpresse" alles haargenau erfahren. Manchmal brach auch ein Stuhl unter der Last zusammen, dann kugelten sie alle durcheinander. Es war ein Völkchen für sich.

Das nächste große Dorffest war das Hahnreiten. Im Dorf versammelten sich die Reiter mit ihren Pferden und zogen mit Musik vor das Dorf, wo auf einem Feld das Hahnreiten ausgetragen wurde. Dazu war auf einem Pfahl an einer Spindel der Hahn aufgeschraubt. Der Hahn bestand aus Holz und war an Kopf und Schwanz abgerundet, damit man sich beim Abschlagen nicht verletzen konnte. Das Gewinde an der Spindel war sehr fein, damit der Hahn nicht gleich abfiel. Die Reiter mussten im schnellen Tempo an dem Hahn vorbeireiten und mit der Hand an den Hahn schlagen, damit er sich abdrehte. Manche waren auch gewitzt. Wenn sie sahen, dass der Hahn schon sehr weit abgedreht war und jeden Moment abfallen konnte und der nächste Reiter nicht der Gewinner sein sollte, schlugen sie den Hahn so, dass er sich wieder hochdrehte. Der Sieger, bei dem der Hahn abfiel, bekam ein schönes Präsent. Abends war wieder Tanz im Saal.

Im Sommer wurde das Kinderfest ganz groß gefeiert. Die Kinder zogen mit Musik durchs Dorf. Die Mädchen hatten hübsche Dirndlkleider an. Es wurden Volkstänze vorgeführt. Im Dorf vor dem Gasthaus wurden verschiedene Spiele gespielt. Es gab auch Kindertanz. Da haben wir als Kinder das Tanzen gelernt. Keiner von uns kannte eine Tanzstunde. Meistens waren es die Mädchen, die im Tanzen perfekt waren. Ich weiß noch, dass wir uns nach dem Krieg auf dem Zementestrich im verlassenen Maidenlager getroffen haben. Auf einem alten Grammophon, das Christa Schulze mitgebracht hatte, wurden ein paar alte Schallplatten abgespielt, zu denen wir tanzten. Dabei wurde der „Kuckuckswalzer" am meisten gespielt. Wenn ich ihn heute noch höre, kommen mir sofort die Bilder von damals in Erinnerung.

Das letzte und größte Fest im Jahr war der Feuerwehrball. Im November begannen wir schon mit den Vorbereitungen. Zum Feuerwehrball mussten zwei Theaterstücke aufgeführt werden, ein trauriges und ein lustiges Stück. Beim traurigen Stück musste im Publikum „geweent" werden, sonst taugte es nichts. Das Stück war immer so traurig, dass auf jeden Fall „geweent" werden konnte und musste. Das lustige Stück bereitete schon auf den anschließenden Tanz vor. Da gab es auch so manche lustige Panne. Im „lustigen Feuerwehrmann" spielte ich den Feuerwehrmann und bekam zum Schluss meine Angebetete, die von Gitta Handrich gespielt wurde. Das Stück war zu Ende, wir hörten schon den Vorhang fallen, umarmten uns und ließen uns vor Freude, dass es geschafft war, aufs Sofa fallen. Plötzlich ein Mordsgelächter im Saal. Wir hatten nicht bemerkt, dass der Vorhang auf halber Höhe hängen geblieben war. Zu den Proben für diese Theaterstücke wurde so mancher selbstgebrannte Zuckerrübenschnaps getrunken. Helmut Brandenburger, er war Elektriker, stand oben auf einer Stehleiter und lief mit der Stehleiter wie ein Akrobat durch den Saal. Zur Generalprobe erschienen hauptsächlich die Kiekeweiber und Rentner, die nicht mehr zum Tanz kamen. Es war für uns eine tolle Sache.

Vom Kochen und Heizen

Damals wurde mit Holz, Reisig und Kohle geheizt und gekocht. In der Küche stand ein Herd, auch Kochmaschine genannt. Der Herd war vom Töpfer wie ein Ofen in eine Ecke der Küche gesetzt. Es gab Kochmaschinen in verschiedensten Formen. Alle hatten aber eine Herdplatte mit 2, 3 oder mehr Löchern, in die man Töpfe hängen konnte. Die Löcher in der Herdplatte konnte man mit Ringen, die man dort einlegen konnte, größer oder kleiner machen oder auch ganz schließen. Die Töpfe hatten in halber Höhe einen metallenen Kranz. Bis dahin hing der untere Teil des Topfes im offenen Feuer. Durch das Heizen mit Holz oder Kohle wurde der Topf von unten durch den Ruß rabenschwarz. Das ergab oft die Schwärze für den „Schwarzen Peter" beim Quartettspiel. Der Bratofen im Herd wurde extra beheizt. Viele Herde hatten auch noch eine „Pfanne", ein gusseisernes rechteckiges Gefäß, das so in den Herd eingelassen war, dass es vom Herdfeuer mitgeheizt wurde. Ein Deckel hielt das Wasser in der Pfanne warm. So hatte man immer warmes Wasser zum Abwaschen usw. Wie beim Kochen im Kessel in der Waschküche, spielten die beiden Heizungsklappen des Herdes auch eine große Rolle. War das Feuer z.B. beim Marmeladekochen zu groß, wurde die untere Aschenklappe zugemacht. Es gab verschiedene Techniken, die sich die Hausfrauen ausgedacht hatten.

Ähnlich war es mit den Kachelöfen in den Zimmern. Hier wurde meistens morgens geheizt. Das reichte bei normaler Witterung für den Tag aus. Im Winter, wenn es sehr kalt war, solche Winter hatten wir damals sehr oft, mussten abends noch einmal ein paar Kohlen nachgelegt werden. Das Heizen solcher Öfen musste auch verstanden sein. Erst wenn die Kohle richtig durchgebrannt war, durfte man die beiden Ofentüren und die Klappe am Abzugsrohr schließen. Die Öfen hatten alle eine viereckige „Röhre". Vorn waren zwei kleine Türen eingebaut, wie ein richtiges Tor, das man nach beiden Seiten öffnen konnte. Durch kleine Schiebegitter konnte man die warme Luft dort entweichen lassen. Um hinten die Röhre öffnen zu können, gab es einen Hebel. Diese Röhren waren sehr praktisch. Dort wurde mittags mein Essen warm gehalten, bis ich aus der Schule kam. Vom Tabakfermentieren meines Vaters habe ich schon berichtet.

Mein Freund Walter Fäder (Pen) lernte in Berlin als Student in seiner Studentenbude für die Prüfung. Vorher hatte er geheizt. Man sollte meinen, ein Chemiker weiß darüber Bescheid. Er machte den Ofen zu und lernte fleißig weiter. Mit einem Mal, so erzählte er mir, gab es einen fürchterlichen Knall, die Decke des Ofens hob sich kurz an, fiel wieder zurück und aus den Ritzen quoll eine dunkle Staubwolke hervor, die das ganze Zimmer unter sich begrub. Ich kam kurz danach zu ihm und konnte mir noch dieses Chaos angucken. Er hatte den Ofen zu früh zugemacht.

Kein elektrischer Strom

Zum Kriegsende hatten wir keinen Strom mehr. Alles blieb dunkel. Petroleumlampen wurden wieder fit gemacht und dienten abends als Zimmerlampen. Wer noch Kerzen hatte, verbrannte diese. Wir hatten aus der

Kirche abgebrannte Altarkerzen aufgehoben. Aus denen gossen wir uns Kerzen. Das ging ganz gut. Die einzige Schwierigkeit war der Docht. Wir probierten verschiedene Fäden, wie Wolle, Bindfaden usw., aus. Den richtigen Docht fanden wir nie. Die Kerzen brannten aber.

Es gab noch eine alte Fahrradlampe, die mit Karbid gespeist wurde. Jetzt erwies sie sich als nützlich. Im unteren Teil der Lampe war ein Metallbehälter, in den man zerkleinertes Karbid füllte. Den schraubte man unten an die Lampe. Oben füllte man in einen Behälter Wasser ein. Öffnete man mit einer Schraube diesen Behälter, so tropfte Wasser auf das Karbid. Das entstehende Karbidgas wurde zu einem Brenner in der Lampe geleitet und man hatte das beste und hellste Licht am Rad. Wir hatten zwei Karbidlampen. Sie waren nichts für die Wohnung, denn das stank mächtig. Ich erinnere mich noch, dass Harris Onkel in seiner Schmiede ein Schweißgerät hatte, das auch mit Karbid betrieben wurde, ehe nachher Sauerstoff- und Elektroschweißgeräte ihren Einzug hielten.

Die Eisenbahner bei uns im Dorf hatten auch solche Lampen am Fahrrad, wenn sie abends um 22 Uhr zur Schicht zum Bahnhof fuhren. Auf dem Bahnhof standen immer Batterien von Petroleumlampen, die von den Eisenbahnern mit Petroleum gefüllt und abends zu den Signalen und Weichen gebracht wurden. Morgens sammelten sie sie wieder ein. Heute denke ich noch an Herrn Brandenburger aus Borne, der als Fahrdienstleiter auf dem Borner Bahnhof arbeitete. Als er abends um 22 Uhr mit dem Rad zum Bahnhof fuhr, starb er 1992 am Signal an einem Herzschlag. Jeder im Dorf kannte das Signal kurz vor dem Bahnhof. Es gab eine große Beerdigung. Er war Mitglied im Kriegerverein. So wurde Salut geschossen. Dabei brach seine Frau zusammen und wäre fast ins Grab gefallen. Das habe ich nie vergessen können. Wir Kinder saßen im Kirchturm, hatten geläutet und konnten von oben die ganze Sache beobachten.

Ein paar Monate waren nach dem Krieg ins Land gegangen, ich war gerade auf dem Hof und sah, dass die Hoflampe an der Schule brannte. Strom ist endlich wieder da! Ich rannte in unser Haus und knipste alle Lampen an. Nun konnten wir auch wieder Radio hören. Als die Teilung Deutschlands in Ost und West erfolgte, sendeten der RIAS und der Sender Freies Berlin (SFB) aus Berlin. RIAS war der „Rundfunk Im Amerikanischen Sektor". Vom Osten gefürchtet und verdammt. Man kann übrigens das ehemalige Sendehaus vom RIAS heute noch in Berlin sehen, wenn man mit dem Auto auf der Stadtautobahn 100 in Richtung Süden fährt. Den Osten ärgerte die Propaganda, die täglich ausgestrahlt wurde. So fing man an, die Sendungen, zunächst nur die des RIAS, zu stören. Es gab die Lang-, Mittel- und Kurzwellenbereiche, die sich sehr gut stören ließen. Vor allen Dingen wurde die Mittelwelle gestört. Neben der Burg

Rabenstein kann man noch heute den „Bunker" sehen, auf dem der Störsender montiert war. Auch die Belziger Funkstelle am Bergholzer Weg hatte den RIAS zu stören. Es dauerte aber nicht lange, da hatte man die Ultrakurzwelle (UKW) „salonfähig" gemacht und sendete über UKW den RIAS und SFB. Diesen Wellenbereich konnte der Osten nicht stören. Zum Empfang brauchte man aber ein Zusatzgerät (Tuner) ähnlich dem heutigen Receiver fürs digitale Fernsehen. Wir hatten uns aus Westberlin auch solch ein Gerät besorgt. Es war so groß wie eine Zigarrenkiste und hatte an der vorderen Schmalseite eine Skala und ein Rädchen, mit dem man die Sender einstellen konnte. Das war eine feine Sache. Als Student in Berlin hatte ich ein kleines Radio „Weimar" aus der DDR-Produktion, das nur eine Mittelwelle hatte. Damit konnte man in Berlin sehr gut alle Sender hören. In Berlin wurden die Westsender nicht gestört. Es dauerte nicht lange und man konnte in der DDR Radios mit eingebautem UKW-Teil kaufen.

2. Schulzeit

Schule in Borne

Die unbeschwerte Kinderzeit ging mit der Einschulung zu Ostern 1939 zu Ende. Die Schule in Borne lag dem Pfarrhaus genau gegenüber auf der anderen Straßenseite. Ich brauchte nur die Treppe von der Haustür aus hinunterzugehen, die Straße zu überqueren, die Schultreppe hinaufzusteigen und schon war ich in der Schule.

Der Lehrer

Die ganze Sache hatte aber einen Haken. Zwischen meinen Eltern und dem Lehrerehepaar gab es Unstimmigkeiten. Es rührte wohl von einer Familienfeier bei uns zu Hause her. Es war dadurch immer ein gespanntes Verhältnis zwischen uns Kindern vom Pastor und dem Lehrer. Es ist eher eine unangenehme Erinnerung. Der Lehrer wurde auch „Kister" genannt, obwohl er keine Küsterdienste tat. Er spielte trotz seiner Unmusikalität die Orgel in den Kirchen in Borne und Bergholz. Mein Vater und der Lehrer Herr Zimmermann besprachen nur das Notwendigste. Ich wusste nicht einmal, dass er Zimmermann hieß und war sehr erstaunt darüber, weil wir ihn im Unterricht immer mit „Herr Lehrer" anzureden hatten. Für den Gottesdienst musste mein Vater dem Lehrer bis zum Mittwoch die Liedernummern aus dem Gesangbuch bekannt geben, die am Sonntag gesungen werden sollten. Ein so genanntes kleines schwarzes

Liederheftchen mit den Liedernummern wechselte als einziges Publikationsmittel zwischen Pfarr- und Lehrerhaus hin und her. Bekam er die Nummern nicht rechtzeitig, war er sehr ungehalten. Ansonsten war er, so schien es uns, aufgeschmissen. Ich glaube, er musste die Lieder jedes Mal neu üben, obwohl die Melodien sich ständig wiederholten. Man konnte auch in einer Dorfgemeinde kaum neue Lieder mit neuen Melodien singen. Die Gemeinden waren da sehr konservativ. Zum einen brachte der Lehrer die neue Melodie nicht auf der Orgel zustande, zum anderen sangen die Gemeindeglieder nicht mit. Sie kannten nur ihre Melodien und da sangen sie kräftig. Zu besonderen Festtagen, z.B. zu Weihnachten, wenn besonders beliebte Melodien gesungen wurden, kam der Lehrer an der Orgel doch ins Schwitzen. Zwei Männer, August Grabo und Ernst Brand, hatten beide eine kräftige Stimme, sangen den Lehrer mit seiner Orgel in Grund und Boden. Der Lehrer spielte schon langsam und sehr „getragen". Die beiden brachten ihn aber völlig aus der Tour. Sie sangen noch langsamer, dafür aber sehr laut und kräftig und übertönten die Orgel. Eine Einheit zwischen Orgel und Gemeinde konnte man an diesen Tagen nicht herstellen. Nach jedem Lied wischte sich der Lehrer die dicken Schweißperlen von der hohen Stirn, die bis über den Kopf reichte.

Im Schulunterricht mühte sich der Lehrer auf einer nicht gerade gut gestimmten Geige, uns das Singen beizubringen. Es war manchmal schaurig. Die Mädchen hielten aber die Stimme. Es wurde nur einfach gesungen. Chor oder so etwas gab es nicht. Wir konnten trotzdem singen.

Die Utensilien

Zur Einschulung 1939 war nicht viel in der Schulmappe. Das Hauptinstrument war die Schiefertafel mit einem an einer Strippe hängenden Schwamm und der Griffel. Der Schwamm wurde jeden Morgen angefeuchtet, um damit die Tafel abwischen zu können. Dazu kamen die Fibel (Lesebuch) und das Rechenbuch. Heute haben die Kinder einen Computer, mit dem sie kurz zurückfahren und Fehler verbessern. Wir hatten den „angeleckten" Finger, mit dem wir Fehler auf der Tafel löschen konnten. Das war recht praktisch. Auf der einen Seite der Tafel waren Karos, auf der anderen gab es Linien zum Schreiben. Eine Schreibzeile hatte vier Linien. Dabei spielte der Abstand zwischen den Linien eine Rolle. Die Räume oben und unten waren gleich und kleiner, der Mittelraum etwas größer. Der Hauptteil der Buchstaben, wir lernten noch Sütterlin-Schrift, wurde in die Mittelreihe geschrieben, Bögen z.B. vom „h" oder „g" gingen in die schmalen Kästchen nach oben oder unten. Geschrieben wurde mit einem Griffel, der öfter angespitzt und erneuert werden musste. Die Griffel brachen sehr leicht. Transportiert wurden sie in einem Griffelkasten, mit dem als Waffe so mancher Streit ausgetragen wurde. Später hatten einige Schüler eine plasteähnliche „Tafel". Mit einem besonderen Stift konnte man auf dieser Plastetafel schreiben. So manche Schiefertafel ging in die Brüche, wenn man sich auf seine Mappe setzte oder nach jemanden mit dem Schulranzen warf. Wir waren keine Engel, die mit gefalteten Händchen in der Schulbank saßen. Es wurde oft gestritten und gerauft, es artete nie aus. Im zweiten Schuljahr lernten wir das Schreiben mit Tinte und Federhalter. Das war anfangs eine Kleckserei. Für den Federhalter hatten wir zwei Federarten in verschiedenen Größen, die Redis- und die Ly-Feder. Hatte man den Bogen erst einmal heraus, wie tief man ins Tintenfass eintauchen musste, ging das ganz gut. Heute kennen nur wenige Mitbürger noch die „Deutsche Schrift", die auch „Sütterlinschrift" genannt wurde. Uns wurde sie damals gelehrt. Die lateinische Schrift habe ich in der Belziger Oberschule durch die Fremdsprachen gelernt, ehe sie grundsätzlich eingeführt wurde.

Der Schulraum

Unsere Schule bestand aus einem großen Raum, der von der einen Seite des Hauses zur anderen durchging. Auf jeder Seite waren drei Fenster. In der Mitte war ein großer breiter Gang. Links und rechts war jeweils ein schmaler Gang. In dem Raum wurden acht Jahrgänge gleichzeitig unterrichtet. Allerdings kamen die beiden ersten Schuljahre erst um 10 Uhr zur Schule, während die anderen Klassen ab 8 Uhr Unterricht hatten. Die vier „Großen" Schuljahre saßen links vom Mittelgang, die „Kleinen" rechts. Wir hatten Dreisitzer- und Zweisitzerbänke, die recht primitiv aber stabil waren. Vorne saßen immer die Lieblinge und Besten unseres Lehrers. Der Rest versammelte sich nach hinten. „Besondere Lieblinge" saßen ganz hinten. Leider hat es mich auch immer nach hinten verschlagen. Ich hatte sogar einen besonderen Platz. In einer Dreierbank durfte ich mit einem anderen Schüler zu zweit sitzen. Ich saß am Gang. Der Mittelsitz durfte nicht von mir benutzt werden. Er war für mich und meinen Banknachbarn tabu! Schade, ich hätte gern mal mit meinem Nachbarn gequatscht! Ich hätte auch gerne mal ganz vorne auf der ersten Bank gesessen, die war nämlich als einzige Bank neu. Ich musste hinten sitzen bleiben. Ich war ein „artiger" Schüler. Am Anfang meiner Schulzeit in Borne saß ich sogar auf einer Zweierbank am Fenster zum Garten hin. Von da aus konnte ich mit etwas Geschick die Kirchturmuhr sehen. Auf ein Zeichen eines älteren Schülers, es war eine erhobene Hand mit ausgestreckten Fingern, musste ich die Zeit flüsternd durchsagen. Es gab ja damals keinen Schüler, der eine Taschenuhr oder dergleichen besaß. Armbanduhren gab es sowieso nicht.

Der Unterricht litt doch sehr durch die acht Schuljahre in einem Raum. Trotzdem haben wir alle Schreiben, Lesen und Rechnen gelernt. Fast täglich begann der Unterricht mit Kopfrechnen. Wir mussten alle aufstehen. Der Lehrer sagte eine Kettenaufgabe an, die man im Kopf rechnen musste. Wer dann zuerst das Ergebnis sagen konnte, durfte sich setzen. Solche Aufgabe lautete z.B.: 6 x 7 + 17 - 3 : 8 = 7.

Mir hat das immer viel Spaß gemacht, als ich dann schon mitmachen durfte. Der Herr Lehrer legte auch großen Wert auf das kleine und große Einmaleins. Wir konnten es im Schlaf und können es heute noch.

Einschulung

Nach einem Jahr war wieder Einschulung. Der Lehrer setzte sich dazu auf seinen „Lehrerstuhl", der für uns ebenfalls tabu war. Es war der einzige Stuhl im Raum. Er setzte sich jedenfalls auf seinen Stuhl und ließ die Schüler einzeln vortreten, fasste sie freundschaftlich an die Oberarme und fragte sie nach ihrem Namen. Ein Junge trat schon recht schüchtern vor, wand sich ein bisschen verlegen und als die Frage nach dem Namen kam, entwich dem schüchternen Schüler auf der Rückseite des Geschehens ein lauter Ton. Der Lacherfolg war umwerfend. Da ich mich, nachdem der Lehrer die Klasse zur Ordnung gerufen hatte, gar nicht beruhigen konnte, ich war allerdings nicht der einzige, musste ich zur Strafe auf dem Mittelgang stehen. Das war so eine Strafmaßnahme unseres „Kisters". So ist das aber auf den Dörfern gewesen. Man kannte oft nur den Spitznamen und war erstaunt, wenn man den richtigen Namen erfuhr. Das gab oft peinliche Situationen, wenn man als Kind irgendwo hingeschickt wurde und nicht den richtigen, sondern nur den Spitznamen kannte. Ein Cousin meiner Frau hatte seine Lehre in einem Betrieb angetreten und sollte aus dem Lager etwas holen. Der Lagerverwalter war allgemein unter dem Spitznamen „Keule" bekannt. Der Lehrling ging auch hin und fragte nach Herrn „Keule", er sollte dieses und jenes holen. Bis zum „jenes" ist er nicht mehr gekommen, da hatte er schon eine Ohrfeige weg. Er hatte Herrn Keule begrüßt! Leider ist das Vielen so ergangen. Später als Tierarzt in der Praxis ist mir das auch unwissentlich passiert. Ich bekam aber keine Ohrfeige. In den LPGs war es üblich, nur den Vornamen zu sagen. Man musste dann wissen, um wen es sich handelte. Ich habe sie auch mit Vornamen und Sie angeredet.

Strafe im Unterricht

Dieses auf dem Gangstehen während des Unterrichts war nach Meinung des Lehrers eine angemessene Strafe, die allerdings zweistufig war. Mildere Taten wurden mit dem Gangstehen hinten in einer besonderen

Ecke im Seitengang geahndet. Schwerere Taten hatten das Mittelgangstehen zur Folge. Ich habe mich oft nach der Ecke gesehnt, ich stand nur in der Mitte. Der Lehrer hatte auch zwei Rohrstöcke, die er hin und wieder einsetzte. Leider hatte er es dabei immer auf bestimmte Kinder abgesehen. Wir wussten nicht, warum er diese Kinder besonders auf dem „Kieker“ hatte. Manchmal waren es Geschwister. Die bekamen mit dem Stock richtig kräftige Schläge. Allgemein musste man die flache Hand vorstrecken, dann schlug er mit dem Stock darauf. Da war natürlich Schnelligkeit im Wegziehen gefragt, sonst tat das ganz schön weh.

So manches Tintenfass, das auf dem Banktisch stand, fiel um. In den Banktischen waren „Tintenfässer“ eingelassen. Sie hatten einen Schiebedeckel aus Metall. So trockneten sie nicht aus. Viele der Tintenfässer waren schon kaputt, dann stand, wie schon erwähnt, ein Tintenfass aus Glas auf dem Tisch, das dem Schlag zum Opfer fiel. Es wurde immer erzählt, wenn man den Rohrstock mit Zwiebeln einreiben würde, würde er bei einem Schlag zerbrechen. Wir haben ihn kräftig eingerieben, warteten gespannt auf den ersten Schlag damit, er brach nicht.

Seidenraupen

Inzwischen war der Krieg ausgebrochen. Die Heimat musste helfen. Unsere kleine Dorfschule musste für die Rüstungsindustrie zur Herstellung von Fallschirmen „Seidenkokons“ von Seidenraupen spinnen lassen. Per Post wurden die Seidenraupen angeliefert, die im Klassenzimmer gezogen wurden. Auf Böcken wurde eine riesige Holztafel mit erhöhtem Rand aufgestellt und mit Sand gefüllt. Die Seidenraupen wurden dort ausgesetzt und mit Maulbeerbaumblättern gefüttert, die täglich frisch gepflückt werden mussten. Das machten die großen Mädchen. Man hatte dazu am inneren Rand der gesamten Friedhofseinfriedung einen Streifen von ca. 1 m urbar gemacht und Maulbeerbäumchen gepflanzt. Wir kannten bis dahin so etwas nicht. Maulbeeren sind die Früchte der Maulbeerbäume, die schmeckten mir nicht, sie waren sehr, sehr süß. Die dunklen Früchte wurden etwas größer als Himbeeren und sahen fast so aus. Die Maulbeerbäume wuchsen eigentlich wie Sträucher. Ich habe aber nie solche Kokons der Raupen gesehen, die abgeliefert werden konnten. Die ganze Aktion war sicher ein Schuss in den Ofen.

Zu den „Hilfen“ gehörte es auch, Heilkräuter zu sammeln. So zogen wir, heute würde man es Wandertag nennen, eines Tages morgens in die Natur und sammelten z.B. grüne Brombeerblätter, die auf dem Hausboden in der Schule getrocknet wurden, danach wurden sie Sammelstellen übergeben.

Eines Tages mussten wir nach dem Unterricht durch die Kartoffelfelder ziehen und Kartoffelkäfer, -larven und -eiablagen suchen. Die Übeltäter wurden in eine kleine Flasche gesteckt, die jedes Kind bei sich hatte. Anfangs gab es für jeden gefundenen Kartoffelkäfer einen Pfennig. Später gab es nichts mehr. Das wurde dem Staat zu teuer. Es wurde erzählt, der böse Ami hätte diese Tierchen zu Beginn des „Kalten Krieges" abgeworfen!

Gefährlicher war es schon noch während des Krieges, wie man oft hörte, wenn „Füllfederhalter" von Fliegern abgeworfen wurden. Sie sollten einen Sprengsatz enthalten, der beim Öffnen explodieren würde. Bei uns ist mir Derartiges nicht bekannt geworden.

Schulpause

Zurück in den Unterricht. In der großen Pause von 9.15 Uhr bis 9.30 Uhr gingen wir meistens auf die Straße und zum Puhl, der nicht weit entfernt war. Im Winter tobten wir dann während der Pause auf dem Eis umher. Da gab es oft auch böse Dinge. Die älteren Jungen gingen an uns kleineren vorbei, die wir ahnungslos unser Brot aßen und erzählten. Um einen sicheren Stand auf dem Eis zu haben, hatte man die Beine etwas gespreizt. Die Großen traten von der Seite gegen einen Fuß, der rutschte gegen den anderen, man flog einfach aufs Eis. Einmal hatten sie mir auch die Füße weggetreten, ich flog so unglücklich hin, dass das Kinn bis auf den Knochen aufgeschlagen war. Man musste das „mannhaft" wegstecken und durfte auch nichts sagen. Denn als „Petze" war man unter der Dorfjugend „abgestempelt" und von allen gemeinsamen Spielen und Unternehmungen ausgeschlossen.

Es war wieder einmal große Pause und schlechtes Wetter. Wir blieben im Schulraum. Der Lehrer ging zum Frühstück immer in seine angrenzenden Privaträume. Die Mädchen saßen auf den Banktischen mit den Füßen auf den Sitzen. Sie hatten alle Holzpantoffeln an, da war das kein Problem, sie auszuziehen. Wenn die Mädchen sich mal so ganz einig waren und ihre Brote aßen, forderten sie sich durch das Wort „Happ" auf, der anderen die eigene Stulle hinzureichen und abbeißen zu lassen. Nach diesem genüsslichen Frühstück sangen sie manchmal ein Lied. Als sie wieder einmal sangen, holte ich mir von vorn den Lehrerstock, stellte mich auf meine ach so geliebte letzte Bank und dirigierte den Gesang. Plötzlich ein Aufschrei der Mädchen, hinter mir war ein großes Lutherbild von der Wand heruntergefallen und stand zum Glück unversehrt hinter meiner Bank auf dem Fußboden. Ich war mit dem Rohrstock an das Aufhängeband gekommen. Dieses Geschrei lockte den Lehrer auf den Plan. Er kam durch die Tür gestürmt, blieb kauend mit hochrotem Kopf stehen, sein erster Blick um die Ecke traf mich. Ich hatte zum Glück mein „Dirigentenpult" verlassen und stand artig, den Rohrstock hinter meinem

Bein versteckt, neben meiner Bank. Er hatte auch nicht das fehlende Bild bemerkt. So war er zufrieden, verschwand und frühstückte weiter. Na, mir war auch nicht so wohl zumute, wie sollte das Bild wieder an die Wand kommen? Es war auch nicht mehr viel Zeit bis zum Ende der Pause. Ich hatte wieder einmal Glück. Einerseits halfen mir die großen Mädchen beim Aufhängen, andererseits war nur die wirklich morsche Strippe an der Öse gerissen. Ein Knoten ersetzte eine größere Reparatur. Nach der Pause war nichts mehr von meinem Pech zu sehen.

Häusliche Arbeit des Lehrers

Wenn der Lehrer während des Unterrichtes für seine Frau etwas erledigen musste, sie führte das Kommando über ihn, bekam jede Altersstufe eine schriftliche Aufgabe zugeteilt. Sie war so bemessen, dass der Lehrer seine häusliche Arbeit verrichten konnte. Hatte er wieder etwas vor, gab er uns Rechenaufgaben. Ich war recht schnell mit den Aufgaben fertig und wusste nicht, was ich machen sollte. So ging ich an ein Fenster zur Straße hin, öffnete es, was schon ein schweres Vergehen war und guckte gelangweilt auf die Straße. Als ich um die Ecke zum Hof guckte, sah ich, wie der Lehrer im Arbeitskittel den Hühnerstall ausmistete! Die Kunde vom Ausmisten rief alle an die Fenster. Jeder wollte das sehen. Der so Ertappte kam mit Holzpantoffeln und Kittel in die Klasse geschnauft und sorgte für Ordnung. Ich durfte wieder meinen Platz im Mittelgang einnehmen.

Es war wieder einmal 10 Uhr, die Kleinen kamen zum Unterricht. Plötzlich hatte ich den Eindruck, ich konnte von meiner letzten Bank alles gut übersehen, eine Maus wäre mit in die Klasse gewutscht. „Eine Maus!“, rief ich und schon standen alle Mädchen mit Gekreisch auf den Bänken. Nun begann die Mäusejagd. Schließlich saß sie vorne am Kartenständer unten an dem Ständerkreuz. Martin Neuendorf aus Bergholz wollte sie mit der Hand greifen, da biss sie ihn in den Finger. Gegen einen Schlag mit dem Holzpantoffel war sie machtlos.

Erziehung der Dorfjugend

Auf dem Dorf erzog sich die Jugend selbst. Die Älteren bestimmten, was gemacht wurde und wie man sich zu verhalten hatte. Die jüngeren Kinder mussten sich fügen, es wurde kein Widerspruch geduldet. Wer dagegen protestierte, bekam „Dresche“. Das war oft recht haarig. Sie ahndeten auch groben Unfug. Es musste eigentlich so alles im Rahmen bleiben. Abends um 20 Uhr hatten wir Kleinen das Feld zu räumen und wurden nach Hause geschickt. Wehe, man wurde später noch ertappt. Das war dann die Zeit, wo sie mit den Mädchen im Dorf alleine sein wollten. Das war alles zumindest im Dorf harmlos. Wir hatten aber zu verschwinden. Interessant war es für uns, wenn einer von den älteren Jugendlichen als Soldat auf Urlaub kam und auf dem Tritt des Gasthofs von seinen Erlebnissen erzählte. Da wollte keiner nach Hause gehen.

Ganz schlimm war es, wenn man einmal unverhofft ein Liebespärchen überraschte. Mein Freund Harri bekam das einmal zu spüren. Als wir schon größer waren, wir waren vielleicht so 15/16 Jahre alt, gingen wir sonntags gegen Abend nichtsahnend zum Wasserberg. Plötzlich tauchte ein menschlicher Kopf aus dem hohen Gras auf, ein Liebespaar bei der besten Beschäftigung. Obwohl wir das Pärchen rein zufällig überrascht hatten, mussten wir mit einer anständigen Abreibung rechnen, wenn uns der junge Mann einmal treffen würde.

So kam es dann auch. Harri und ich waren bei Handrichs auf dem Acker. Harri pflügte mit dem Trecker, ich durfte mit zwei Pferden eggen. Ich war es langsam satt, immer in dem weichen Boden hinter den Pferden herzulaufen und bat Harri, mich mal mit dem Trecker pflügen zu lassen. Er tauschte tatsächlich. Als ich so pflügte, sah ich ein paar Pferdeköpfe hinter den Kirschsträuchern den Feldweg hochkommen. Wir kannten ja alle Pferde und wussten, wer das Gespann führte. Richtig, unser überraschter Liebhaber hielt seine Pferde an, band sie fest und kam gemächlichen Schrittes über den Acker auf Harri zu, der die Pferde führte. Er musste ein paar saftige Backpfeifen einstecken, sicher für mich mit. Er konnte nicht weglaufen und die Pferde vor den Eggen stehen lassen. Wo sollte er sie auch anbinden? Und wenn Pferde sich vor den Eggen drehen oder wegrennen und in die Eggen treten, kann das zu schweren und schwersten Hufverletzungen führen. Das durfte Harri nicht riskieren. Ich hatte Glück auf meinem Trecker und konnte türmen. Das Pärchen hat geheiratet.

Mein Freund Harri

Der Leser hat schon vorn erfahren, wir sind beide im November 1932 in Borne geboren und schon als Babys gemeinsam im Kinderwagen durchs Dorf geschoben worden. Wir waren von Anfang an dicke Freunde. Harri war von fünf Geschwistern der Älteste. Seine jüngste Schwester Marga hatte mit ihm am gleichen Tag Geburtstag. Sie war etwas behindert, ein ganz lieber Kerl. Von den fünf Geschwistern leben heute noch zwei. Die beiden Jüngsten, Manfred und Marga, starben an Krebs. Gitta lebt heute in Potsdam. Wolfgang sitzt alleine auf dem heimatlichen Hof in Borne. Seine Freundinnen waren alle nicht standesgemäß, befand seine Mutter. Es ist schlimm, wenn man diesen ehemaligen großen und stattlichen Hof heute sieht. Was soll da einmal werden? Ich habe dort eine sehr schöne Kindheit und Jugend erlebt, war dort wie zu Hause.

Harri hatte als Freundin Waltraud Zippler aus Wiesenburg, die in Belzig bei Schlägels in Stellung war. Schlägels hatten wie viele Belziger ein Kolonialwarengeschäft, eine Gaststätte und eine Ausspannung. Waltrauds Eltern besaßen in Wiesenburg eine kleine Landwirtschaft. War sie für Harris Mutter standesgemäß? Um das zu testen, haben wir uns Folgendes einfallen lassen. Traudchen kam mit dem Rad nach Borne zu uns nach Hause. Wir gingen beide zu Handrichs, ich stellte sie als meine neue Freundin vor. Martha fand sie annehmbar. Auch noch als sie erfuhr, dass sie ihre Schwiegertochter wird. So heirateten sie bald danach 1955 in Wiesenburg.

Karin und ich waren auch eingeladen. Als wir ins Hochzeitshaus kamen, war Harri halb angezogen. Fliege und Kragenknöpfe fehlten. Harri sollte einen richtigen steifen Kragen umbinden und dazu eine Fliege tragen. Wie kompliziert solch ein steifer Kragen an das Hemd „gebaut" wurde, wusste keiner. Ich kannte das von meinem Vater, der ständig solch einen Vatermörder trug. So sauste ich ins Dorf, kaufte Kragenknöpfe und Fliege. Beides montierte ich zu Hause dem Harri an. Dann ging es im großen Hochzeitszug zur Kirche. Es war im Sommer, ein heißer Tag. In der Kirche mussten wir vor dem Altar Aufstellung nehmen. Nur das Brautpaar konnte sitzen. Der Pfarrer hielt eine Ansprache und als er einmal tief Luft holte, meldete sich Harri laut und vernehmlich mit einem „Ja". Er hatte seine Rolle schlecht gelernt und sagte später noch einmal „Ja". Plötzlich wurde die Gesellschaft unruhig. Ein großes schlankes Mädchen war so richtig aus den Latschen gekippt und lag der Länge lang in der Kirche. Die Hitze hatte sie umgeworfen. Trotz der Ereignisse ist es eine sehr glückliche Ehe geworden. Sie haben drei Kinder.

Hochzeit von Harri und Traudchen

Harri arbeitete auch nach der Wende noch weiter beim Forstbetrieb in Wiesenburg am Bahnhof und fuhr mit seinem LKW morgens die Forstfrauen zur Arbeit in den Wald und holte sie zum Feierabend wieder ab. Eines Tages, man schrieb das Jahr 1990, fuhr Harri wieder in den Wald, um die Frauen abzuholen.

Die Frauen waren hinten auf die Ladefläche des LKW gestiegen und warteten, dass Harri endlich abfahren sollte. Der Motor lief, Harri fuhr nicht. Die Frauen trauten sich auch nicht abzusteigen, um zu gucken, warum Harri nicht fährt. Schließlich sprang eine Frau vom LKW und fand Harri rücklings tot im Wald liegen. Er wollte anscheinend gerade ins Führerhaus steigen, als ihn der Tod ereilte.

Reinhard Ziehe

Ein zweiter guter Freund war Reinhard Ziehe. Das Elternhaus in Hohenwerbig war in den letzten Kriegstagen, als man in und um Niemegk noch gekämpft hatte, zerstört worden. Die Familie kam nach Borne zur Tante Künnemann. Sie hatte einen großen Hof und konnte Arbeitskräfte gebrauchen. In dieser Zeit haben Reinhard und ich uns angefreundet. Als ich als Tierarzt nach Niemegk kam, gehörte Hohenwerbig zu meiner Praxis. So sahen wir uns wieder. Reinhard war inzwischen Werkstattleiter in der Hohenwerbiger Werkstatt, die von der MTS, dann von der LPG und schließlich von der KAP (Kooperative Abteilung Pflanzenproduktion) betrieben wurde. Reinhard war ein Tüftler und baute nach Feierabend viele Sachen, auch für mich. Als unser Jens laufen lernte, hatten wir Angst, er könnte auf dem Hof in den Schacht der Kellertreppe fallen, die zur Waschküche führte. Reinhard baute ein eisernes Gitter. Es fehlte noch die Tür. Eines Tages rief Reinhard an, er käme, um die Tür einzusetzen. Der Multicar, beladen mit dem Schweißgerät, fuhr auf den Hof. Reinhard holte die Tür, hielt sie an, sie war zu klein. Wutschnaubend warf er sie wieder auf den Multicar und verschwand. Er hatte beim Messen den Zollstock falsch herum abgelesen. Statt 1,10 m hat er die andere Seite mit 90 cm abgelesen. So waren es 20 cm Differenz. Er brachte bald die passende Tür.

Reinhard erging es wie Harri. Er hatte noch Vieh und holte Sonnabend vor Pfingsten Grünfutter für die Feiertage vom Feld. Er hatte einen kleinen Trecker mit Hänger. Alles Eigenbau. Er kam auf den Hof gefahren, fuhr gleich in die Futterkammer. Seine Frau Hilde, sie stammte aus Bergholz, wunderte sich, warum Reinhard nicht ins Haus kam und schickte die Tochter Gabi hinaus. Sie fand ihren Vater tot auf dem Grünfutter liegend.

Rivalitäten mit Bergholzern

Obwohl wir täglich in der Schule zusammen waren, gab es oft Kämpfe zwischen Borner und Bergholzer Schülern. Bergholz hatte keine Schule, die Kinder kamen zu uns nach Borne. Es war so üblich, dass Buden irgendwo im nahe gelegenen Wald gebaut wurden. Wenn sie vom „Gegner“ ausgekundschaftet waren, sollten sie auch zerstört werden. Das gab manchmal recht heftige Schlachten, aus denen so mancher mit blauen

Flecken nach Hause kam. Wenn es aber darauf ankam, hielten wir zusammen. Das hat sich später kurz nach dem Krieg gezeigt. An der Straße von Borne nach Belzig war kurz vor Belzig ein zusätzliches Lager der „Technischen Nothilfe" im Wald während des Krieges erbaut worden. In den „Fliegerbergen" hatte die „Reichsschule für Technische Nothilfe" (TN) schon viele Jahre ein Übungsgelände, auf dem auch ein Vereinsheim stand. Gegenüber im Wald zum Bahndamm hin hatte man das Lager vergrößert, indem man Holzbaracken ähnlich den RAD - Maidenlagern aufgestellt hatte. In diesen Baracken wurden massenhaft grüne und dunkelblaue Ballen von Polizeistoffen, hauswirtschaftliche Geräte, Handwerkszeug usw. gelagert. Beim Zusammenbruch wurden diese Baracken von den Bewohnern Belzigs und der umliegenden Dörfer geplündert. Kurz danach liefen vor allem die Kinder mit Jacken und Hosen aus Polizeistoff herum. Wir hatten nur grünen Stoff abbekommen und konnten für meinen Konfirmationsanzug einen dunkelblauen Stoff eintauschen.

Zivilgefangene in Wehrmachtsbaracken

In diesen Baracken wurden kurz nach dem Krieg ehemalige Zivilgefangene interniert, Frauen, Männer und Kinder aus den Ostblockstaaten, die überall im Land zur Arbeit bei Bauern und in Betrieben untergebracht waren. Sie blieben ca. 5 - 6 Wochen dort, bis genügend Personen für einen Transport in die jeweilige Heimat zusammengekommen waren. Sie wurden nicht so sehr gut versorgt und zogen raus auf die Dörfer, um Essbares zu „ergattern". Sie stahlen Hühner, Enten, Gänse und in den Gärten waren besonders die Zwiebeln und Gurken Ziel der Klauerei. Da gab es so manche handfeste Auseinandersetzung mit den Dorfbewohnern, wenn sie ertappt wurden. Einmal gab es Schläge mit Knüppeln von zwei Männern, die die Diebe mit ihrer Beute verfolgten und sie ihnen abjagten. Noch am selben Tag erschienen russische Offiziere der Kommandantur aus Belzig und suchten „Mann mit Glatze". Jedem Mann wurde die Mütze abgenommen. Es wurde zum Glück kein schuldiger „Mann mit Glatze" gefunden. Beide Nachbarn hatten sich in Brück bei Verwandten in Sicherheit gebracht.

Es waren auch Kinder in dem Lager, mit denen wir nicht auf gutem Fuß standen. Da gab es manche Schlacht, z.B. an Haumanns Teich in Bergholz, in dem man sehr gut baden konnte. Da flogen dann Steine, es wurde „scharf" geschossen. In solchen Situationen standen wir Borner und Bergholzer uns gegenseitig bei. Heiß wurde es auch, wenn junge Burschen aus anderen Dörfern beim Tanz auftauchten und die Mädchen „abwerben" wollten. Da gab es so manches blaue Auge für den Fremden. „Haut ab, unsere Hühner treten wir alleine", war dann die Devise!

Kriegspiele

Durch den Krieg waren wir Kinder alle stark beeinflusst. Ein beliebtes Kinderspiel war damals das „Kriegspielen". So wurden immer zwei Parteien gewählt und ab ging die Post. Eine Gruppe verteidigte z.B. den Wasserberg. Die andere Gruppe musste den Wasserberg stürmen. Jeder hatte sich vorher mit „Muni" versorgt. Das waren Holzstücke, Sandklumpen und im Winter oft verfaulte und gefrorene Rüben, die die Bauern aus den Mieten beim Holen von Futterrüben aussortiert hatten. Das war die „Muni"tion. Wer die verfaulten Futterrüben abbekam, hatte den ganzen Quadder auf der Kleidung. Ich bekam solch eine verfaulte Rübe auf den Kopf, es stank ekelhaft. Gerade hatte ich kurz zuvor die Mütze abgenommen, da schlug die „Bombe" ein. Nach solchem Treffer hatte man kampfunfähig zu sein.

Der Krieg hatte uns als Kinder begeistert. Die gesamte Propaganda war darauf ausgerichtet. Im Kino liefen Filme über die Erfolge. Illustrierte Zeitungen brachten laufend Bildberichte von der Front. Es gab kleine Heftchen, in denen alle Flugzeugtypen ob Freund oder Feind beschrieben und abgebildet waren. Mein Bruder kannte jedes Flugzeug.

Hitlerjugend

Mit zehn Jahren wurden wir in die Hitlerjugend aufgenommen. Jeder musste den Lebenslauf von Hitler herbeten. Mein Vater war nicht begeistert. Wir durften auch nur das Notwendigste der geforderten Uniform kaufen, ein Braunhemd und eine Hose. Nicht einmal ein begehrtes Fahrtenmesser durften wir uns kaufen.

Ich wurde in der Hitlerjugend Jungenschaftsführer von Borne. Wir gehörten damals zum Fähnlein Belzig. In meiner Funktion musste ich öfter nach Belzig zum Führerdienst, den der Fähnleinführer abhielt. Wir hatten einen ganz scharfen Fähnleinführer aus Lütte. Wenn ein Hitlerjunge einen losen Knopf an der Uniform hatte und er das sah, zog er das Fahrtenmesser, schnitt den Knopf ab und wenn er schlechte Laune hatte, schnitt er noch mehr Knöpfe ab. Die Dienste waren immer auf dem Schützenplatz in Belzig vor unserer Schule. Dort war auch ein Rondell und auf dem Rondell stand eine alte ehrwürdige Eiche. Wenn es dem Fähnleinführer in den Kopf kam, jagte er diesen und jenen von uns mit den Worten: „Marsch, marsch auf die Eiche!", auf diesen Baum. Die Eiche hat ein trauriges Ende genommen. Sie wurde in einer Nacht nach dem Krieg von FDJlern umgesägt. Ich bin mir nicht sicher, ob man diese Eiche mal Hitlereiche genannt hatte. Bald darauf wurde das Rondell abgetragen und vor der Schule eine Aschenlaufbahn gebaut. Wir hatten bis dahin keinen richtigen Sportplatz.

Hirtenbriefe

Mein Vater war sowieso kein Freund von Hitler. Wenn eine Rede von dem im Radio übertragen wurde, saß mein Vater an seinem Empfänger, hörte sich alles an und winkte verächtlich ab, wenn Hitler von großen Erfolgen sprach. Er hat seine Meinung auch oft in seinen Predigten zum Ausdruck gebracht. Zum Glück war niemand in der Kirche, der das gemeldet hat oder melden wollte. Wenn ein „Hirtenbrief", dabei handelte es sich öfter um ein Schreiben der Kirchenleitung gegen den Krieg, in den Kirchen verlesen werden sollte, kam vorher der Gendarm Oberpichler zu meinem Vater und „meldete" sich an. Er saß dann in der Kirche und hörte zu. Eine Meldung erfolgte nie.

In Lüsse wohnte Pfarrer Druschke. Er war ein recht lustiges Haus, stammte aus Berlin. Im Winter führten die Pastoren in ihren Gemeinden Bibelabende durch. Dazu kamen Pastoren aus anderen Gemeinden. Druschke war solch ein Referent für Borne. Nach dem Bibelabend kam Druschke noch zu uns ins Haus, um sich ein bisschen aufzuwärmen. Die Kirchen hatten keine Heizung. Es wurde erzählt. Ich schnappte so einiges auf. Druschke berichtete, dass er sich als Student mit Nachtwachen in großen Kaufhäusern in Berlin ein paar Mark verdient hatte. Einmal saß er mit einem Freund und einem Schäferhund in einem Textilkaufhaus. Er war etwas eingeschlafen, als der Hund leise knurrte. Druschke wurde wach, griff zu seiner Pistole, die er neben sich gelegt hatte und fasste in einen großen Hundehaufen! Die Pistole lag weiter weg. So etwas erzählte er nach einem ernsten Bibelabend. Einmal hatte ihn der Gendarm aus Belzig besucht und wollte wissen, ob Druschke irgendeinen Hirtenbrief der Kirchenleitung zum Verlesen in der Kirche bekommen hätte. Es war derselbe Brief, den Vati auch hatte. Druschke fragte den Gendarmen, ob er gleich nach Belzig fahren würde. Als der bejahte, bat er ihn, für ihn Post mitzunehmen und sie in den Briefkasten einzustecken. Der Gendarm war so freundlich, wusste aber nicht, dass die Briefe den Hirtenbrief enthielten, die Druschke an die anderen Pastoren verschickte.

Jungenschaftsdienst

Unsere Jungenschaft, wie man die unterste Gruppe der Hitlerjugend nannte, war recht unpolitisch. Mittwochs gab es keine Schularbeiten auf, dafür war „Dienst" in der Hitlerjugend angesagt. Oft kam der Sonnabendnachmittag noch dazu. Unser Hauptbetätigungsfeld war das Geländespiel. Im „Leen Busch" („nahegelegenen Wald") versammelten wir uns. Es wurden zwei Gruppen gewählt, die einen bekamen ein blaues Band und die anderen ein rotes um den Arm gebunden. Man versteckte sich, dann begann das Spiel. Man musste seinem Gegner das Band abreißen, dann war er „kampfunfähig". Nach dem so genannten Dienst starteten wir manchmal unsere ersten Rauchversuche im „Heim" der Hitlerjugend. Rosenblätter, ein Tee „T x 3" und andere Kräuter dienten uns als Tabak, aus dem wir Zigaretten mit Maschine drehten. Das Drehen war oft wichtiger und interessanter. Da gab es diverse „Maschinen". Die interessanteste Maschine war wohl eine flache Tabakschachtel aus Metall, in deren Deckel eine Vorrichtung eingebaut war, mit der man Zigaretten drehen konnte. Im aufgeklappten Deckel wurde in dem eingespannten Stoff der Tabak gelegt, ein am Kleberand angefeuchtetes Zigarettenpapier wurde mit eingelegt. Der Deckel wurde langsam zugeklappt und an der Deckeloberfläche erschien die fertige Zigarette. Fertige Rauch- und Tabakwaren waren in jener Zeit knapp. Umso toller war es einmal, als Bobby, so sein Spitzname, aus der Zigarrenkiste, sicher war es eine eiserne Ration seines Opas, dicke Zigarren mitbrachte, die wir anfangs genüsslich rauchten. Es dauerte aber nicht lange, da wurde den meisten von uns übel. Die Treppe im Heim der Hitlerjugend sah nachher entsprechend aus. Wenn man die Treppe herunterlaufen wollte, musste man aufpassen, dass kein „Segen" von oben kam. Pauls Opa wird sich geärgert haben, als er keine Zigarren mehr in seiner Kiste vorfand.

Gendarm Oberpichler

Für unsere Dörfer war als Gendarm Herr Oberpichler aus Belzig zuständig. Meistens trug er einen Tschako, hatte eine grüne Uniform mit Koppel und Schulterriemen. Ein Tschako war eine feste Kopfbedeckung ähnlich einem Helm. In Westberlin trugen die Polizisten nach dem Krieg solche Tschakos. Am Koppel hing eine große Pistole. Er trug schwarze hohe Schuhe und schwarze Ledergamaschen. Auf seinem schwarzen Dienstfahrrad hatte er einen verhältnismäßig großen Gepäckträger mit einer schwarzen Diensttasche, auf der ein schwarzer Umhang festgebunden war. Den Umhang trug er bei schlechtem Wetter. Sein Weg im Dorf führte ihn zum Großvater meines Freundes Harri, der das Amt der Ortspolizeibehörde und des Standesbeamten bekleidete. Herr Oberpichler war eine absolute Respektsperson, immer sachlich, immer höflich. Ich habe nie gehört, dass es irgendwelche Unstimmigkeiten mit ihm gab. Er sah auch abends nach dem Rechten und erschien unverhofft im Dorf. Wenn er aus Belzig die Straße hochkam und erkannt wurde, stürmten sogar die Großen vom Dorfplatz. Es hieß nur kurz „Oberpichler", mehr sagte man nicht, jeder wusste Bescheid und war verschwunden. Jeder grüßte ihn respektvoll, wenn man ihn traf.

Mit dem Respekt war es so eine Sache. Mein Vater unterrichtete uns Kinder im Konfirmandenunterricht. Er war schon eine Respektsperson.

Leider war es unser Lehrer nicht. Kam mein Vater mal zu Fuß durchs Dorf und wir spielten dort, dann hieß es ebenfalls nur kurz „der Paster!" Die ganze Bande war plötzlich irgendwo verschwunden und die „Pasterkinder", mein Bruder und ich, mit. Beim Lehrer verschwand niemand.

Nach dem Krieg durfte kein Konfirmandenunterricht in den Schulräumen abgehalten werden. Daraufhin beschaffte mein Vater ein paar einfache Holzbänke, stellte sie in das Aktenzimmer des Pfarrhauses, die Sache war geritzt. Wenn die Kinder zum Unterricht kamen, ließen sie alle ihre Holzpantoffeln an der hinteren Haustür zum Hof stehen. Eines Tages war der Unterricht zu Ende und alle Holzpantoffeln waren spurlos verschwunden. Was nun? Unser Terrier Bärchen hatte die Holzpantoffel überall auf dem Hof versteckt. Er meinte wohl, so die Übermacht der Besucher in den Griff zu kriegen, keiner sollte das Haus verlassen. Es war ihm auch gelungen.

Kirchendiener

Herr Holzapfel aus Borne war der Kirchendiener. Als er eingezogen wurde, übernahmen wir Konfirmanden den Dienst. Sonnabends musste um 18 Uhr geläutet und die Kirchturmuhr aufgezogen werden. Sonntags wurde zum Gottesdienst eine Stunde vorher vorgeläutet. Nach dem Läuten zum Gottesdienst traten wir den Blasebalg für die Orgel, damit sie Luft für das Orgelspiel bekam. Man nannte das Balgentreten. Die Borner Orgel hatte zwei Balgen. Durch ein kleines Fenster konnte man in den Kirchraum sehen. Wir konnten von dort aus alles beobachten, was in der Kirche vor sich ging. Ab und zu passierte es, dass der Balgentreter in das Kirchenschiff guckte und so vertieft war, dass er die Balgen aus den Augen ließ. Plötzlich totale Stille in der Kirche. Die Orgel war verstummt. Das ging aber schnell wieder weiter. Trotzdem setzte es eine Strafpredigt meines Vaters.

Damals wurde, wenn jemand gestorben war, der Sarg im Hause der Verstorbenen aufgebahrt. Es gab noch keine Leichenhalle. Nach der Aussegnung wurde der Sarg durch das Dorf zum Friedhof getragen. Für die Träger, die aus der Nachbarschaft kamen, war das oft ein weiter Weg, wenn am anderen Dorfende jemand gestorben war. Manchmal war auch eine Musikkapelle dabei, die vor dem Sarg herging und bis zum Friedhof Choräle blies. Es war schon feierlich. Wir Kinder, die wir die Glocken läuten mussten, hatten uns einen Meldedienst eingerichtet, d.h., wenn der Sarg aus dem Hause getragen wurde, mussten wir mit dem Läuten beginnen. So postierte sich jemand von uns Kindern in der Nähe des Trauerhauses auf, man durfte nicht gesehen werden und winkte, wenn der Sarg an der Haustür erschien. Per Handzeichen wurde die Meldung weitergegeben. Wir nannten es das „Winken". Oben im Kirchturm saß wieder jemand, der den „Befehl" zum Läuten gab. Das Läuten war gar nicht so einfach. Viele „rissen" förmlich am Seil und bekamen keinen Ton aus der Glocke oder bimmelten so richtig, mal hier ein Ton, mal dort ein Ton. Ursprünglich hatten wir eine große und eine kleine Glocke im Turm. Die große Glocke wurde im Krieg beschlagnahmt. Wenn der Sarg am Grab ankam, wurde das Läuten eingestellt. Besonders feierlich war es, wenn ein Kriegsteilnehmer oder Mitglied des Kriegervereins gestorben war. Dann wurde hinter der Friedhofsmauer vom Kriegerverein Salut geschossen, wenn der Sarg in die Erde gesenkt wurde. Oft genug brach jemand von den Angehörigen zusammen. Es hat mich damals doch immer sehr bewegt.

„Ordnungshüter"

Oberpichler achtete auf Ordnung. Harri und ich hatten am Weg nach Belzig mit dem Trecker den Acker gepflügt. Wir sind schon als Kinder mit dem Trecker zum Feld gefahren. Das duldete Oberpichler. Jedenfalls pflügten wir dort. Es war sehr trocken. Auf den Feldenden, dem „Hefland", war der Boden vom Umlenken mit dem Trecker so richtig mehlig geworden. Den Treckerpflug „rückte" man an einer Zugleine aus, die am Treckersitz angebunden war. Durch den Zug klinkte sich eine Eisenschiene, die wie eine kleine Leiter aussah, in einen Zahnkranz an der Achse des laufenden Pflugrades ein. Daran zog sich der Pflug hoch, die Leiter hakte sich aus, der Pflug war „ausgerückt". Fuhr man in die neue Furche, zog man wieder an der Leine, der Pflug fiel herunter und war eingerückt. Das Rad, an dem der kleine Radkranz befestigt war, hatte auf der Lauffläche kleine querstehende Eisenstege, die das Rutschen des Rades beim Ausrücken verhindern sollten, denn der Pflug war schwer. Die Abstände zwischen den Stegen waren recht groß. Bei mehligem Boden fand das Rad gar keinen Widerstand und schaukelte zwischen zwei Stegen hin und her und im ungünstigsten Augenblick fiel der Pflug wieder herunter und pflügte dort, wo er nicht pflügen sollte.

Auf diese Weise hatten wir an der Belziger Straße die „Grasflatschen" der Wegränder teilweise umgepflügt. Herr Oberpichler hatte das auf seiner Fahrt nach Borne gesehen und bei Harris Opa angemahnt. Wir mussten das wieder glätten. Leider habe ich später oft bedauert, dass keiner da war, wenn Traktoristen der LPG ganze Wege umpflügten. Da fehlte ein Herr Oberpichler. Heute sieht man das allerdings trotz modernster Hydraulik auch noch.

Nazigruß

Zur Nazizeit grüßte man sich nur mit dem Nazigruß. Ich kannte eigentlich kaum etwas anderes. In der Schule, auf der Straße, überall musste man sich so grüßen. Nun kam das Kriegsende. Man wünschte sich wieder einen „Guten Morgen“, einen „Guten Tag“, einen „Guten Abend“. Eines Tages ging ich durch unseren großen Garten und trat durch die Gartentür in die „Faule Gasse“. Das war ein unbefestigter Weg, er ging an den Borner Teichen vorbei und verband die Belziger Straße mit der Straße nach Grubo. Als ich so ahnungslos aus dem Garten komme, geht ein Mann vorbei. Ich erkenne ihn nicht gleich in Zivil und mit Hut, es ist Herr Oberpichler. Unwillkürlich reiße ich den Arm hoch und grüße wie ein alter Nazi. Herr Oberpichler ging still grüßend vorbei. Ich traf ihn später als junger Tierarzt in Bergholz bei einem Bauern. Er hatte eine Arbeit als Viehpfleger angenommen.

Soldatenzüge

Nach dem Polenfeldzug wurden die deutschen Truppen nach dem Westen verlegt. Tag und Nacht rollten in Borne die Soldatenzüge durch. Wir Kinder standen am Bergholzer Bahnübergang, winkten den Soldaten zu und warfen ihnen frische Äpfel aus unserem Garten auf die Waggons. Bei Borne war die höchste Steigung von Belzig bis zum Bahnhof Borne. Die Lokomotiven hatten ganz schön zu schnaufen. Die langen und schweren Soldatenzüge wurden darum von einer zweiten Lokomotive von Belzig her den Berg hinaufgeschoben. Trotzdem fuhr der Zug sehr langsam. Da kamen oft Eltern und Ehefrauen von irgendwoher, die erfahren hatten, dass der Sohn oder auch der Ehemann im Zug sei. Sie konnten sich auch sehen und sprechen. Gefährlich war es in der ersten Zeit in der Nacht, wenn die Loks nicht genügend Dampf hatten und Kohle nachgeschüttet werden musste. Wenn die Feuerluke geöffnet wurde, erhellte ein riesiger Feuerschein die Nacht und zeigte den feindlichen Nachtjägern ein lohnendes Ziel. Wir sind zum Glück von solchen Angriffen verschont geblieben.

Verdunkelung

Ab 1939 lag das ganze Dorf, so war es in ganz Deutschland, nach Sonnenuntergang in einer Finsternis. Es brannten keine Straßenlampen, es durfte kein Licht aus irgendeinem Haus oder Stall nach draußen fallen. Verdunkelung nannte man das. In allen Wohnungen hingen Papierrollos vor den Fenstern. Das war ein besonders dickes schwarzes Papier, durch das kein Lichtstrahl nach außen drang. Man baute sich aus diesem Papier selbst Rollos. Luftschutz wurde groß geschrieben. Dazu wurden Luftschutzwarte ausgebildet. Die älteren Mädchen wurden dazu herangezogen und geschult. Jeder Haushalt bekam eine Handpumpe als Luftschutzspritze, die man in einen Eimer mit Wasser stecken musste, dann konnte man löschen. Jeder Bewohner des Dorfes erhielt eine einfache „Volks"-Gasmaske. Auf jedem Boden mussten Eimer mit Sand und eine Schippe sowie eine „Feuerklatsche", so nannten wir das, stehen. Die Feuerklatsche war weiter nichts als ein an einen Stiel quergenageltes Stück Holz in der Breite von etwa 40 cm. An dieses Holz wurde ein Feudel oder Scheuerlappen genagelt. Damit sollte man in einen Wassereimer tauchen und das Feuer ausschlagen. Wir brauchten in Borne zum Glück davon nie etwas einzusetzen.

Schule in Belzig

1943 hatte ich die Aufnahmeprüfung für die „Oberschule für Knaben" in Belzig bestanden. Obwohl die Schule diesen Namen trug, waren auch Mädchen zugelassen. Für uns Dorfschüler war die Aufnahmeprüfung nicht so einfach. Die Oberschule unterrichtete nur in den Klassen von 1 bis 5 (eigentlich 5 bis 9), d.h. in der Dorfschule hatte man das 4. Schuljahr absolviert, in Belzig ging es mit dem 5. Schuljahr = gleich erste Oberschulklasse (Sexta) weiter. Das Abitur konnte man in Belzig nicht machen, dazu musste man nach Potsdam oder Brandenburg weiter zur Schule gehen. Für meinen Bruder und mich musste mein Vater bis 1945 im Monat je 20 Reichsmark Schulgeld zahlen. Das war für ihn eine echt große Belastung. Nach dem Krieg konnte ich in Belzig das Abitur ablegen.

Unsere Klasse

Unsere Lehrer: Ganzert, Klein, Kruse, Fischer, n.n., Templin, Dr. Hutloff, Weichert, Granz, Gabriel, Liebmann

Es begann eine neue Zeit für mich. War das alles komisch! Jede Klasse hatte einen eigenen Klassenraum. Die Unterrichtsstunde dauerte genau 45 Minuten. Für jedes Fach hatte man einen Fachlehrer. Es gab einen Klassenlehrer und einen Schüler als Klassensprecher. Das war schon eine Umstellung.

Schulweg per Fahrrad

Jeden Morgen fuhren wir, mein Bruder war schon in Belzig an der Schule, und ich mit dem Rad etwa sechs Kilometer nach Belzig. Die Schule lag am anderen Ende der Stadt. Borne liegt westlich von Belzig und ca. 40 - 50 m höher. Morgens war das eine schöne Fahrt. Meistens war Westwind und es ging bergab, da rollten die Fahrräder. Die Heimfahrt war umso beschwerlicher, immer bergan oft gegen Wind, Regen und Schnee. Da hat sich kein Mensch um den Schulweg gekümmert. Man hatte eben pünktlich in der Schule zu sein. Ab dem zehnten Lebensjahr, als ich in Belzig zur Schule ging, musste ich zu jeder Jahreszeit diesen Weg fahren. Borne hatte zwar einen Bahnhof, der lag ca. 3 km entfernt im Wald. Es gab viel Unverständnis darüber, dass der Bahnhof nicht am Ort gebaut worden war. Das Dorf wurde durch den Bau der Bahn geteilt. Da wäre genügend Platz beiderseits des Bahnkörpers für einen Bahnhof gewesen.

Es gab zwei Auffassungen zu dem Bahnhofsbau. Ich kenne das so, dass zwei Bauern keinen Acker für den Bau des Bahnhofs im Dorf zur Verfügung stellen wollten. Andererseits waren die Steigung und die Kurve sehr ungünstig für das Anfahren der Züge bergauf. Der Gutsbesitzer von Tschirschky aus Klein Glien bot der Bahn in seinem Wald so viel Land unentgeltlich an, wie sie brauchte. So konnte er sein Rohholz, es war meistens Grubenholz, das in den Zechen der Bergwerke gebraucht wurde, günstig verladen. Dazu kamen die Feldfrüchte, Kartoffeln, Zuckerrüben usw., die auch von den Bornern, Bergholzern und sogar Gruboern verladen wurden. Es war jedenfalls für uns einfacher und schneller mit dem Rad direkt zur Schule als erst zum Bahnhof zu fahren.

Von meinem Onkel aus Potsdam bekam ich sein altes Fahrrad geschenkt. Es war ein fürchterlicher Schinken und fuhr sich unheimlich schwer. Das Fahrrad war auf dem Land sowieso das Verkehrsmittel, um in die Stadt zu fahren. Was hat man heute für schöne, leicht fahrende Fahrräder. Wir hatten zu Hause ein altes 28er Damenfahrrad, auf dem jeder von uns das Radfahren gelernt hatte. Dieses Rad wurde mir bald mal zum Verhängnis. Gerade hatte ich das Radfahren gelernt, da fuhren wir öfter durch die Umgebung bis hin zum Bahnhof. Hinter dem Bahnhof in Richtung Wiesenburg gibt es die große Eisenbahnbrücke, die ein schönes Tal überbrückt. Dort angekommen, überlegten wir, ob man mit dem Fahrrad einen schmalen Fußsteg in das Tal hinunter fahren könnte. Keiner hatte so recht Mut, es reizte aber doch. An meinem alten Damenrad war eine Stange angebracht, um die ein Sack als Sitz gewickelt war. Meine Füße reichten noch nicht vom Sattel herunter. Die eigentliche Sattelstütze war nach hinten weggedreht, damit man sich nicht daran stoßen sollte. Stolz, dass man nun Radfahren konnte, hatte ich mich zu dieser Talfahrt entschlossen. Ich wollte es den anderen schon zeigen! Eine Mutprobe würde man heute sagen. Statt richtig auf das Rad zu steigen, um es besser in der Gewalt zu haben und auch bremsen zu können, stellte ich mich mit einem Bein auf die linke Pedale wie bei einem Roller und ab ging die Fahrt. Ich hielt das für ungefährlicher. Das ging ganz gut und schnell, bis plötzlich eine große Wurzel kam. Das Rad sprang hoch und kippte durch die einseitige Belastung um. Ich lag unter dem Rad und verspürte einen Schmerz im Rücken. Sonst schien nichts weiter passiert zu sein. Erst später entdeckten meine Freunde, dass ich auf dem Rücken meiner neuen Traininganzugsbluse einen riesengroßen Dreiangel hatte. Die nach hinten gestellte Sattelkrücke hatte ihre Spuren hinterlassen. Es gab zu Hause viel aufs Dach. Der Dreiangel konnte genäht werden, man sah es nachher kaum. Mir war wieder einmal nichts passiert. Oft blieb man auch mit der langen Trainingshose in der Kette ohne Kettenschutz hängen. Ein Sturz war die Folge, die Hose war voller Schmiere und hatte oft kleine Löcher vom Zahnkranz. Wir trugen als Kinder meistens nur lange Strümpfe, die fürchterlich piekten und kurze Hosen. Um die Strümpfe befestigen zu können, musste man ein „Leibchen mit Strumpfbändern aus Gummi" tragen. Das war fürchterlich. Die einzige lange Hose war eben die Hose vom Trainingsanzug. Erst später hielt die lange Hose bei uns Kindern Einzug.

Meine Eltern hatten jeder ein schmuckes Fahrrad von Opel mit Zweigangschaltung. Meine Mutter hatte sogar ein Vollballonrad, das sich in den Sandwegen besonders leicht fuhr. Meine Schwester hatte ein sehr schönes gebrauchtes Fahrrad der Firma Brennabor. Mein Bruder hatte das einzige neue Rad bekommen und ich quälte mich als Jüngster mit diesem alten „Göpel" vom Onkel herum.

Die Straße nach Belzig

Der Belziger Weg war fürchterlich. Vielleicht waren es 500 m Straße vom Dorfausgang Borne Richtung Belzig, die mal als Teerchaussee ausgebaut werden sollte und gut zu befahren war. Allerdings fehlte noch die Teerdecke, die sie erst 40 Jahre später zu DDR-Zeiten mit der gesamten Straße bis Belzig erhalten hat. Für uns Kinder waren die 500 m Straße bis zur Scheune von Fritz Hampel sehr schön. Da konnte man das Rollern und das Radfahren erlernen.

Oft diente es uns auch zum „Segelfahren" mit dem Handwagen. Wir hatten einen schönen Handwagen, der sehr leicht fuhr. Da setzten wir uns bei kräftigem Wind zu Dritt (mein Bruder, Harri und ich) in den Wagen. Einer lenkte vorn mit der Deichsel zwischen den Beinen, die anderen beiden hielten jeder eine Wäschestütze hoch, zwischen denen eine viereckige Zeltbahn angebunden war. Bei starkem Westwind fegten wir ganz schön ab. Dafür bekamen wir bei Handrichs wieder Schimpfe, „wir würden die Pferde mit unserem Gefährt scheu machen". Wir sind trotzdem wieder gefahren.

Der Schulweg hatte nur am Anfang diese gute Straße. Dann kam ein langer Kopfsteinpflasterdamm. Das polterte, wenn man darüber fuhr. Dort hatten die Bauern und Landwirte, ich will das nicht so trennen, Feldsteine für die Neupflasterung angefahren. Das war recht interessant, wenn die Steinsetzer die Feldsteine behauen und zunächst in rechteckige Haufen an den Wegrand setzten. Sie sind dort nie eingesetzt worden. Später sind sie anderswo verwendet worden, manchmal sicher auch schwarz. Dem schloss sich das so genannte Dreckloch an, das bis nach dem Krieg „hielt". Bei Regen floss vom Damm das Wasser hin und verwandelte es zu einem See. Große Pfützen mussten mit dem Rad umfahren werden. Der folgende Damm war neu gepflastert worden, war mit dem Rad schlecht zu befahren, hatte aber eine feste Sandkante, auf der es sich sehr gut fuhr. Dann kam die große Sandstrecke bis zu den „Fliegerbergen" bis kurz vor Belzig. So breit die Straße war, so breit war sie mit Sand angefüllt. Für die Radfahrer blieb nur ein schmaler Streifen von ca. 50 cm, auf dem man einigermaßen fahren konnte, wenn nicht Opa Wiedefeld mit seinem Milchwagen nach Borne fuhr. Oft war er in seinem Fahrerhäuschen eingeschlafen, die Pferde suchten sich selbst den Weg und versperrten den schmalen Steg. Oft gab es Sandstellen, so dass man absteigen und das Rad schieben musste. Von den Fliegerbergen an konnte man auf einem recht festen und schmalen Radweg, z.T. sogar im Graben, bis Belzig fahren. Der Rest des Weges führte bei Dr. Krüger (damals schon Wohnung der Führungskräfte der Reichsschule für TN, heute Polizei) vorbei und durch die Stadt. Bei „Dr. Krüger" war ein Fußweg, der von der Schäferei unten an der Burg entlang bis zur heutigen Polizei führte. Er existiert heute noch. Von dort ging es durch die Badergasse zur Schule. Die Schule liegt noch heute als Geschwister-Scholl-Schule hinter dem ehemaligen Schützenhaus/Lindenhof. Zwei Großmärkte haben den Platz des Schützenhauses eingenommen. Der Schulhof war recht groß. Leider war es verboten, mit dem Rad darüber zu fahren. Das hätte uns Zeit erspart, außerdem schoben wir nicht gerne das Rad. Wurde man erwischt, gab es eine Strafe.

Der Weg zur Schule war, wie schon erwähnt, für uns Kinder eine harte Prüfung. Oft war das Wetter im Winter so schlecht, dass sogar die Borner Männer, die als Handwerker in Belzig in Betrieben arbeiteten, zu Hause blieben. Unser Vati hat uns bei jedem Wetter losgeschickt. Er war im Ersten Weltkrieg Soldat, war dadurch abgehärtet, ging selbst beim schlimmsten Wetter zu Fuß in die anderen Dörfer, wenn es erforderlich war. Er mochte keine Duckmäuser. Bei Glatteis fiel man zigmal auf den Hosenboden, man musste weiter nach Belzig. Oft weinte ich bis kurz vor Belzig auf meinem Rad oder zu Fuß. Später sah ich ein, wie gut diese Lehre war. Dieses Durchhalten und Nichtaufgeben war für mein ganzes Leben und vor allen Dingen für meinen Beruf ausschlaggebend. Es wurde hier geprägt und hat mich mein Leben hindurch begleitet. Es gab viele Situationen, wo man hätte aufgeben können oder sogar müssen. Dank dieser „Schule" habe ich es meistens mit Erfolg durchstehen können. Das Durchhalten war auch beim Studium wichtig, besonders wenn man zu den Prüfungen musste. Es gab viele, die sich vor den Prüfungen „krankschreiben" ließen und kniffen. Auch später als Tierarzt gab es Situationen, wo man sagte, eigentlich kannst du das Tier aufgeben, es hat keinen Zweck mehr. Wenn ich aber die leiseste Hoffnung auf Heilung hatte, versuchte ich, dem Tier zu helfen.

Oberschule für Knaben

Unsere Schule in Belzig war ein lang gestreckter Bau mit einem ebenso langen und breiten Flur, der in der Mitte des Gebäudes etwas verbreitert war. Dort hätte der Turnunterricht bei schlechtem Wetter durchgeführt werden können, so war es geplant. Wir gingen dazu aber in den Lindenhofsaal. Zum Hof hin war das Physik- bzw. Chemiezimmer herausgezogen, so dass im Gebäude dieser zusätzliche Flurraum entstand. Mit dem Physikzimmer hatten wir sechs Klassenräume. Vorne waren das Chef- und das Lehrerzimmer. Für eingeweihte Schüler kannte man das „Klappen" der Chefzimmertür als ein Zeichen, dass unser Schulleiter, Herr Holtorf, auf den Flur kam. Das musste man wissen. Hatte es zur Unterrichtsstunde geläutet, durfte sich kein Schüler mehr auf dem Flur sehen lassen. An jeder Klassentür stand ein Schüler und schloss die Tür, wenn der Lehrer die Klasse betreten hatte. Es war purer Leichtsinn, wenn man nach dem Klappen der Chefzimmertür noch an der Tür um die Ecke guckte. Während der Bombenangriffe auf Berlin kamen Kinder von ausgebombten Familien, die im Kreis untergebracht wurden, in unsere Schule. Sie kannten die Chefzimmertür nicht. So stand ich einmal mit einem Berliner an der Tür, als die Tür vorne klappte. Schon war ich weg. Mein Kumpel blieb aber stehen. Als er den Chef bemerkte, war es zu spät. Schnurstracks kam er den Flur herunter, als erste Klasse waren wir am Ende des Flurs, erschien an der Tür und forderte den Übeltäter auf, sich zu melden. Der Feigling blieb sitzen. Um nicht die ganze Klasse mit hineinzuziehen, meldete ich mich. Eine Stunde „Arrest" war das Urteil des Chefs. Dieser „Arrest" war sehr gefürchtet. Er zog das „A" so richtig bedeutungsvoll lang. Mein Kumpel ließ mich doch nicht allein und kam mit. So saßen wir im Anschluss an unseren Unterricht noch eine Stunde in der 5. Klasse in Latein beim Chef nach. Ich fand das mal ganz interessant. Übrigens brauchte ich nur einmal nachzusitzen. Es wurden auch andere erwischt.

Luftangriffe

In der Schule wurden wir auf Luftangriffe vorbereitet. Ein „Splittergraben" wurde auf dem Schulhof ausgehoben und mit Holzbalken abgedeckt. Darüber kam eine dicke Sandschicht Erde. Man hatte zwei Ein- bzw. Ausgänge. Beim Anflug der Bomberpulks der Amerikaner und Engländer wurden die Schulen durch einen Voralarm gewarnt. „L 15" z.B. bedeutete, dass in 15 Minuten der Hauptalarm für die ganze Bevölkerung ausgelöst wurde. „L 30", Luftgefahr in 30 Minuten. Die Warnungen wurden von der Stadtverwaltung telefonisch durchgegeben. So hatte jeder Belziger Schüler noch die Möglichkeit, nach Hause zu gehen. Wir Fahrschüler mussten in der Schule bleiben, wenn wir nicht eine Belziger Adresse angeben konnten. Mein Bruder und ich hatten die Adresse unseres Kolonialwarenhändlers Krahn angegeben, die wir allerdings nie in Anspruch nahmen. Bei Krahns kauften wir alles ein, sie hatten nebenbei noch eine Gaststätte, man konnte die Räder dort unterstellen und sie hatten eine Ausspannung, wie viele Belziger Geschäftsleute. Die Bauern fuhren mit Kutschen zum Einkaufen nach Belzig und stellten dort ihre Pferde unter. Bei Voralarm fuhren wir mit unseren Rädern in einem Affentempo nach Hause. Einmal hatte ich doch fast die Hosen voll. Es war vormittags, ein schöner Tag, als ich nach einem Luftalarm nach Hause fuhr. Da kamen plötzlich Nachzügler eines Bomberpulks ganz hoch geflogen. Einer hatte anscheinend nicht alle Bomben in Berlin abgeworfen, wollte sie wohl nicht mit nach Hause nehmen und ließ sie zwischen Belzig und Borne einfach fallen. Das Geräusch beim Fallen der Bomben werde ich nicht vergessen. Ich hielt es für mein Ende und fiel mit meinem Fahrrad in den Graben. Dann knallte es fürchterlich, ich lebte noch, mir war nichts passiert. Ca. 3 km entfernt waren drei Bomben dicht neben Schulzens Feldscheune in der Erde explodiert. Die Scheune hat den Krieg, aber nicht die DDR überstanden.

Kriegsgefangene

Mit der Einschulung 1939 begann kurz danach dieser unheilvolle Krieg. Sehr viel merkten wir als Kinder in Borne davon zunächst nicht. Die jungen Männer wurden zur Wehrmacht eingezogen. Die Frauen bewirtschafteten allein oder mit Zivilgefangenen ihre Landwirtschaft. Nach dem Frankreichfeldzug kamen auch französische Soldaten als Kriegsgefangene ins Dorf, die in einem „Lager" untergebracht wurden. Zuerst waren sie in der Dorfmitte im Haus von Hanacks Rieken untergebracht. Später waren sie auf dem Gehöft Grünthal. Wir Kinder hatten ein gutes Verhältnis zu ihnen. Hampels hatten einen Maurice. Sie kamen morgens zu den Leuten und gingen abends wieder in das Lager. Essen und Trinken bekamen sie bei den Leuten, wo sie arbeiteten. Bei Handrichs war ein Gabriel. Wir kannten sie alle nur mit Vornamen. Handrichs hatten auch noch einen Polen Edmund, einen Kroaten Marco und ein russisches Mädchen Sina als Zivilgefangene. Mit Ausnahme des Franzosen wohnten die Drei im Haus bei Handrichs. Es war den Deutschen strengstens untersagt, sich beim Essen mit den Ausländern an einen Tisch zu setzen. Bei den meisten Bauern wurde das nicht beachtet. Sogar bei Emil Handrich, der nachher selbst den Posten der Ortspolizeibehörde und des Standesbeamten von seinem Vater übernommen hatte, war es selbstverständlich, dass alle an einem Tisch aßen. Gabriel, der Franzose, saß gleich neben Herrn Handrich, der an der Stirnseite des Tisches saß. Dann folgten der Pole, der Kroate und die Sina. Unten quer saß das deutsche

Mädchen und an der linken Seite saßen Frau Handrich und die 5 Kinder. Die Russin Sina hat beim Machtwechsel Handrichs Gehöft vor Plünderungen bewahrt.

Bürgermeister

Der Borner Bürgermeister aß nicht mit den Leuten zusammen. Er bekam sein Essen in seiner „Amtsstube“ serviert. Das rührte wohl eher daher, weil er immer eine Extrawurst gekocht bekam, denn in der Küche aß seine Familie mit den anderen Arbeitern zusammen. Die „Amtsstube“ des Bürgermeisters war bei ihm zu Hause. Uns war die Amtsstube durch das Abholen der Bezugsscheine, der Lebensmittelkarten und vor allen Dingen des Schlachtscheines bekannt und vertraut.

Nach dem Krieg wechselten die Bürgermeister recht oft. Die Amtsstube hatte der jeweilige Bürgermeister in seiner Wohnung zu stellen, bis später das Gemeindebüro in der Villa Bendin eingerichtet wurde und der Bürgermeister eine Sekretärin bekam. Das war auch nötig, denn manche Bürgermeister konnten nur ein sehr schlechtes Deutsch und waren nur in der Lage, eine gekrakelte Unterschrift zu leisten. Durch die Sekretärin war jemand im Gemeindebüro, der richtig Deutsch schreiben und entsprechende Schreiben anfertigen konnte.

Dem Bürgermeister Heinz Schüler wurde sein Amt nach dem Krieg zum Verhängnis. Wenn Besuch aus Westdeutschland kam, musste der sich zusätzlich beim Bürgermeister an- und abmelden. Es waren meist ehemalige Borner, die schon vor dem Krieg und während des Krieges nach Westdeutschland verzogen waren. Sie kannten sich alle sehr gut. Als sich eine Besucherin abends beim Bürgermeister abmeldete, wurde noch über die damalige Zeit tüchtig diskutiert. Heinz Schüler schimpfte dabei über die Zustände bei uns in der DDR. Keiner hatte bemerkt, dass das Fenster zur Straße etwas offen stand. Prompt kam an einem Sonntag ein Anruf von Belzig, der Bürgermeister möchte doch mal unbedingt allein am Vormittag zur Belziger Straße rauskommen, es ginge um die Erneuerung der Straße. Dort waren Mitarbeiter der Stasi, die ihn zur Mitarbeit werben sollten, ansonsten drohten sie ihm mit Verhaftung. Leider hat er später seine IM-Tätigkeit genutzt. In meiner Akte stehen auch Berichte von ihm, obwohl wir mal ganz dicke Freunde waren. Schüler war auf dem Bahnhof Borne als Fahrdienstleiter tätig. Durch den Fahrkartenverkauf wusste er immer, wer wohin fährt. Einen Arbeitskollegen hat er jedes Mal verpfiffen, daraufhin hat ihn die Polizei in Seddin gefilzt. Eingesperrt hat man wohl wegen seiner Berichte niemanden.

Hamsterfahrten

Nach dem Krieg gab es bei uns im Osten vieles nicht. Die Bauern brauchten in der Ernte z.B. Bindegarn für die Mähbinder, bestimmte Ersatzteile für Maschinen, die im Krieg hergestellt waren, deren Firmen im Westen noch existierten, wurden in Westberlin gekauft, ebenso Dinge des alltäglichen Bedarfs. Für die Landbevölkerung waren Salzheringe der große Schlager. Wie sollten sie das alles bezahlen? Da wurden Kartoffeln, Eier, geschlachtete Enten und Gänse mit dem Zug nach West-Berlin gebracht, dort verkauft und mit dem Geld kaufte man dann ein. Abends so gegen 20 Uhr fuhr der letzte Zug vom Bahnhof Borne nach Berlin. Mit diesem Zug fuhren die Borner, beladen mit Kartoffelsäcken nach Berlin. In den Bremserhäuschen wurden die Kartoffelsäcke gestapelt. In den Abteilen standen Kartoffelsäcke, die Lokführer stapelten Kartoffelsäcke auf der Kohle ihres Tenders. Wenn man sich den letzten oder die beiden letzten Waggons näher ansah, merkte man, dass sie eigentlich überladen waren. Sie hielten aber bis Berlin durch, wenn die Polizei, die in Seddin neben Ausweisen auch das Gepäck kontrollierte, die Schieberware nicht beschlagnahmte. Man kannte einige Polizisten, die in Seddin Dienst taten. Sie kontrollierten die letzten Wagen. Da konnte nichts passieren. Die Leute kauften in Berlin neben anderen Sachen gleich ganze Eimer mit Salzheringen ein. Die Züge rochen stark nach Hering. Ich bewunderte immer die Berlinfahrer. Sie hatten tagsüber auf dem Feld gearbeitet, fütterten abends ihr Vieh zu Hause und fuhren in der Nacht nach Berlin.

Luftschutz

Der Krieg kam in Gestalt des Luftschutzes zu uns. Jeder musste auch einen bombensicheren Keller nachweisen. Hampels hatten gar keinen Keller, deshalb kam die Mutter „Emma“ mit ihren drei Töchtern Inge, Lore und Gerda und ihren Eltern zu uns. Das Pfarrhaus hat einen großen Keller, von dem noch eine Art Gewölbe abgeht. Ich hielt das Ganze für eine Mausefalle. Da saßen wir und harrten der Dinge oder Bomben, die da kommen sollten. Es war nachts. Bomberpulks der Alliierten flogen Richtung Berlin. Wir hatten schon vorher im Radio die Meldungen gehört. In den Meldungen wurden auch Angaben über Planquadrate gemacht, wo sich die Bomber- bzw. Jagdverbände befanden. Irgendjemand hatte sich eine Karte besorgt, auf der die Planquadrate eingezeichnet waren, die man im Radio ansagte. Das ging dann mit Planquadrat 05 Süd, 15 Süd, 05 Nord, 15 Nord usw. Wir hatten auch solch eine Karte. Mit kleinen Spielflugzeugen kennzeichneten wir die Standorte. So verfolgten wir den An- und Abflug nach Berlin.

In Borne gab es keine Sirene. Fliegeralarm wurde mit der „Feuerwehrtute“ gegeben. Jemand rannte mit dem Feuerwehrhorn durchs Dorf, „tutete“ und rief „Alarm“. Bei Feuer tutete er auch, rief dann aber „Feuer“. Das habe ich nur einmal erlebt.

Es war Winter. Meine Schwester lag krank im Bett im Kinderzimmer, in dem wir auch spielten. Plötzlich rief jemand im Haus, Loths Scheune brennt. Harald und ich tobten die Treppe nach unten, guckten im Herrenzimmer am Fenster und sahen tatsächlich schwarze Wolken am Dorfende aufsteigen. Die Feuerwehr rückte an. Das Feuerwehrhaus war direkt am Puhl (Teich). Die Spritze konnten sie zum Brandort schieben. Wir beobachteten den Brand, es war schlimm. Die Scheune war noch nicht alt. In der Scheune war Loths gesamte Getreideernte gelagert, die im Winter gedroschen werden sollte. Was war passiert? Rudi, der zweite Sohn, war vielleicht 8 - 10 Jahre, er hatte die Scheune angesteckt, weil er wieder beim Dreschen helfen sollte und das wollte er nicht. Oberpichler, unser Gendarm, brachte Rudi zu uns. Er saß wie ein Häufchen Unglück oben bei Uschi im Kinderzimmer. Ihm passierte nichts. Die Scheune wurde wieder neu aufgebaut. Sie steht heute noch.

In Belzig gab es eine Sirene. Ein langer Ton dreimal war die Vorwarnung, ein Auf und Ab der Sirene bedeutete Alarm und ein langgezogener Ton die Entwarnung. Bei Alarm standen wir nachts auf und trafen uns meistens am Dorfausgang am Kriegerdenkmal nach Belzig, wo wir wohnten. Von dort aus konnten wir die Angriffe auf Berlin verfolgen. Man konnte sehen, wie die Brandbomben in Form von „Weihnachtsbäumen“ abgeworfen wurden. Manchmal hatten wir uns sogar Tische mitgenommen, um von dort oben besser sehen zu können.

Einmal kam ein Flugzeug aus Berlin zurück und brummte so vor sich hin. Es schien harmlos zu sein. Plötzlich setzte es eine Leuchtbombe am Fallschirm über Borne ab. Es wurde taghell. Im Garten hatten wir einen „Splittergraben“ schippen müssen. Das war weiter nichts als ein ca. 1 m x 2 m großes Loch mit Eingang!!!. Da bin ich doch mit affenartiger Geschwindigkeit hineingesprungen. Ich bin um mein Leben gerannt. Es passierte aber weiter nichts, abgesehen von den Bomben an der Scheune nach Belzig. Davon berichtete ich schon. Am Bahnhof ging im Wald mal eine Luftmine herunter und am Lichterberg, einer Feldmark weitab von Borne, fielen auch ein paar Bomben. Wir Kinder waren meistens die Ersten am Tatort, auch bei Fliegern, die mal abgestürzt sind. Die Gefahren sahen wir nicht.

Absturz eines deutschen Jägers

Ein Ereignis hat mich damals doch sehr erschüttert. Es war ein Wintertag. Die riesigen Schneemassen tauten. Durchs Dorf ergoss sich ein schöner Schmelzwasserbach. Wieder kamen Bomberverbände. Wir standen auf der Straße und beobachteten das Ganze und hatten den Eindruck, dass dort ein deutsches Jagdflugzeug den Bomberverband angriff. Wir sahen an dem Rauch bei einzelnen Bombern, dass er sie getroffen haben musste. Plötzlich kam der deutsche Jäger im Sturzflug herunter, fing sich kurz vor dem Erdboden und sauste in etwa 10 m Höhe am Kirchturm und Bendins Villa vorbei und schlug im Dorf ein. Die Kanzel war offen, der Pilot hing an der Kanzel fest. So hatten wir das gesehen. Gleich darauf rannten wir ins Dorf. Das Flugzeug war bei Hoppes/Schülers auf dem Hof ca. 8 m tief in der Erde verschwunden. Die linke Tragfläche hatte noch den Giebel des Wohnhauses zerstört. Der Pilot war kurz vor dem Aufschlag doch noch aus der Kanzel geschleudert worden und auf den Stallgiebel aufgeschlagen. Sein Körper war in tausend Stücke zerrissen. In seinem Fallschirm sammelten die Führerinnen des Maidenlagers seine sterblichen Reste ein. Farbbeutel, die die Piloten bei sich trugen, falls sie auf See abgeschossen wurden, waren ebenfalls aufgegangen. Die hellrote und grüne Farbe färbte noch tagelang das Tauwasser, das durch das Dorf zum Teich lief. In der Kirche wurden die Reste des Piloten aufbewahrt, bis ihn seine Einheit abholte. Während dieser ganzen Aktion trudelte plötzlich eine Mustang, ein amerikanisches Jagdflugzeug, ohne Leitwerk brennend vom Himmel und schlug in Richtung Belzig auf dem Feld auf. An einem Fallschirm trudelte der Pilot zur Erde. Man hat ihm nichts getan. Es war ein trauriger Tag, der uns Einblick gab, wie grausam Krieg sein kann. Plötzlich war der Krieg bei uns. Glück im Unglück hatte in dieser Situation der Opa von Heinz Schüler. Opa Siegert hatte gerade eine „Sitzung“ auf dem Plumpsklo abgehalten, das auf dem Hof stand. Seine Hosenträger knöpfte er sich erst im Haus an, da krachte es hinter ihm. Hätte er sich die Hosenträger auf dem Abtritt, wie man auf dem Dorf sagte, angeknöpft, wäre er mit dem Flugzeug in das Erdloch gerissen worden.

An der „Sandkiete“ nach Belzig war auch mal ein Flugzeug abgestürzt. Aus der „Sandkiete“ holten die Borner ihren Bausand. Wir waren immer vor Ort. „Wir“, das waren mein Bruder, ich und drei bis vier Freunde aus dem Dorf. Auch bei dem Mustang suchten wir irgendetwas zu erbeuten, vielleicht als Erinnerung oder so, aber wir fanden nichts. Die Munition wäre recht reizvoll gewesen oder eine Pistole. Wir wollten auch mal schießen, haben aber nie eine gefunden. Das Plexiglas aus den Kanzeln der Flugzeuge war sehr begehrt. Es ging recht schwer kaputt, das haben wir mit nach Hause genommen. Man konnte alles gebrauchen.

Munition auf dem Borner Bahnhof

Zur „Muni“, wie wir Kinder die Munition nannten, kamen wir doch noch. Man hatte auf dem Borner Bahnhof große Pakete ausgeladen. Sie standen einfach so auf der Ladestraße. Nach näherer Untersuchung stellten wir fest, es war Munition für die Maschinenpistole M 44, man nannte sie „Hitlersäge“. Die Muni faszinierte uns, sie war nur halb so groß wie Karabinermunition, schön blank, das war schon etwas. In den anderen Paketen war Schwarzpulver in Säckchen, die alle verschiedene Farben hatten und mit Zahlen versehen waren. Das war wohl so gedacht, dass man die Säckchen in leere Hülsen der Artilleriegranaten stecken konnte, die damit wieder scharf gemacht werden konnten. Beladen mit solchem Pulver und einiger Munition strebten wir dem Dorf zu. Prompt traf uns jemand und nahm uns das Zeug nur teilweise ab. Er konnte uns ja nicht alle im Auge behalten. So hatten wir schnell einiges versteckt.

Das war immer ein Ereignis, wenn wir in der „Faulen Gasse“ die Pulversäckchen aufeinander stapelten und sie ansteckten, das gab eine riesige Stichflamme. Ich hockte einmal an dem Häufchen, um es anzuzünden. Plötzlich sah ich nur noch schwarz und in dem Schwarz sprühten Funken hoch. Ich hatte dummerweise, was wir anfangs nicht wussten, grünes Pulver angezündet, das auf dem größten Säckchen mit der Nummer „1 a“ aufgenäht war. Es war das Zündpulver, das eben auch gleich zündete. Haare und Augenbrauen waren etwas angesengt, es war nicht schlimm, meine Eltern hatten es nicht einmal bemerkt. Meistens nahmen wir für das Anzünden des Schwarzpulvers Magnesiumfackeln, die wir aus dem Lager der TN von Belzig „geholt“ hatten. Die brannten in verschiedenen Farben und gingen auch nicht aus, wenn man sie ins Wasser vom Puhl hielt. Da blubberten sie so schön. Sonst war zum Glück nichts passiert.

Gefährlicher war es mit unserer MP-Muni. Überall waren vom Volkssturm so genannte „Panzerlöcher“ ausgeschippt worden. Sie sollten den Soldaten als Schutz und Versteck vor den Panzern dienen. Auf dem Zweimorgenberg waren auch Schützenlöcher, in denen wir dann ein Feuer machten und die Muni in das Feuer warfen. Wir zählten die Patronen beim Hineinwerfen und zählten die Explosionen.

Einmal hatten wir einen Berliner Jungen dabei, der zu Besuch war. Er bettelte uns um eine Patrone an. Er bekam sie und wollte sie behalten. Unsere Patronen waren im Feuer explodiert. Wir wollten schon gehen, da warf er seine Patrone doch noch in das Feuer. Ewig explodierte sie nicht. Er ging dann hin, holte die Patrone aus dem Feuer. Da sie so heiß war, nahm er sie in sein Taschentuch und stellte sich zu uns, die wir noch erzählten. Plötzlich krachte es, er schrie auf, die Patrone hatte sich entzündet. Zum Glück war niemand verletzt, auch er nicht. Hülse und die Spitze waren zwischen uns durchgesaust. Sein Taschentuch war gelb und zerfetzt. Auf dem Bahnhof hatten wir auch Leuchtspurmunition gefunden. Die hatte es uns besonders angetan. Es sollten auch Pistolen dazu in den Kisten sein. Wir durchstöberten alles, fanden nichts und hätten gerne mal die Leuchtspurmunition abgeschossen.

Einem Jungen aus Bergholz erging es schlecht. Er hatte nach dem Krieg einen „Panzerschreck" gefunden und ihn auf das Pflaster abgefeuert. Er lag lange im Krankenhaus. Steinsplitter waren ihm in die Vorderseite seines Körpers geflogen. Einen größeren Schaden trug er nicht davon. Ein Panzerschreck war eine Art Ofenrohr, aus dem die eigentliche Granate abgeschossen wurde. Sie hatte nicht ganz so viel Kraft wie eine Panzerfaust. In den Sträuchern und Büschen lagen massenhaft Panzerfäuste. Die haben wir nie angefasst. Das erschien uns zu gefährlich. Wir machten noch andere gefährliche „Experimente". Das würde hier zu weit führen. Nachahmen kann das keiner, weil die Utensilien heute dafür fehlen. Was wir vorhatten, war sehr gefährlich und leichtsinnig. Wir waren eben Kinder dieser Zeit!

Tod unserer Mutter

Meine Schwester hatte in Potsdam an der Schule statt des Abiturs einen Reifevermerk bekommen. Anschließend kamen die Mädchen ihrer Klasse zum Osteinsatz der Hitlerjugend. Ein Bannführer befehligte die „Truppe", sie wurde hinter der Oder im Raum Meseritz eingesetzt. Die Mädchen mussten für die Männer des RAD, die dort Befestigungen für die Wehrmacht bauen sollten, kochen. Als meine Mutter am 15.01.1945 zu ihrem Geburtstag an einer Nierenentzündung erkrankte, war niemand da, der für uns kochte. Zum Glück hatte ich als Kind bei meiner Mutter oft beim Kochen und Backen in der Küche zugesehen. So kochte ich nach dem Schulunterricht, wenn ich von Belzig zu Hause war, für meine Eltern, meinen Bruder und mich.

Vier Wochen später, am 16.02.1945, starb meine Mutter im Belziger Krankenhaus. Es waren keine Ärzte da, die sie hätten operieren können. Heute wäre das kein Problem. Meine Schwester konnte nicht einmal an der Beerdigung teilnehmen. Sie wurde erst danach aus dem Reichsarbeitsdienst entlassen. Sie wurden von Kamenz in der Lausitz, wo sie inzwischen angekommen waren, in den Spessart verlegt. Ehe man sie im Spessart fand und nach Hause entließ, war alles zu spät. Meine Schwester führte nach der Entlassung aus dem RAD den Haushalt.

Ohne Mutti musste es weitergehen

Für meinen Bruder und mich brach durch den Tod unserer Mutter eine Welt zusammen. Bisher waren wir wohl behütet und umsorgt in einer richtigen Familie groß geworden. Es war wie ein Traum. Plötzlich wurden wir ins Leben geworfen. Ich war gerade zwölf Jahre alt geworden. Dazu kamen kurze Zeit später die Flucht und das Kriegsende.

Wir kamen gar nicht so recht dazu, bewusst die neue Situation zu begreifen. Wir wurden hineingeworfen und mussten jeder für sich das Beste daraus machen. Mein Vater hatte wenig Zeit für uns. Als einziger Pfarrer weit und breit, seine Amtsbrüder waren alle im Krieg und in der Gefangenschaft, betreute er neben dem Borner Pfarrsprengel (Borne, Bergholz, Klein Glien und Hagelberg) Lübnitz, Werbig, Wiesenburg, Reetz und zum Teil Belzig. Von seinen Erlebnissen und Fahrten in diese Gemeinden mit Fahrrad, Auto, Pferdewagen und -schlitten hat er in seinen Erinnerungen „Warum bin ich solange im Fläming geblieben?“, herausgegeben vom Förderkreis Museum Burg Eisenhardt e.V. (1997/99), berichtet.

Der Krieg kam immer näher

Die Bomberpulks flogen unbehelligt schon am Tag nach Berlin, um ihre zerstörerische Last abzuwerfen. Deutsche Truppen zogen durch unser Dorf von Ost nach West und umgekehrt. Es schien alles ein heilloses Durcheinander zu sein. Bald kamen auch die letzten Apriltage 1945, ab 21. war der Geschützdonner von der östlichen Front, Jüterbog, Treuenbrietzen, zu hören. Ein großes Eisenbahngeschütz hatte man am „Block Bergholz“, einer Blockstelle der Eisenbahn auf halber Strecke zwischen Borne und Belzig, postiert. Es sollte zum „großen Endsieg“ beitragen. Überall versuchte man, durch Propaganda das Volk zum Endsieg aufzurütteln. An den Zügen und vor allen Dingen an den Tendern der Lokomotiven standen Losungen wie „Räder müssen rollen für den Sieg.“ Es gab auch ein Plakat, auf dem eine Person von hinten mit einem Sack auf dem Rücken zu sehen war, dazu der Spruch: „Psst, Feind hört mit!“ Man nannte die Figur „Kohlenklau“. Sinn der Sache war es, man sollte Agenten und Spionen keine militärischen Geheimnisse verraten, die sowieso keiner von uns kannte.

Im April 45 kamen die Kampftruppen der Wehrmacht durchs Dorf. Ich weiß nicht mehr, wie diese Truppen alle hießen. Eine hieß auf jeden Fall „Scharnhorst“. Das ging noch alles recht spurlos an uns vorbei. Später kamen versprengte Truppenteile und kleine Gruppen von Soldaten. Da waren üble Burschen dabei. Einmal kamen etwa 5 - 6 Angehörige einer Art Feldgendarmerie zu uns von hinten über den Hof ins Haus. Es könnte Feldpolizei gewesen sein. Die schubsten uns beiseite, als wären sie die Besitzer und suchten im Haus nach Esswaren und anderen Gegenständen.

Die waren so richtig gemein zu uns. Diese Begegnung hat mich sehr unangenehm berührt. Sie erschütterte meinen Glauben an den ehrlichen, anständigen deutschen Soldaten. Das Pfarrhaus liegt am Eingang von Borne aus Richtung Belzig und fiel jedem natürlich schon von weitem ins Auge. Jeder vermutete dort große „Schätze". Jeder durchziehende Soldat, der nicht mit einer festen Truppe weiterziehen musste, inspizierte es, obwohl wir noch im Haus waren. Das interessierte sie überhaupt nicht.

Die Flucht

Borne sollte aufgrund irgendeines Befehls geräumt werden. Wir hatten uns schon mit unseren Nachbarn, der Familie Hampel, für eine gemeinsame Flucht entschieden. Hampels Milchwagen hatte Gummiräder und war schön breit, hatte allerdings nur etwa 30 cm hohe Seitenwände, um die Milchkannen leichter auf den Wagen stellen zu können. Er wurde von meinem Vater etwas umgebaut, erhielt eine Plane usw., damit wir dort unsere Sachen für die Flucht aufladen konnten. Unser Vati war in solchen Sachen immer sehr praktisch. Das fiel auch so gut wie ins Wasser, weil sich plötzlich ganz weitläufige Verwandtschaft von Hampels aus Neuendorf bei Brück einfand, zu denen Hampels keinen Kontakt mehr hatten. Sie machten sich mit ihren Sachen, die sie auf Handwagen mitbrachten, breit. Für unsere Sachen blieb auf dem Milchwagen wenig Platz. In Reetz, wo wir hinzogen, wurden wir die Verwandtschaft wieder los.

Inzwischen war auch meine Schwester wieder zu Hause. Jeder von uns Vieren musste für die Flucht auf seinem Fahrrad einen Beutel mit den notwendigsten Sachen auf seinem Gepäckständer festbinden. An den Lenker banden wir eine Decke fest, in die ein halbes 6 Pfund Brot, ein großes Stück Speck und ein paar andere Nahrungsmittel für den Notfall eingebunden waren, falls wir getrennt werden und jeder für sich alleine weiterziehen musste. Das war unser Vati! Dann kam der Tag, an dem wir mit Hampels Richtung Westen loszogen. Hampels hatten noch ihre beiden Pferde, die eingespannt wurden. Emma Hampel kutschierte. Mit unserem Treck kamen wir gut bis Reetz.

„Puppe", eine Stute, und „Harras", ein Wallach, waren rassige Pferde. Die „Puppe" war auch ein richtiges Reitpferd. Der Harras stammte aus Ostpreußen und war vor ein paar Jahren mit einem großen Fohlentransport per Bahn bis Belzig gekommen. Dort holten Hampels ihn ab. Bei ihm sah ich meine erste Operation bei Tieren. Harras hatte einen Nabelbruch und wurde bei uns auf dem Hof von einem Tierarzt operiert. Ich glaube, es war „DKW", wie er sich selbst immer vorstellte, Dr. Krause Wiesenburg. Er war als Flüchtling aus dem Osten gekommen und verstand viel von Pferden.

In Reetz nahmen uns Verwandte von Hampels, eine Familie Kaiser, auf. In den ersten Nächten schliefen wir alle in der Scheune im Stroh. Hampels blieben bei Kaisers, wir zogen zu einer Familie Franz um. Dann kamen die russischen Truppen. Die kämpfende Truppe brauchte man kaum zu fürchten. Schlimm war zum Teil die Nachhut. Unserer Familie haben die Russen nie etwas getan. Nach kurzer Zeit konnten wir wieder zurück nach Borne. Ich blieb aber mit Vati bei der Familie Franz in Reetz, weil die Russen es immer auf Männer abgesehen hatten, die sie mitnahmen. Der Grund war der, die Russen führten zu Fuß die deutschen Gefangenen in großen Gruppen zu 500 Mann Richtung Westen. Warum die Kriegsgefangenen nicht Richtung Osten marschierten, wunderte uns doch sehr. So war es jedenfalls mit denen, die sie durch Borne führten. Russische Soldaten bewachten mit Maschinenpistolen und aufgepflanztem Seitengewehr die Gefangenen. Trotzdem konnten immer wieder welche flüchten. So zählten die russischen Bewacher jeden Morgen die Gefangenen durch und fehlten welche, wurden die Männer aus den Dörfern, durch die die Russen gerade zogen, wieder aufgefüllt. Drei Bauern aus Borne erging das so. Zwei kamen sehr krank später wieder zurück. Einer kam nie zurück.

Auf der Rückfahrt von Reetz kamen unseren Heimfahrern, ich war mit Vati nicht dabei, noch Truppen mit Pferdegespannen und richtigen Panjewagen entgegen. Als sie Hampels Pferde sahen, hielten sie an. Ein Offizier ließ die Pferde ausspannen und wollte die „Puppe“ gleich reiten. Emma Hampel protestierte dagegen, hatte aber kein Glück. Die „Puppe“ ließ nur drei Personen auf sich reiten, Fritz Hampel, meine Schwester und meinen Vater. Trotzdem wurde der „Puppe“ der Sattel aufgelegt, der Offizier stieg auf und ritt los. Nach etwa 200 m machte die „Puppe“ eine kurze Kehrtwendung, der Offizier fiel vom Pferd, blieb im Steigbügel hängen und wurde mitgeschleift. Als die Stute am Wagen wieder ankam, war der Offizier tot. Hampels und meine Geschwister hatten eine Todesangst, weil sie fürchteten, erschossen zu werden. Es geschah nichts. Sie nahmen trotzdem die beiden Pferde mit. Dafür bekamen sie von den Russen ein etwas schwereres Pferd, das lahm war. Dieses Pferd hatten Hampels noch lange. Wir nannten das Pferd, den „Dicken Hinze“. Keiner wusste eigentlich warum. Nach Wochen kam mal wieder eine Truppe russischer Soldaten mit Pferdegespannen durch Borne, da meinten wir die „Puppe“, angebunden an einen Wagen, wiedererkannt zu haben.

Zurück nach Borne

Als ich mit Vati etwas später nach Borne zurückfuhr, sahen wir erst, welches Chaos in unserem Haus herrschte. Sicher hatten die Russen das Wenigste dazu beigetragen. Im Haus waren der Hausrat, die Wäsche und

Kleidung umhergeworfen. Borner hatten sich auch mit Kleidung bedient. Sie scheuten sich nicht, später die Wäsche mit unserem Monogramm auf die Wäscheleine zu hängen. Aus dem Keller hatten sie das Eingeweckte herausgeholt. Damals war es noch üblich, das Geschlachtete, Obst und Gemüse in Dosen einzuwecken. Da wurde einfach mit einem Seitengewehr oder mit einem Säbel in die Büchsen gestochen, um zu sehen, was da enthalten war. Man hatte im Pfarrhaus in die Stuben uriniert und große Haufen gesetzt. Es war schlimm. Wir schliefen bei Hampels, obwohl sie nur ein kleines Häuschen besaßen. Wir räumten bei uns im Haus nichts auf, weil jede Truppe, die ins Dorf kam, zuerst ins Pfarrhaus ging. Wenn sie das Chaos sahen, zogen sie weiter.

Dann kam der Tag, an dem wir im Haus aufräumen wollten. Uschi, meine Schwester, Hampels Inge, Lore, Gerda, mein Bruder und ich. Und genau an diesem Morgen wurden alle arbeitsfähigen Borner zum Bau des Feldflugplatzes an der Gliener Straße verpflichtet. So mussten die drei großen Mädchen Uschi, Inge und Lore zum Flugplatzbau. Nach der Besetzung ließen die Russen in der Nähe vieler Dörfer Feldflugplätze mit Schippe und Spaten bauen. Die meisten Plätze gingen wieder ein, wurden weiterhin beackert. Einige blieben bis heute erhalten. So gehören der Lüsser, der Bergholzer und der Locktower Flugplatz noch dazu. Gerda und ich räumten alleine das Haus auf. Ich wusch tagelang das Geschirr ab. Gerda trocknete ab. Ich bekam dabei wunderbare weiche Hände. Damals wusch man noch mit Soda ab und musste das Geschirr in einem Spülbad spülen. Es ging alles ganz prima. Dann kamen auch die großen Mädchen wieder. Der Flugplatz war fertig. Wir waren alle ziemlich lange mit dem Aufräumen beschäftigt, ehe wir wieder in unser Haus einziehen konnten.

Russische „Einquartierung“

Eines Tages erschienen abends vier russische Offiziere. An den Abzeichen der Uniform sah man, dass es Flieger waren. Sie kamen mit einem Auto mit Chauffeur, einem Soldaten, vorgefahren. Was hatte das zu bedeuten? Sie waren freundlich und baten um ein Quartier, um mit ihren Freundinnen feiern zu können. Dabei stellte sich heraus, dass es tatsächlich Flieger waren, die in Zerbst stationiert waren. Ich hatte schon von den deutschen ARADO-96 Fliegern aus Zerbst und den Arbeitsmaiden berichtet. In Zerbst hatten sie die jungen Russinnen kennen gelernt. Diese Mädchen kamen in das Auffanglager nach Belzig und warteten auf ihren Abtransport in die Heimat. Die Offiziere hatten das irgendwie herausbekommen, dass die Mädchen noch in Belzig waren. Sie wollten sich bei uns im Haus mit ihren Mädchen treffen. Mein Vater bot ihnen unser „Fremdenzimmer“ an, in dem immer unser Besuch schlief.

Das Zimmer gefiel ihnen. Sie schickten den Fahrer in das Lager nach Belzig, der die Mädchen abholte. Die Offiziere gaben meinem Vater Speck und Eier, er sollte die Eier braten. Das machte meine Schwester, die wir allerdings im Hintergrund hielten. Dicke Wassergläser wollten sie auch haben. Mein Vater brachte alles nach oben ins Zimmer, musste aber mit allen zusammen dort auch speisen und Wodka aus den dicken Gläsern trinken. Dann konnte er gehen. Unten im Esszimmer stand ein Klavier. Dort saß mein Vater fast die ganze Nacht mit dem Fahrer, der ab und an auf dem Klavier spielte. Sie versuchten, so gut es ging, miteinander zu sprechen. Wenn es morgens hell wurde, kam die ganze Bande herunter, verabschiedete sich von meinem Vater und gab ihm 100 Mark von dem Besatzungsgeld. Sie kamen mindestens noch sechs- bis siebenmal und bezahlten jedes Mal 100 M. Einmal wurde allerdings die ganze Sache kritisch. Anscheinend hatten andere Offiziere mitbekommen, was da lief. Sie waren neidisch und hatten die Kommandantur in Belzig alarmiert. Mein Vater saß wieder mit dem Fahrer unten im Esszimmer, als sie das Kommen der Soldaten der Kommandantur hörten. Sie gingen auf den Flur, mein Vater sah, wie sie alle die Pistolen gezogen und entsichert hatten. Die Pistolenläufe glitzerten im Mondschein. Nach einer kurzen Zeit kamen die Soldaten zurück, zogen wieder ab. Es war anscheinend alles rechtens.

In dieser Zeit kamen mal 5 bis 6 Offiziere ins Dorf und suchten für die Jagd Treiber. So ganz geheuer war uns die Sache nicht. Man wusste nie, ob man selbst getroffen wurde. Wir ließen uns überreden und fuhren auf einem Militär-LKW mit in den Wald. Wir waren 4 bis 5 Kinder im Alter von 12 bis 15 Jahren. Da wir Rehe und Hasen durch unsere Treiberkette durchließen, war die Strecke immer recht klein. Mal wurden auch Wildschweine geschossen. Es hielt sich in Grenzen. Nach der Jagd versammelten wir uns alle zu einer Vesper. In einem Koffer hatten die Offiziere Brot und Speck mitgebracht. Das wurde verteilt. Für die Offiziere gab es noch reichlich Wodka. Als sie gesättigt waren und schon einiges getrunken hatten, fingen sie an, mit ihren Gewehren zu schießen. Alle möglichen Objekte wurden anvisiert und beschossen. Der Höhepunkt war der, dass jemand seine Offiziersmütze, die bekanntlich bis heute sehr groß sind, in die Luft warf und andere danach mit Schrot schossen. Die schöne Mütze war nur noch ein Sieb. Zum Abschluss wurden wir jedes Mal mit diesem Besatzungsgeld anständig bezahlt. Vati hatte in dieser Zeit kaum Einnahmen, da half uns dieses Geld der Offiziere ganz schön weiter. Das Besatzungsgeld gab es nur in Scheinen, war verhältnismäßig klein, fast quadratisch und hatte den gleichen Wert wie die Mark. Der kleinste Schein war sogar ein 50-Pfennigschein.

Mit den Russen gab es einige kuriose Erlebnisse. Ich habe schon von den Bürgermeistern berichtet. Einer stammte aus dem Osten und konnte mit Mühe eine Unterschrift leisten. Eines Tages erschien er mit einem Offizier bei uns auf dem Hof und forderte einen Regenschirm für den Offizier. Es hatte leicht zu nieseln begonnen. Als mein Vater das hörte, war er baff, wie konnte ein Offizier mit einem Regenschirm durch die Gegend ziehen? Vati ging trotzdem ins Haus und kam mit einem kaputten Regenschirm heraus, den er dem Offizier anbot. Er lehnte ab. Dem Schirm hatten wir Kinder das Genick gebrochen, als wir bei starkem Sturm damit vom Schuppendach sprangen und ihn als Fallschirm benutzen wollten.

Hundewagentausch

Wir hatten zu Hause zwei sehr schöne Handwagen. Einer war etwas kleiner, leicht und gelb angestrichen, geeignet für die „Segeltour". Unsere Eltern gingen oft sonntags spazieren und nahmen diesen Wagen mit. Wenn wir Kinder nicht mehr laufen konnten oder wollten, wurden wir in den Wagen gesetzt. Der größere Wagen war mehr ein Hundewagen. Beide Wagen wurden uns, während wir nach Reetz geflüchtet sind, gestohlen. Sicher wurden sie von Flüchtlingen mitgenommen. Mein Vater trauerte vor allen Dingen seinem Hundewagen nach. Wie es manchmal so ist, Vati hatte auf der Straße einen russischen Offizier mit einem Hundewagen aufgegabelt. Vati wollte gern den Wagen haben. Sie kamen beide ins Geschäft. Vati bekam den Wagen und der Offizier bekam dafür eine Tüte mit Hühnereiern. Die unteren Eier waren nicht mehr so ganz in Ordnung, deshalb hatte Vati oben frische Eier raufgelegt. Der Offizier kam nicht wieder, sie müssen ihm doch geschmeckt haben. Vati war handwerklich sehr geschickt und baute sich den Wagen wieder so auf wie den, den wir vorher hatten. Wichtig waren für ihn die Achsen und die Räder. Den Wagen besitze ich heute noch, er steht im Schuppen, vor zwei Jahren habe ich ihn neu angestrichen. Zum Erntedankfest kommt er einmal im Jahr zu großen Ehren. Da steht er immer als Gabentisch im Altarraum der Kirche in Niemegk. Für die gewöhnliche Gartenarbeit nutze ich jetzt eine Schubkarre.

Bendins Villa

Eine Begebenheit mit den Besatzern muss ich noch schildern. Im Dorf steht heute noch die Villa von Frau Bendin, allerdings mit neuem Besitzer. Im Bericht über den Absturz des deutschen Jagdflugzeuges erwähnte ich die Villa schon einmal. Marie Bendin war sehr reich, hatte in Berlin mehrere Mehrfamilienhäuser. Nach dem Krieg hatte der Sohn Reini z. B. in der bekannten Bernauer Straße ein Wohnhaus zu einem Kino „VOX" umgebaut. In der Brunnenstraße kam später das Kino „atlantic" dazu.

Bendins hatten während des Krieges viele Sachen aus Berlin nach Borne in die Villa ausgelagert. Sie besaßen zwei Autos. Die Räder waren auf dem Hof in Borne sicher eingemauert. Autos ohne Räder, so hofften sie, würden die Russen nicht wegnehmen. Sie hatten Pech, irgendwie fanden sie die eingemauerten Räder, die Autos wurden konfisziert. Reini wollte sich bei den Russen beliebt machen und bewirtete sie in seiner Villa. Eines Abends im Sommer hörten wir Schreie. Reini stand auf dem Dach seiner Villa und rief um Hilfe. Sie hatten ihn dort auf das Dach gesperrt und räumten in aller Ruhe seine Weinbestände aus. Die Weinflaschen stellten sie alle bei uns auf die verhältnismäßig große vordere Haustreppe. Wir hätten eigentlich nur die Haustür aufmachen müssen und hätten uns dort bedienen können. Mit einem LKW holten sie die Beute ab. Marie Bendin hatte sich während dieser Aktion vor den Russen auf dem Friedhof in ihrem Mausoleum verkrochen, dort passierte ihr nichts. Mein Vater berichtete in seinem Heft über die nützliche Spende der Bendins. Reini und seine Mutter gingen wieder zurück nach Berlin und wurden so Westberliner. Die Villa wurde von der LPG übernommen. Dort wurden die Lehrlinge aus der Geflügelfarm untergebracht. Anfangs war dort das Gemeindebüro eingerichtet worden.

Witze über russische Soldaten

Es gab auch so Witze über die Russen, die unter der Bevölkerung die Runde machten, aber durchaus auf Wahrheit beruhten:

Ein Junge kam mit seinem Fahrrad freihändig auf der Straße angefahren. Ein Russe sah es, nahm ihm das Rad weg, setzte sich drauf und ließ nach ein paar Metern den Lenker los - und schon lag er auf der Straße.

In einigen Häusern gab es wie bei uns im Pfarrhaus schon richtige Toiletten mit Wasserspülung. Ein Russe wollte mal ein paar Kartoffeln im Klo waschen. Nachdem er sie in die Toilette geschüttet hatte und an der Spülung zog, waren sie alle weg. „Zapzarapmaschin!“ meinte er. Zapzarap stand für Stehlen.

Ziel eines jeden russischen Soldaten waren die Armband- und Taschenuhren. Manche hatten unter dem Hemdsärmel 4 bis 5 Armbanduhren umgebunden. Sie fragten ganz scheinheilig nach der Uhrzeit: Wie spät? Wer eine Uhr aus der Tasche nahm oder zur Armbanduhr griff, war sie los. Taschenuhren waren auch sehr begehrt. Als eine Uhr nicht mehr ging, hätte ein Russe mit einem Messer den hinteren Uhrdeckel geöffnet, um zu sehen, was da nicht in Ordnung wäre. Als er eine tote Laus fand, meinte er: Maschinist kaputt!

Amis in Bergholz

Eine Sache hat die Russen doch sehr geärgert. Amerikaner hatten in Bergholz bei Richard Sternberg im Haus Quartier gemacht und auf dem Hagelberg eine Funkstation errichtet. Nun fuhren sie mit ihren Jeeps und LKWs immer von Bergholz über Borne, Klein Glien nach Hagelberg und zurück. Unterwegs gab es oft kleine Reibereien mit den Russen. Im Saal der Gaststätte in Bergholz machten die Amis öfter einmal Tanz. Sie hatten eine große Stereoanlage aufgebaut, alle Fenster im Saal standen offen. Bei dem Krach konnte die ganze Gemeinde die Musik mithören und nicht schlafen. Die Bergholzer Mädchen reichten anscheinend nicht aus. So wurden noch Borner Mädchen mit dem LKW zum Tanz geholt. Die Amis konnten kein Deutsch, sie nahmen mich mit meinem Schulenglisch als Dolmetscher mit. Das war nicht schlecht. Es gab gute Schokolade, Kekse und viele andere Dinge. Eines gefiel mir nicht. Wenn die Amis angesoffen waren, fuhren sie im Dunkeln mit ihren Jeeps und LKWs über die Äcker, scheuchten die Hasen auf und schossen auf sie. Auch das ging zu Ende.

Zurück zur Schulzeit in Belzig / Dr. Mischkowski

Nach dem Zusammenbruch konnten wir anfangs nicht mehr nach Belzig zur Schule gehen. Wir besuchten wieder unsere alte Dorfschule in Borne und hatten bei unserem „Kister" weiterhin Unterricht. Kurz nachdem wir im Herbst 1945 nach Belzig in die Schule gehen konnten, kam ein Herr Dr. Mischkowski, ein Altphilologe aus Königsberg, auf Holzpantoffeln ohne „Gepäck" als Lehrer zu uns nach Borne. Mit ihm zusammen kam wahrscheinlich seine Haushaltshilfe. Keiner wusste so recht, wie man sie einstufen sollte. Dr. Mischkowski hatte nichts mitgebracht. Mein Vater stand ihm zur Seite, gab ihm Geschirr, Besteck und Töpfe und führte manch wissenschaftliches Gespräch mit ihm. Dies hat auch der Lehrer nie vergessen. Von Borne wurde er nach Wiesenburg versetzt, wo er im Schloss Junglehrer ausbildete. Eines Tages versetzte man ihn als neuen Direktor nach Belzig an unsere Schule. Er unterrichtete Deutsch, Latein und Geschichte. Wir haben ihn als Pädagogen geachtet und verehrt. Eigentlich hätten wir in seinem Unterricht mitschreiben müssen, weil wir keine Bücher hatten. Er trug den Stoff so interessant vor, dass wir das Mitschreiben vergaßen. Was er uns beibrachte, vergaß man nicht wieder.

Der Bezugschein

Zu dieser Zeit gab es noch Lebensmittelkarten. Für den Kauf von Kleidung hatte man eine Punktkarte. Kaufte man sich ein paar Strümpfe, schnitt sich die Verkäuferin von der Punktkarte so viele Punkte ab, wie dafür abzugeben waren. Schuhe bekam man auf Bezugschein, den man vorher beim Bürgermeister im Ort beantragen musste. Manchmal wurden solche Bezugscheine auch von Organisationen ausgegeben. Es war ja nichts da. In unserer Schule verteilte sogar die FDJ-Leitung Bezugscheine für Schuhe. Ich ging in die Klasse, wo die Scheine ausgegeben wurden, zeigte den FDJlern meine kaputten Schuhe und bat um einen Bezugschein. „Ich wäre nicht in der FDJ und könnte keinen bekommen!" Traurig verließ ich den Klassenraum, der direkt neben dem Zimmer des Direktors lag. Mischi, wie wir Dr. Mischkowski nannten, kam gerade aus seinem Zimmer, sah mich und fragte, was mit mir los sei. Ich erzählte ihm meinen Kummer. Er ging zu den „Verteilern" und kam mit einem Bezugschein für mich wieder heraus. Das war Mischi. Er hatte nicht vergessen, was mein Vater in Borne für ihn getan hatte.

Er kümmerte sich um Lehrer und Schüler, wenn jemand Sorgen hatte. Es folgte ein Gespräch, das stundenlang dauern konnte, während er mit dem Hilfesuchenden auf dem Schulhof auf und ab ging, bis ein Lösungsansatz gefunden war. Regnete es, ging er mit der jeweiligen Person auf dem langen Schulflur auf und ab.

Zum Abschluss des Weihnachtsmarktes, davon berichte ich noch, fand ein großes Quiz statt. Damals wurde im RIAS eine ganz beliebte Sendung ausgestrahlt, die „Mach mit" hieß. Kandidaten aus dem Saal konnten tolle Sachen gewinnen. Es gab Waschmaschinen, Radios, Kaffee usw. Ähnlich wurde das Quiz in der Aula durchgeführt. Dazu wurden Zettel verteilt, auf die man die Antworten schreiben musste. Die Zettel wurden eingesammelt, ausgewertet und die Sieger verkündet. Mischi war der einzige Teilnehmer, der wirklich alle Fragen beantwortet hatte.

Warum Mischi 1952 plötzlich an die Dorfschule Fredersdorf versetzt wurde, ist mir nicht bekannt. Er war schon in Ostpreußen ein Sozialist. Ein Freund meines Schwagers kannte Mischi vom Gymnasium in Königsberg her, kannte seine soziale Ader. Konnten Kinder sich die teuren Schulbücher nicht kaufen, gab Mischi ihnen das Geld dafür. In Fredersdorf war eine seiner ersten Neulehrerinnen (und Sekretärin in Wiesenburg) inzwischen Schulleiterin geworden. Sie war dort seine Vorgesetzte. Er heiratete sie und baute sich für seine Rentnerzeit ein Häuschen in Belzig. Sie wechselte an die Belziger Schule. Ich habe ihn ab und zu mal in Belzig am Bahnhof getroffen, wenn ich von Berlin aus der Uni nach Hause fuhr. Wir unterhielten uns, ich „durfte" mit ihm vom Bahnhof Richtung Stadt bis zur Brücke über die Eisenbahn und zurück gehen. Den „modernen viel jüngeren Genossen" passten wohl seine humanistischen Ansichten nicht. Schriftstellerinnen erwähnten ihn in ihren Büchern und dankten für Einsichten, Aufrichtigkeit, Nachhilfe und Verständnis. Die Belziger ersten Abiturienten luden ihn auch weiterhin zu Klassentreffen ein und dankten ihrem alten Lehrer.

Fotozirkel

In der Schule hatten wir einen Lehrer, der einen Fotozirkel einrichtete, obwohl er gar keine Ahnung vom Fotografieren hatte. Ich konnte mich intensiv mit der Technik beschäftigen, das Entwickeln der Filme und Bilder gelang mir ganz gut. Schlimm war es mal, als in Belzig ein großes Fußballturnier stattfand. Die Oberbürgermeisterin von Potsdam kam und überreichte den Pokal. Ahlert lief mit der guten Contax, einer damals modernen Kleinbildkamera, in der Gegend umher und machte Aufnahmen. Davon war kaum ein Negativ zu verwenden. Man konnte der Dame kein Bild geben. Zu Hause in Borne schaffte ich mir Geräte an und noch in Niemegk entwickelte ich die Bilder selbst. Als dann die Farbfotografie preiswerter wurde, hörte ich damit auf.

Die Sache hatte natürlich einen Haken. Ich als Fotograf bin selten auf Fotos zu finden. Ich fotografiere heute noch gerne, überlege mir aber jedes Mal, wer sich diese Bilder noch ansehen wird. Früher, als noch Karins Mutter, ihre Tanten und mein Vater lebten, hatte ich dankbare Abnehmer.

Schulweg nach dem Krieg mit Hindernissen

Auf unserem Schulweg von Borne nach Belzig gab es ziemliche Hindernisse. Wir mussten zu Fuß nach Belzig an dem Auffanglager der Zivilgefangenen vorbei und wurden jeden Morgen von den Kindern, die dort mit ihren Müttern untergebracht waren, bis „aufs Hemd" ausgeplündert. Alles, was sie gebrauchen konnten, wurde uns weggenommen. Wir hatten schon kaum noch etwas in den Taschen. Der sichere Weg war die Eisenbahn. Die Schule fing wegen der vielen Fahrschüler, die fast alle mit dem Zug aus der Brandenburger, Brücker, Treuenbrietzener und Wiesenburger Richtung kamen, erst um 8.40 Uhr an. Unser Zug sollte kurz nach 8 Uhr in Borne abfahren. Oft kam er 2 bis 3 Stunden später. Meistens war er überfüllt, da er bis Berlin durchfuhr. Im Zug gab es kaum einen Platz. So fuhren wir draußen im Bremserhäuschen oder auf den Trittbrettern mit. Zum Glück gab es nie einen Unfall. Nachmittags fuhr ein Zug wieder Richtung Wiesenburg. Wir saßen meistens wieder auf den Trittbrettern. Von der größten Steigung Richtung Bahnhof Borne hatte ich schon bei den Militärzügen berichtet. So hatten auch die überfüllten Personenzüge Schwierigkeiten mit der Steigung bei Borne. Sie fuhren recht langsam, so dass wir oft vom Zug am Bahnübergang in Borne absprangen. Wir sparten uns den weiten Weg vom Bahnhof ins Dorf. Da das zweite Gleis nach dem Krieg demontiert war, konnte uns kein Gegenzug überfahren. Statt morgens kamen wir oft erst gegen Mittag in Belzig an. Meistens stand auf dem Bahnhof ein Gegenzug nach Wiesenburg. So sind wir, wenn es sich nicht mehr lohnte, zur Schule zu gehen, oft umgestiegen und zurückgefahren. Wir Fahrschüler aus der Wiesenburger Richtung waren am meisten von der Unpünktlichkeit der Züge betroffen. Manchmal trugen wir auch zur Verspätung bei. Wenn wir auf den Trittbrettern saßen, konnten wir uns auch zu den Bremsleitungshähnen des Wagens herunterbeugen. An jeder Kupplung zwischen zwei Wagen war nur eine Bremsleitung angeschlossen. Der zweite Bremshahn war frei. Wenn man den öffnete, hielt der Zug sofort, als hätte man im Zug eine Notbremse gezogen. Der Schaffner, der Zugführer und der Lokführer suchten den Zug nach der gezogenen Notbremse ab. Sie fanden keine, den Hahn hatten wir schon wieder geschlossen.

Es gab aber auch auswärtige Schüler, die in Belzig zur Miete wohnten. Vor 1945 gab es einen Geographielehrer, Herrn Sartig, der an Schüler Zimmer vermietete. Er war oft in England gewesen und schwärmte im Unterricht von seinen Reisen dorthin. So bekam er von den Schülern den Spitznamen „Tom" und sein Haus wurde zu „Onkel Toms Hütte". Der Schulweg war für uns eben die größte Schwierigkeit nach dem Krieg. Als 1946 die Versetzungen anstanden, schickte der Direktor an die Eltern der Schüler aus Richtung Wiesenburg, wir hatten sogar Schüler aus Nedlitz in Sachsen-Anhalt, einen Brief, in dem er die Eltern bat, ihre Zustimmung für ihre Kinder zur Wiederholung der jeweiligen Klasse zu geben. Es sollte kein Sitzenbleiben sein. Die Zukunft war unsicher, uns fehlten bestimmte Grundlagen, so stimmten die Eltern dem Vorschlag der Schule zu. Wir gingen noch einmal in dieselbe Klasse.

Schulweg ohne und mit Fahrrad

1946 war das Auffanglager in Belzig aufgelöst. Wir konnten ohne Schwierigkeiten dort vorbeigehen. Die Russen hatten entlang der Bahnlinie Telefonleitungen gezogen. Es wurden extra dafür Masten gesetzt. Wir zählten bis zu 30 Leitungen bis Borne. Von Borne aus trennten sich die Leitungen. Ein Teil ging Richtung Grubo quer über die Äcker, ein Teil lief an der Bahnlinie weiter. Jeden Tag kamen zwei russische Soldaten von Belzig an der Bahnlinie entlanggelaufen und kontrollierten die Leitungen. Wir trafen uns am Bahndamm, weil dort ein sehr schöner schmaler Radweg entlang lief, auf dem man auch gut laufen konnte. Fahrräder waren auch ein begehrter Artikel für russische Soldaten. Deshalb konnten wir nicht mit den Rädern zur Schule fahren, sie wären sofort konfisziert worden. Um dem zu entgehen, zogen wir etwas später anstelle von Gummireifen dicke Teerstricke auf die Felgen. Das fuhr sich recht schwer, ging aber. Nach einer gewissen Zeit ersetzten wir die Teerstricke durch Hartgummireifen, die man inzwischen kaufen konnte. Das fuhr sich wesentlich leichter. Auch die interessierten unsere „Freunde" an der Bahn nicht. Als wir dann richtige Luftreifen auf die Räder zogen, waren unsere Räder weg. Wir fuhren wieder mit der Eisenbahn. Als wir ein paar Tage später in Belzig auf dem Bahnhof ankamen, sah ich, wie ein russischer Offizier vor dem Bahnhof ein Fahrrad abstellte und in den Bahnhof ging. Wagemutig, mit klopfendem Herzen schwang ich mich auf das Fahrrad und raste damit wie ein Wilder nach Borne. Dieses Rad hat mein Bruder noch lange gefahren.

Der Kartenständer

Wie schon gesagt, kam ich 1943 nach Belzig in die Oberschule. Ich war in einer Klasse, in der nur Fahrschüler waren, also alle kamen von Dorfschulen. Da gab es so manche Panne, weil wir mit der Tafel und anderen Utensilien nicht vertraut waren. Bei uns auf dem Dorf war alles anders und primitiver. Wir kannten auch die Marotten der Lehrer nicht. So hatte Herr Sartig die Angewohnheit, wenn er seine Mappe auf dem Katheter abgelegt hatte und eine Landkarte aufgehängt war, die Karte mit Ständer auf einen anderen Platz zu rücken. Dazu bückte er sich, er war sehr groß, und rückte unten am Kartenständer die Karte „richtig“ hin. Hatten wir sie das nächste Mal dort aufgebaut, wo er sie das letzte Mal hingestellt hatte, rückte er trotzdem wieder daran. Als wir das erste Mal eine große Landkarte zur Stunde aufhängen sollten, haben wir das so gemacht, wie wir uns das so mit der Technik dachten. Keiner von uns war mit der Technik des Kartenständers vertraut. Die Karte hing jedenfalls, als „Tom“ in die Klasse kam. Er legte seine Mappe ab, ging zur Karte, bückte sich und zog ganz unten unter der Karte am Ständer. Der Kartenständer blieb an einem Nagel im Fußboden hängen, kippte leicht nach vorn, die Karte hakte sich oben aus und begrub unsern „Tom“ unter sich. Er kam mit einem hochroten Kopf an einer Seite unter der Karte hervorgekrochen und sorgte so für „gute“ Stimmung in der Klasse.

An eine andere Geschichte kann ich mich noch gut erinnern. Die jüngeren Lehrer waren zur Wehrmacht eingezogen. Als Ersatz kam z.B. vom Patentamt Berlin ein älterer Herr Dr. Meuser als Physik- und Chemielehrer zu uns. Er hatte wenig Ahnung von Pädagogik, war aber in seinem Fach ein absoluter Könner. In einer Physikstunde wollte er im Experiment einen Ton erzeugen. Dazu hatte er ein Monochord mitgebracht. Ein Monochord ist eigentlich nur ein länglicher hohler Holzkasten, über den Saiten gespannt wurden. Bedeutungsvoll zog Dr. Meuser an einer Saite, die er zum Klingen bringen wollte. Es kam kein Ton, die Saite riss. Der Witz für uns dabei war der, dass er seelenruhig sagte: „Da die eine Saite gerissen ist, nehmen wir die nächste!“ Das hörte sich in dem Augenblick so lustig an, dass sich alle vor Lachen bogen.

Ariovist rettet die Stunde

Im Laufe der Jahre hatten wir in den einzelnen Klassen für dasselbe Fach verschiedene Lehrer. Dr. Mené war in einem Schuljahr unser Klassen-, Latein- und Deutschlehrer. Es war ein netter und lieber Mensch, der die Klasse nie in den Griff bekam. Zu der Zeit standen in unserer Klasse viereckige Tische mit einer Ablage unter der Tischplatte ähnlich den Kneipentischen. Die Ablagen bei den Kneipentischen dienten allerdings beim Kartenspielen zum Abstellen des Bieres und Schnapses. An unserem Tisch in der Klasse wurde bei Dr. Mené Karten gespielt. Wir saßen zu viert an einem Tisch. In einer Lateinstunde hatte Gerhard Hüge das Spiel verloren und rief etwas laut, „so ein Mist!" „Ja, richtig, Ariovist!", meldete sich Dr. Mené vom Katheder her. Er hatte die Frage nach Ariovist gerade an die Klasse gestellt. Ganz hingerissen war Dr. Mené, als wir Walther von der Vogelweide in Mittelhochdeutsch lasen. Das war für ihn, als hätte seine Liebste einen Liebesbrief an ihn geschrieben.

Das Abitur

In der 12. Klasse wurden wir in den einzelnen Fächern ein bisschen auf das Abitur vorbereitet. Latein war ein besonderer Brocken. Dr. Hutloff unterrichtete uns in Latein und Deutsch und war wie zuvor Dr. Mené zu dieser Zeit unser Klassenlehrer. Es gab kein Zentralabitur, bei dem den Schulen in allen Fächern die gleichen Aufgaben und Themen vorgegeben wurden. Zu unserer Zeit mussten die Lehrer in ihren Fächern drei Vorschläge an eine Kommission in Potsdam einreichen. Ein Text z.B. in Latein wurde dann ausgewählt. Dr. Hutloff übte mit uns schon neue Vokabeln von den drei lateinischen Texten ein, die wir im Abitur übersetzen sollten. Zwei Klassenkameraden setzten sich zusammen zu Hause hin und suchten nach den bekannten Vokabeln die Textstellen im „Cäsar" und im „Jugurthinischen Krieg" von Sallust. Man sollte es nicht glauben, sie fanden die Textstellen und schrieben im Abitur eine sehr gute Arbeit. So etwas war immer ein Fehler. Es stellte sich eine Differenz zwischen der Vorschlagszensur und der Zensur der Klassenarbeit heraus. Sie mussten daraufhin in die mündliche Prüfung in Latein. Das Abitur begann, die Lateinarbeit sollte geschrieben werden. Dr. Hutloff kam mit dem Umschlag in die Klasse, gab ihn mir zum Öffnen. Schnell hatte ich den Brief geöffnet und die Vorschläge herausgezogen. Dabei konnte ich auf der rot angestrichenen Textstelle die Textangaben lesen. Es war zu spät, als mir Dr. Hutloff die Vorschläge aus der Hand nahm. Während ein Schüler den zu übersetzenden Text aus dem Jugurthinischen Krieg an die Tafel schrieb, hatte ich schon die Klatsche an der richtigen Stelle aufgeschlagen. Ich saß immer beim Abitur, wenn wir in der Klasse die Arbeiten schrieben, auf der ersten Bank der Fensterreihe. Hier wurde man vom aufsichtführenden Lehrer oder der Lehrerin kaum beachtet. Die Abschreiber vermutete man immer in den hinteren Reihen. Abiturarbeiten in Deutsch und Geschichte wurden in der Aula geschrieben, die Klassen A und B gemeinsam. Aber jeder an einem Tisch allein.

Latein - Klatschen

Mit den „Klatschen" war das so eine Sache. Klatschen, das sind Übersetzungen des Textes ins Deutsche. Für Latein hatten wir drei verschiedene Klatschen. Eine Klatsche, sie hatte etwa ein Format von 5 x 8 cm, hatte eine fast wörtliche Übersetzung. Eine zweite war im Text schon freier. Die dritte war von RECLAM und sehr frei in der Übersetzung. Die konnte man nicht nehmen. Dr. Mené hatte zu seiner Zeit versprochen, uns die Klatsche mit Seiten- und Zeilenzahl zu nennen. Er hat es nicht geschafft. Er ahnte ja in seinem Unterricht, wenn er einen Schüler aufrief, der einen Text übersetzen sollte, dass wir, während der Schüler den lateinischen Text lesen musste, die aufgeschlagene Klatsche an ihn weiterreichten.

Einen Klassenkameraden hat unsere „Jelena Oskarowna", unsere Russischlehrerin, doch noch beim Abschreiben in Russisch erwischt. Da war nichts zu machen. Sie konnte ja Russisch. Er musste das Abitur abbrechen. Er konnte aber, nachdem die Lehrerkonferenz getagt hatte, die noch nicht geschriebenen Arbeiten nach 14 Tagen alleine nachschreiben.

Der Zahnschmerz

Ich hatte bald noch Pech im mündlichen Abi. Morgens zu Hause bekam ich plötzlich Zahnschmerzen und hoffte, dass sie bis zur Prüfung wieder verschwinden würden. Denkste! So ging ich in die mündlichen Prüfungen und hätte mir bald noch meine Mathezensur versaut. Das war doch eines meiner Lieblingsfächer. Nach den Prüfungen kam ein Lehrer zu mir, der mich gut kannte, und meinte, was denn mit mir wäre? Ich erzählte ihm von meinen Zahnschmerzen. Ich hätte das doch sagen können, dann wäre ich an einem anderen Tag zur Prüfung gekommen. Na, ich war heilfroh, dass ich die Prüfungen hinter mir hatte. Das Abi sollte gefeiert werden, dazu hatte mich eine befreundete Krankenschwester aus Potsdam eingeladen. Ich hatte ja kein Geld, sie wollte mir eine kleine Feier mit Freunden ausrichten. So fuhr ich mit der Bahn nach Potsdam. Nachmittags wollten wir in Steglitz ins Kino gehen. Im Krankenhaus holte ich sie ab und erzählte ihr von meinen Zahnschmerzen. Sie ging zur Station und kam mit einem kleinen Medikamentenglas zurück. Ich sollte das trinken. Sie hatte ein paar Tropfen Morphin in Wasser verdünnt. Schon in der S-Bahn von Potsdam nach Berlin wurde ich müde. In Steglitz schickte mich die Schwester mit Ostgeld los, ich sollte das in Westgeld umtauschen, da das Kino kein Ostgeld annehmen würde. Ein Obsthändler tauschte. Es muss ein besonderer Film gewesen sein. Das Kino war schon rappelvoll. Wir saßen in der vierten oder fünften Reihe. Ich bin dann wieder „aufgewacht“, als der Film zu Ende war. Gesehen habe ich nicht viel. In Potsdam trafen wir uns abends in einer Gaststätte mit Freunden. Die Morphinwirkung hatte nachgelassen, dafür meldeten sich die Zahnschmerzen wieder. Ich schlief bei meiner Tante in der Nähe der Erlöserkirche. Am nächsten Vormittag, also Sonntag, ging ich zu einem Zahnarzt gegenüber vom Bahnhof Charlottenhof/Potsdam West. Der schien keine rechte Lust zu haben oder wusste es nicht besser. Er bohrte an dem oberen linken Eckzahn, vergaß aber den Wurzelkanal zu öffnen. So schickte er mich wieder los. Mit Straßenbahn, Zug und Fahrrad kam ich etwa um 14 Uhr in Borne an. Inzwischen schwoll die Backe/Wange an. Ich legte mich ins Bett. Da dauerte es nicht lange und das Auge war zugeschwollen. Mein Vater holte den Arzt, der den Krankenwagen und schon war ich wieder in Potsdam im Josephskrankenhaus. Da bekam ich für die Operation eine „herrliche“ Narkose mit Äther und Chloralhydrat. Ein unvergessliches Erlebnis! Mein schöner Eckzahn war nicht mehr zu retten, er musste raus. Nach ein paar Tagen im Krankenhaus hatte sich ein großer Abszess unter dem linken Auge gebildet. Der wurde zum Glück nur vereist und geöffnet. Trotz allem Ärger hatte ich aber das Abitur in der Tasche!

Unangenehmes Erlebnis in der Schule

Es gab aber auch schlechte Erlebnisse mit Lehrern. Unser Musiklehrer, ein typischer Paukertyp, groß, schlank, sein Haar war in Strähnen glatt nach hinten gekämmt. Wir hatten zu Hause in Kinderbüchern solche etwas verschrobenen Lehrertypen. Einmal in der Woche war Chor in der Aula. Alle Brummer, Schüler mit Stimmbruch und Unmusikalische waren vom Chor befreit. Während der Chorprobe kamen einige Schüler auf die Idee, in den Filmvorführraum über der Eingangstür zur Aula zu klettern und von dort mit Papierschnipseln auf den Lehrer und die Sänger durch die Schlitze zur Filmvorführung zu schießen. Der Spaß ging auch so lange gut, bis irgendwie zwei andere Lehrer davon Wind bekommen hatten. Einer der Lehrer bewaffnete sich mit einem Schlagballstock aus dem Sportunterricht, stieg mit seinem Kollegen in die Vorführkammer und bearbeitete die Schüler mit dem Schlagballstock. Zwei oder drei Schüler hatten aber schon vorher die Flucht ergriffen und entgingen so den „Schlägen“. Sie waren vom Vorführraum auf den Boden gestiegen. Es gab daraufhin mächtigen Ärger für Schüler und Lehrer. Von der Schule musste keiner gehen.

Unterricht in halb Belzig

Im letzten Jahr des Krieges wurden wir aus unserer Schule ausquartiert. Die Schule wurde zum Militärlazarett umfunktioniert. Belzig hatte noch eine große Volks- und eine Mädchenschule. Dort war auch für uns kaum Platz. So wurden wir in den verschiedensten Räumen in Belzig unterrichtet: in der Tischlerei Lehmann im Verkaufsraum mit Schaufenster, im Gemeindesaal der Kirchengemeinde usw. Wir hatten oft keinen Tisch, an dem wir schreiben konnten. Wir mussten von einem zum anderen Raum lange Wege durch die Stadt zurücklegen. Manchen Unterricht hatten wir auch in der Volksschule an der Spiegelecke, wenn dort der Unterricht zu Ende war. Für uns begann der Unterricht erst um 14 oder 15 Uhr und ging manchmal bis 19 Uhr.

Einige Lehrertypen

Wir hatten auch ganz schöne Typen unter den Lehrern. Ein Mathe- und Biologielehrer stammte aus Bayern und war oft gar nicht zu verstehen. Er nuschelte etwas in seinen Bart. Sein Spitzname war auch „Nüschel". Leicht hatte er es nicht. Bei ihm wurden sehr viele Streiche gespielt. Oft sagte er dann in seinem Ärger: „Uschusch, ich werde euch mit dem Zeigestock bearbeiten!" Bei unserer Englischlehrerin konnte man sich nicht viel leisten. Sie war ziemlich drahtig und ließ nichts durchgehen. Ihr fehlte die rechte Hand. Sie schrieb links und machte alles mit links. Sie konnte aber auch damit ganz schön Ohrfeigen geben. Sie war gefürchtet. Ich bin mal länger krank gewesen und bekam von ihr bei sich zu Hause Nachhilfeunterricht in Englisch. Ich war so platt, als ich gemerkt habe, was sie eigentlich für ein netter und lieber Mensch war.

Der Krieg war zu Ende. Anfangs unterrichteten uns noch die alten Lehrer. Sie wurden bald durch Junglehrer ersetzt. Unser Klassenlehrer unterrichtete uns in Deutsch und Geschichte. Sein Steckenpferd waren Geschichtszahlen, die man im Schlaf können musste. Er behandelte Napoleon im Unterricht und wollte von seinem Feldzug nach Afrika berichten. Da malte er ein kleines Segelboot von hinten gesehen mit einem kleinen Mast und einem Segel an die Tafel und erzählte dazu, „als sich Napoleon nach Afrika einschiffte ......" Mehr haben wir nicht mehr gehört, es brach ein tolles Gelächter aus, die Stunde war „gerettet".

Aufteilung der Klassen

Nach dem Zusammenbruch kamen viele Kinder zu uns in die Schule und wollten das Abitur ablegen. Wir waren so viele Schüler, da musste jede Klasse in zwei Klassen aufgeteilt werden. Gleichzeitig richtete man damit einen sprachlichen und einen naturwissenschaftlichen Zweig ein. Die neuen Schüler hatten in ihren bisherigen Schulen keinen Sprachunterricht und kamen deshalb in die naturwissenschaftlichen Klassen. Wir, die wir schon Englisch und Latein hatten, mussten überwiegend im sprachlichen Zug bleiben. Ich durfte auch nicht wechseln. Allerdings kam für alle Schüler in allen Klassen Russisch hinzu. Unsere Klasse bekam eine Russischlehrerin, die lange Zeit in Moskau gelebt hatte. Sie war sehr streng und verlangte auch viel. Siehe Abitur. Sie ging mit uns sehr schnell in unserem „Staats"-Lehrbuch vor. In den anderen Klassen waren deutsche Junglehrer, die erst selbst Russisch gelernt hatten mit dem „Steinitz"-Lehrbuch. Die Aussprache der Junglehrer war auch dementsprechend. Wir verstanden sie manchmal kaum. Unsere Lehrerin „Jelena Oskarowna", eigentlich war es ein älteres Fräulein Krause, bestand auf die russische Anrede, eigener Vorname und Vorname des Vaters. In der Parallelklasse saß mein Freund aus Wiesenburg. Wir waren schon zusammen in Belzig eingeschult worden. Er hatte die Nichtversetzung mitmachen müssen. Eigentlich war er in den naturwissenschaftlichen Fächern ein sehr guter Schüler. Er schummelte aber auch gerne. Wenn wir in Deutsch Klassenarbeiten schrieben, kam er nicht zur Schule und trug sich als Klassenbuchführer selbst als anwesend ein. Die Zeit verbrachte er in der Gegend der Burg und las Bücher, bis der Schultag zu Ende war. Dann fuhr er mit dem Rad wieder nach Hause. Er schrieb nur Hausaufsätze mit, schrieb da vom Lexikon ab und bekam sehr gute Noten. Eines Tages wollte die Russischlehrerin dieser Klasse eine Klassenarbeit schreiben lassen. Dazu wurden die Sätze, die man übersetzen musste, vorher in der Klasse geübt. Es waren sieben Sätze. Mein Freund nicht faul, schreibt die sieben Sätze schon fein säuberlich zu Hause in sein Klassenarbeitsheft. Die Arbeit wird geschrieben. Er krakelt auf seinem Löschblatt umher, als schrieb er seine Sätze. Die Hefte wurden abgegeben. In der nächsten Russischstunde brachte die Lehrerin die korrigierten Hefte wieder mit und verteilte die Hefte nach den Zensuren. Sie fing mit den Einsen an. Mein Freund wartete nun, dass er bei den Einsen aufgerufen werden würde. Er war erst unter den Zweien. Wie sich herausstellte, hatte er nur einen Fehler und diesen Fehler hatte er beim Abschreiben im siebenten Satz gemacht, den sie gar nicht diktiert hatte! Sie selbst hat das aber auch nicht bemerkt.

Die Schulglocke

In Belzig wurde noch zum Unterricht mit einer Handglocke geläutet. Ein Schüler wurde dazu bestimmt. Nach dem Krieg bekam ich die Glocke und war nun für die Einhaltung der Pausen- und Stundenzeiten verantwortlich. Das ging immer alles ganz gut. Manchmal kamen Schüler oder Schülerinnen zu mir und wollten, dass ich früher zur Pause klingeln sollte. Wahrscheinlich war das eine unangenehme Stunde. Ich weiß es nicht. Ich habe das aber nie gemacht. Ein paar Mal ging das Klingeln in die Hose. Zum Sportunterricht gingen wir im Winter in den Lindenhofsaal. Dort standen auch unsere Sportgeräte. Damit im Schulgebäude alles mit dem Klingeln klappen sollte, habe ich den Mädchen unserer Klasse die Klingel übergeben, gab ihnen meine Uhr. Da nahm manchmal die Stunde kein Ende. Die Mädchen hatten gequatscht und das Klingeln vergessen, zum Glück war es die letzte Stunde.

Die letzten Jahre in Belzig an der Schule

Wenn ich heute zurückdenke, wundere ich mich, wie ich die letzten zwei Jahre (11. und 12. Klasse) in der Schule überstanden habe. Ich war Klassensprecher unserer A-Klasse und gleichzeitig Klassensprecher für die A- und B-Klasse, wenn wir gemeinsamen Unterricht, wie Geschichte, Deutsch und Gegenwartskunde hatten. In der A-Klasse waren wir 13 Schüler, die an sieben Tischen saßen. Links und rechts standen die Zweiertische. Ein Zweiertisch stand allein in der Mitte. An diesem einen Tisch saß ich!!! Ich überlege heute noch, wie ich die Klassenarbeiten ohne nachbarliche Hilfe überstanden habe? Es war aber auch so, dass sich die Lehrer oft zu Beginn der Stunde mit mir als Klassensprecher unterhielten. Da bin ich oft gut weggekommen. Im Unterricht sprach er mit den anderen Schülern. So kam ich nicht oft dran.

Der Diphtheriepatient

In der 11. Klasse erwischte mich die Diphtherie. Ich kam nach Lehnin ins Krankenhaus. In einer ehemaligen Baracke aus einem Arbeitsmaidenlager hatte man eine Isolierstation eingerichtet. Die meisten Patienten in dieser Baracke waren Kinder. In einem Zimmer lagen schon drei Männer im Alter von Mitte 30 bis 43 Jahren. Ich kam als junger Spund dazu. Die drei Betten der Männer standen nebeneinander, mein Bett quer in der Ecke vor dem Fenster. So hatte ich die Drei immer im Blick. Zwei Patienten waren aus der Gegend und bekamen fast jeden Tag Besuch. Der Besuch kam ans Fenster, das wir öffneten, was eigentlich verboten war. Sie versorgten uns mit Lesestoff. Ein Mann, er lag als Erster zur Tür, hat nie ein Buch gelesen, obwohl wir es ihm immer angeboten hatten. Einmal nahm er ein Buch und hielt es falsch herum. Da war uns klar, er war Analphabet. Seine Frau konnte nicht oft kommen. Für meinen Vater war es auch schwierig, nach Lehnin zu kommen. So schrieb ich hin und wieder an meinen Vater. Unser Analphabet bat mich, auch für ihn einen Brief an seine Frau zu schreiben. Er gab an, in seiner Ecke wäre es so dunkel, da könnte man nicht schreiben! Ich schrieb ihm seine Briefe an seine sehr nette und adrette Frau.

Nach drei Wochen konnte ich aus dem Krankenhaus entlassen werden. Von Lehnin fuhr ein Bus mit einem Gas- oder Holzkocher nach Belzig. Es gab keinen Dieselkraftstoff. Da rüstete man LKWs, Busse und Trecker auf diesen Gaskocher um. Der Kocher für den Bus wurde hinten ans Heck gehängt. Beim Trecker kam er an die Seite. Handrichs Deutz wurde auch umgebaut, ein großer Kessel wurde montiert. Oben ließ er sich öffnen, um das kleingehackte und kurzgeschnittene Holz einfüllen zu können. Unten war eine Vorrichtung zum Drehen, wenn der Trecker z.B. morgens gestartet werden sollte. Es wurde so lange gedreht, bis das Holz im Kocher brannte. Dann konnte man den Motor starten. Wenn die Strecke länger war oder der Trecker auf dem Acker schwere Arbeit verrichten musste, konnte von oben Holz nachgefüllt werden.

So fuhr ich nun mit dem Holzkocherbus nach Belzig. Es war eine sehr harte Angelegenheit. Der Bus hatte nur Holzbänke ohne Polster. In Belzig holte mich zum Glück ein Klassenkamerad vom Bus ab, trug meinen Koffer und brachte mich zum Zug. In Borne empfing mich mein Vater auf dem Bahnhof. Wir wollten beide vom Bahnhof aus nach Borne laufen. Es ging nicht. Ich war zu schwach. So bin ich auf sein Rad gestiegen und nach Hause gefahren. Mit dem Muskelkater war es in den ersten Tagen fürchterlich. Der kleinste Muskel im Zeh schmerzte.

Wir Schüler als Maler

1945 waren wir in der Schule eigentlich recht aktiv. Wir malerten die Klassenräume selbst. Ich bin erstaunt, wenn ich höre, dass heute in diesem reichen Staat kein Geld für solche Arbeiten zur Verfügung steht und in Kindergärten und Krippen die Eltern solche Arbeiten verrichten müssen, damit ihre Kinder saubere Räume haben.

Der Weihnachtsmarkt

Einmal im Jahr fand zur Weihnachtszeit der Weihnachtsmarkt in der Schule statt. Alle Klassen beteiligten sich an der Gestaltung. Wochen vorher wurde mit den Vorbereitungen begonnen. Jede Klasse ließ sich etwas einfallen. Da gab es eine Kaffeestube, Märchenfilme wurden auf den schuleigenen Filmvorführgeräten gezeigt. Angelspiele gab es, bei denen man etwas gewinnen konnte. Außer Konkurrenz liefen die Großveranstaltungen in der Aula. Da wurde z.B. „Der Biberpelz“ aufgeführt, es gab Quiz- und Kabarettveranstaltungen. Mit denen zogen wir anschließend über die Dörfer. Unsere Schule hatte auch eine ganz tolle Musikkapelle, die alle Veranstaltungen begleitete und selbst zum Tanz aufspielte. Jedes Jahr fand dieser Weihnachtsmarkt statt und hatte schon Tradition.

Im Gespräch mit Mrs. Fischer beim Weihnachtsmarkt

Berufswahl

In der zwölften Klasse kam nun die Frage nach dem Beruf, den man ergreifen wollte. Die Lehrer fragten schon mal nach. Viele von uns hatten doch schon eine feste Vorstellung. Bei mir war das noch etwas wackelig. Ich wollte irgendwie etwas mit der Landwirtschaft machen. Ich war in der Landwirtschaft bei meinem Freund Harri und unserem Nachbarn Fritz Hampel groß geworden, kannte die landwirtschaftliche Arbeit und hatte mir in der Zeit doch einige Fähigkeiten angeeignet. Ich konnte Arbeiten mit dem Trecker erledigen, konnte mit Pferden fahren, konnte sogar mit Pferden bindern (Getreide mähen). Handrichs hatten einen McCormick - Binder für die Pferde. Für den Trecker hatten sie einen 11 Fuß Lanzbinder mit Zapfwellenantrieb. Ich konnte Getreidefuhren laden, Kühe melken und füttern. Es gab eigentlich kaum etwas, was ich nicht konnte, sogar das Mähen mit einer Sense hatte ich gelernt.

Wir hatten einen jungen Chemielehrer, der als junger Assistent in Berlin an der Veterinärmedizinischen Fakultät der Humboldt-Universität im Chemischen Institut angestellt war. Er sagte immer zu mir: „Sie werden Tierarzt. Anderes kommt nicht in Frage.“ Er selbst wäre gern Tierarzt geworden, wenn er etwas größer gewesen wäre, sagte er immer. So reifte dann der Wunsch, Veterinärmedizin zu studieren. So toll waren damals meine Leistungen nicht, man hat mich aber trotzdem sofort angenommen, als ich meine Bewerbung nach Berlin geschickt hatte. Ich hatte das Abitur noch gar nicht bestanden. Das hatte, wie sich nachher herausstellte, etwas mit der Kirche und meinem Vater als Pastor zu tun. Otto Nuschke war damals der CDU-Vorsitzende in der DDR. Die CDU wollte etwas von den Pastoren bzw. von der Kirche und machte auf diese Art Stimmung für sich. Ich weiß nicht, worum es ging. Jedenfalls hatte ich die Zulassung ohne Abitur schon in der Tasche. An der Uni merkte ich dann, dass in meinem Semester noch mehr Pfarrerskinder auf diese Art immatrikuliert worden waren. Zu unserer Abschlussfeier des Abiturs 1952 in der Aula saßen für uns doch recht überraschend viele Offiziere der damals frisch gegründeten kasernierten Volkspolizei. Der Schulleiter hielt auch dementsprechend seine Rede, sprach vom Feind, von der Verteidigung usw. Als die Feierstunde zu Ende war, sollten sich die „Knaben" im Physikzimmer einfinden. Von dort wurden wir alle einzeln ins Lehrerzimmer geholt und sollten für die kasernierte Polizei geworben werden. Sie hatten keinen Erfolg. Mich schickten sie gleich wieder aus dem Zimmer, mit meiner Zulassung zum Studium war ich damals für diese Truppen tabu. Ein einziger Klassenkamerad, Klaus Doll, ging nach 1 - 2 Jahren zur Nationalen Volksarmee (NVA). Er hatte wegen eines Unfalls nicht am Abitur teilnehmen können, hatte das Abi nachgemacht und sollte in einem Chemiebetrieb arbeiten und auf seine Zulassung zum Chemiestudium warten. Er sollte „delegiert" werden, wie es so schön hieß. Da sie ihn ewig nicht „delegierten", meldete er sich freiwillig zur NVA und kam zur Marine an die Ostsee. Da blieb er auch.

Unser Klassenkamerad Siegfried Borgmann aus Brück gab immer an, dass er Arzt werden wollte. Ein Lehrer konnte das nicht verstehen. „Arme Menschheit, wenn Sie auf diese losgelassen werden!" war sein Spruch. Er ist ein sehr guter Arzt und Chirurg geworden und vor ein paar Jahren in Ribnitz-Damgarten als Chefarzt der Chirurgie an Krebs verstorben. So können sich Lehrer irren. Lieblingsschüler wurden von einigen Lehrern bevorzugt behandelt. Meistens waren es Mädchen. Wenn sie dann an die Uni kamen und keiner sie so in der großen Masse kannte, fielen sie plötzlich durch die Prüfungen.

Werner Meredig

Als ich noch in Belzig zur Schule ging, kam ein Junglehrer nach Borne, Werner Meredig. Wir freundeten uns sehr schnell an. Bald darauf ging er nach Brück an die Schule. Dort wohnte auch der Schulrat, der mal Kellner gewesen sein soll. Er stand aber mit diesem Schulrat auf keinem guten Fuß. Mein Freund hielt nicht viel von diesem Staat und wurde oft zu einer Aussprache beim Schulrat vorgeladen. Bei einer solchen Aussprache fauchte der Schulrat meinen Freund an, „dann hast du auch noch einen Freund, der jeden Sonnabend um 18 Uhr mit dem Posaunenchor in Belzig vom Kirchturm bläst. Der soll mal in unseren FDJ Fanfarenzug kommen, dann haben wir endlich mal vernünftige Bläser!"

Von Brück ging mein Freund nach Wiesenburg an die Schule. Er wurde dort vor dem 17. Juni 1953 aus dem Schuldienst entlassen. Einen Tag nach dem 17. Juni stellte man ihn wieder ein und überreichte ihm vor den

Schülern einen Blumenstrauß, den er am liebsten an die Erde geworfen hätte. Er wollte es sich aber nicht noch mehr mit den Politniks verderben, da sein Plan die Flucht nach dem Westen war. Er durfte, wie auch meine Cousine, nicht nach Berlin fahren, wo inzwischen seine Mutter von Beelitz, seinem Zuhause, nach Ostberlin gezogen war und bei VEB Minol arbeitete. Er hatte Glück. Eine Klasse machte eine Fahrt mit einem LKW nach Berlin. Damals gab es keine Busse und solche Fahrten wurden mit LKWs durchgeführt. Auf der Ladefläche waren Holzbänke montiert. Es war recht hart und ungemütlich. Er schummelte seinen kleinen Koffer auf den LKW, stieg auf und fuhr mit nach Berlin. So konnte er türmen, ging über Berlin nach Baumholder/Nahe im Kreis Idar-Oberstein zu einem Freund, der auch aus Beelitz stammte. Dieser betrieb eine große Tankstelle und einen Taxibetrieb. Baumholder ist uns DDR-Bürgern noch gut bekannt. Denn dort war eine große Garnison der Amerikaner. Diese Garnison diente in der DDR-Zeitschrift „Das Magazin“ als Vorlage für eine Comicserie, in der auch Adenauer als Häuptling auftrat. „Das Magazin“ war aber nicht nur wegen der Comicserie am Zeitungsstand sofort vergriffen, denn in jedem Heft war „eine nackte Schöne“ abgebildet. Werner Meredig heiratete in ein Dorf in der Nähe von Baumholder. Das war seine glücklichste Zeit. Bald starb seine Frau an Krebs. Er pflegte seine Schwiegereltern bis zu deren Tod. Anschließend war er selbst ein Wrack, das nur am Sauerstoffgerät hing, bis er starb. Er schickte mir einmal im Jahr ein kleines Päckchen. Er vergaß nie Muskatnüsse mit reinzulegen. Davon konnten wir noch Jahre zehren. Ich hatte immer das Empfinden, dass er ein Mensch war, der bis auf die kurze Zeit seiner Ehe immer auf der Schattenseite des Lebens gestanden hat.

Der Ausritt

Nach dem Krieg erschien eines Tages ein Herr Graef mit vier Pferden bei Handrichs. Er war wohl Offizier gewesen und hatte diese Pferde irgendwie über den Zusammenbruch gerettet. Herr Graef blieb bei Handrichs, war dort willkommener Gast, denn die vier Pferde konnten Handrichs gut gebrauchen. Drei Pferde eigneten sich für die Landwirtschaft. Das vierte Pferd war eine Stute „Reni“, die nur zum Reiten taugte. Sie sah gegen die anderen wie eine feine Dame aus. Oft haben sie versucht, die Reni anzuspannen. Es war unmöglich, ihr das Ziehen beizubringen.

Harri und ich wollten beide einmal mit den Pferden ausreiten. Dazu holte ich mir von Onkel Fritz den Harras, der während des Krieges aus Ostpreußen nach Borne zu Hampels gekommen war. Er wuchs bei uns auf dem Pfarrhof auf. Inzwischen konnte Harras eingespannt werden, man konnte auch auf ihm reiten. Wir sattelten die Pferde und ab ging die

Post in Richtung Mühle. Damals war der Bahnübergang bei Wiedefelds nach Bergholz noch in Betrieb. An der Steinerhütte, es war die Hälfte nach Bergholz, bogen wir rechts zur Mühle ab. An der Mühle wollten wir die Pferde nachsatteln. Als das Gebüsch zur Mühle hin aufhörte, flatterten plötzlich Rebhühner hoch, die Pferde scheuten (erschreckten), sprangen zur Seite. Mein Sattel war so locker geworden, Harras hatte sich beim Satteln so „aufgepumpt", rutschte zur Seite herunter und ich mit. Ich versuchte Harras am Zügel zu halten, der Zügel riss an beiden Seiten meiner Hand durch, führerlos galoppierte Harras los. „Das ist mein Ende", dachte ich so, ich war mit dem linken Fuß im Steigbügel hängen geblieben. Nach ein paar Sprüngen riss der Steigbügelriemen, ich war gerettet.

Handrichs wirtschafteten lange mit den Pferden von Herrn Graef. Der Fuchs war „mein" Pferd. Ich „schleefte" mit ihm in der Getreideernte die Schläge, auf denen das Getreide abgeerntet war, mit der Hungerharke. Das konnte ich damals mit 13 Jahren und war mächtig stolz auf meine Arbeit. Der Fuchs starb nach einigen Jahren, ich habe bitterlich geweint.

3. Das Studium

Endlich Student

Am 15. August 1952 fuhr ich nach Berlin, um mich an der Veterinärmedizinischen Fakultät der Humboldt - Universität zu Berlin immatrikulieren zu lassen. Als ich aus der Studienabteilung kam, wo man sich anmelden musste, sprach mich gleich eine Kommilitonin an. Es war Gertrud Herr. Wie sich herausstellte, war sie auch im gleichen Seminar. Wir waren im Semester so etwas über 130 Studenten, die noch einmal in Seminare aufgeteilt waren, in jedem zwischen 15 bis 20 Studenten. Die Seminare waren für die Kurse wichtig. Es konnten nicht alle gleichzeitig in die praktischen Kurse gehen.

Ich war nun jedenfalls Student der Veterinärmedizin. Manchmal kamen mir doch noch Zweifel, ob ich wirklich den richtigen Beruf ergreifen wollte. Das Blut war immer ein Faktor, den man nicht unterschätzen sollte. Vielleicht kippe ich in der Klinikstunde vor versammelter Mannschaft um? Das waren noch so meine Bedenken. Blut erinnerte mich immer an meine Kindheit. Es gab damals auch Fischbüchsen, die man mit einer mitgelieferten Kurbel öffnen konnte. Ich fand solche Büchse im Müll und wollte gern die Kurbel haben. Wozu war mir eigentlich noch nicht so recht klar. So versuchte ich die Kurbel mit dem Blech aufzudrehen. Plötzlich entglitt mir die Büchse und das Deckelblech schnitt mir die Maus der linken Hand recht tief auf. Ich habe heute noch die 3,5 cm lange Narbe als Merkmal. Es blutete fürchterlich. Zu meiner Mutter konnte ich ja nicht gehen, also versuchte ich das Blut abzulecken. Das ging anfangs ganz gut, dann fiel ich um. Mir war schlecht geworden. Wie lange ich da lag, weiß ich nicht, ich hätte ja verbluten können, denn keiner hat mich gefunden. Ich rappelte mich hoch, ging in die Toilette und musste mich erbrechen. Da habe ich gestaunt, wie viel geronnenes Blut zum Vorschein kam. Seitdem war mir das Blut nicht ganz geheuer.

Nun kam die Universität. Ich habe keine Schwierigkeiten bei Operationen mit dem Blut gehabt. Die Hürde war genommen. Ein anderes Problem machte mir große Sorgen, nämlich das, ob ich den richtigen Beruf gewählt hatte. In unserem Semester hatten sich eine Reihe von Studenten immatrikulieren lassen, die eigentlich Medizin studieren wollten und dort nicht angekommen waren. Sie bemühten sich gleich um den Fakultätswechsel und schafften es auch. Was sollte ich machen? Ich habe einige Nächte mit mir gerungen und kam schließlich zu dem Schluss, ich bleibe bei der Veterinärmedizin. Ich war dann so froh und frei und freute mich über den Entschluss. Ich habe das auch nie in meinem Leben bereut. Es war mein Traumberuf und wie sich später herausstellte auch mein Hobby.

Studentenbuden

Als Studenten der Vet-Med. (Veterinärmedizin) bekamen wir von der Studienabteilung Adressen von Vermietern, die an Studenten Zimmer vermieten wollten. In vielen Fakultäten war das nicht üblich, dort wurde man in Studentenwohnheimen untergebracht. Mit meiner ersten Adresse in der Tasche fuhr ich mit der Straßenbahn nach Rosenthal. Vater und Sohn zeigten mir das Zimmer. Eine Frau gab es anscheinend nicht. Eine richtige Männerwirtschaft. Das Zimmer sah entsprechend unsauber aus. Ich lehnte ab und gab das Zimmer in der Uni zurück. Mein neues Zuhause sollte in der Gleimstraße im Prenzlauer Berg an der Schönhauser Allee sein. Frau Zimmermann war die Witwe eines Postbeamten und arbeitete noch selber bei der Post. Das Zimmer war recht spartanisch eingerichtet, ein Bett, eine Chaiselonge, ein Schrank, ein Stuhl, ein kleiner runder Couchtisch, eine Schüssel mit Wasser und ein lappiger Läufer, der schräg im Zimmer lag. Geheizt wurde in einem riesengroßen alten Kachelofen, in den man 20 Kohlen stecken konnte, dann war das Zimmer gerade mal lauwarm. Frau Zimmermann „spielte“ immer die vornehme Dame, schlief aber mit ihrem Terrier zusammen in einem Bett. Aus Borne ließ ich mir per Express mit der Bahn einen Tisch schicken, damit ich an einem richtigen Tisch arbeiten konnte. So hatte ich es mir ganz gemütlich eingerichtet. Das Verhältnis mit der Wirtin wurde aber bald getrübt. In Berlin studierten mehrere Klassenkameradinnen und Klassenkameraden. Wir besuchten uns oft untereinander. Einmal waren sie bei mir und benutzten natürlich auch die Toilette. Das nahm Frau Zimmermann dann zum Anlass, den ersten Brief an mich zu schreiben. Als ich sonntags abends von zu Hause kam, fand ich ihn in meinem Zimmer. Sie hatte, so schien es mir, die Absicht, mich los zu werden.

1. Originalbrief meiner Wirtin Frau Zimmermann aus der Gleimstraße 25 in Berlin N 58 im Frühjahr 1953:

„Lieber Herr Röhr!

Glaube Sie werden über diese Zeilen nicht sehr erstaunt sein. Erstens habe ich mich sehr darüber geärgert indem Sie mir morgens um 10 Uhr schon drei Mann hoch hier mitbringen, soetwas schickt sich nicht, ich möchte meine Ruhe in meiner Wohnung haben. Ob das früh oder spät ist da fragen Sie garnicht danach da bringen Sie mir soviel fremde Menschen in mein Haus und nach 10 Uhr will ich nicht noch einmal sehen, das ein fremder hier ist. Ich habe nichts dagegen, wenn Sie mal jemand mitbringen; aber Sie müssen die Kirche im Dorf lassen. Alles benutzt meine Toilette und dann wird kaum Wasser gespült, wir befinden uns doch nicht in einer Kneipe, wir sind in der Großstadt, ich verlange peinlichste Sauberkeit, auch Sie Herr Röhr müssen mehr Wasser lassen. Dann bitte ich darum zum letzten mal das Caiselon wird nicht zum sitzen benutzt, sonst muss ich es raus nehmen, ich gebe für fremde Menschen nicht meine Möbel hin. Dann nehmen Sie sich mit dem Ankleideschrank in acht, ich habe das schon oft genug gesagt der Schrank ist nicht dazu da, das Sie sich daran rasieren, sonst nehme ich den auch raus und bekommen dan keinen. Die Stühle sind aus meinem Speisezimmer, die sehen ganz toll aus, da geht man nicht mit die Füße rauf. Den Läufer haben Sie mir so dermaßen mit ihrer Schuhschmiere versaut, wo gibt es denn soetwas das man sich darauf die Schuhe putzt, so weit sind wir doch noch nicht, das in meiner Wohnung jeder machen kann wie er will. Sonst tauche ich mit meiner Wohnung, dann habe ich meine Ruhe. Wenn Sie vernünftig sind werden Sie das einsehen lieber Herr Röhr und ich musste Ihnen das mitteilen, denn so geht es nicht weiter. Entweder ziehen Sie oder ändern sich, so wie Sie im Anfang waren, wir haben uns immer verstanden und hoffe Sie werden das ein sehen.

Ich zanke mich mit niemand und ich glaube, das Sie sich bisher wohlgefühlt haben. Äußern Sie sich bitte, wie Sie darüber denken.

Mit Gruß Fr. Zimmermann“

Ich habe mich geäußert, bin aber nicht ausgezogen, weil ich kein anderes Zimmer hatte. Frau Zimmermann hatte vorher das Zimmer an Gastsänger des Metropoltheaters vermietet. Das Metropoltheater war ausgebombt und war an der Schönhauser Allee Ecke Gleimstraße in einem großen Kino untergekommen. Unserem Haus gegenüber war der Bühneneingang. Ich profitierte auch davon. Die Sänger hinterlegten oft eine Eintrittskarte für mich an der Kasse.

Frau Zimmermann erzählte gern von den Künstlern. Beim „Zigeunerbaron“ sang den „Zsupan“ ein Gastsänger aus Schwerin. Seine Frau war Sängerin in Schwerin. So reiste er immer alleine an. Frau Zimmermann war geehrt und stellte ihm ihr Schlafzimmer zur Verfügung. Er brachte auch immer ein Betthäschen mit. Für den Fall, dass die Frau plötzlich anreisen sollte, wurde ich in das Geschehen eingeweiht. Vom Schlafzimmer aus ging eine große Doppeltür ins Wohnzimmer. Vor der Tür hatte sich Frau Zimmermann auf einer Couch niedergelassen. Ich meine, sie wollte hören, was da nebenan passierte. Diese Couch war etwas von der Tür abgerückt, damit das Häschen, wenn die Frau erschien, entweichen konnte. Ich sollte, so wurde mir aufgetragen, die Frau, wenn sie an der Haustür klingelt, in ein lautes Gespräch verwickeln und sie damit aufhalten, bis das Häschen in Sicherheit war. Zum Glück brauchte ich nie einzugreifen. Frau Zimmermann musste das öfter einmal tun. Sie erzählte mir dann stolz, wie das Häschen splitternackt mit ihren Klamotten unterm Arm in ihr Zimmer kam. Für solche Besuche und solche Aktionen ließ sie sich gut bezahlen. Vorher, so erzählte sie mir, hatte sie die Sänger in meinem Zimmer untergebracht und sie beobachtet, wenn sie ein Häschen im Bett hatten. Vom vorderen Flur führte ein langer dunkler Gang nach hinten zum Bad und zur Küche. Damit man am Tage auf dem Flur etwas sah, war in meinem Zimmer ganz oben unter der Decke ein Fenster eingesetzt. Frau Zimmermann stieg auf die Stehleiter und erfreute sich an dem „Liebesspiel“ des Pärchens. Wie gesagt, da sprang Geld heraus. Anscheinend wollte sie ein anständiger Mensch werden und nahm sich einen Studenten. Der bezahlte aber nur 40 Mark für die Bude.

Erstes Klassentreffen und erste Begegnung mit Karin

Am 2. Weihnachtsfeiertag 1952 feierten wir Schüler in Treuenbrietzen unser erstes Klassentreffen. Klassenkameradin Gudrun hatte Geburtstag. Ihre Eltern waren zu Freunden gegangen, also sturmfreie Bude. Zu dieser Feier fuhren wir mit dem Bummelzug von Belzig nach Treuenbrietzen, mussten aber bis morgens um 5 Uhr feiern, weil dann der erste Zug wieder nach Belzig fuhr. Es war an dem Tag schlechtes Wetter. Ich hatte schon meinen Freund Pen in Wiesenburg angerufen und ihm gesagt, dass wir bei diesem Wetter nicht fahren würden. Ich musste ja mit dem Rad erst nach Belzig zum Bahnhof fahren. Er rief zurück, wir fahren doch. So fuhr ich mit nach Treuenbrietzen. Die Mädchen sorgten für das Essen, wir Jungs hatten Getränke mitzubringen. Es klappte alles. Da wir nur wenige Mädchen in der Klasse hatten, meinte unser Geburtstagskind, sie hätte die Tochter, die mit ihrer Familie oben im Haus wohnte, eingeladen, dann hätten wir eine Tanzdame mehr. Sie kam, sie sah und ich siegte! So habe ich meine Frau Karin kennen gelernt. Sie war sehr behütet mit Mutter und zwei Tanten aufgewachsen. Ihre Schwester war 1946 an Typhus gestorben, deshalb sorgte sich alles um die Tochter.

Erster Besuch in Berlin, meine Wirtin Frau Zimmermann

Karin wollte auch mal nach Berlin, um in Westberlin ins Kino oder in Ostberlin ins Theater zu gehen. So hatten wir ausgemacht, dass sie bei Gudrun schlafen sollte, die in der Wisbyer Straße wohnte. Von der Gleimstraße war es gar nicht so weit. Gudrun wohnte im 4. Stock bei einer Wirtin, die keine Hausklingel für die Haustür von unten in die Wohnung hatte. Wenn wir im Kino oder Theater waren, kamen wir immer zur vollen Stunde zu Gudrun. Sie kam dann runter und holte Karin ab. Das ging gut, bis eines Tages Gudrun nicht ins Theater kam, das wir gemeinsam besuchen wollten. Eine andere Klassenkameradin war ebenfalls mit uns im Theater. Als wir zu jeder vollen Stunde nachts zu Gudrun gingen und keiner öffnete, mussten wir uns etwas einfallen lassen. Es war schon 2 Uhr geworden und wir waren noch in Berlin auf Achse. So blieb uns nichts anderes übrig, als dass Karin bei mir übernachten musste. Von zu Hause war ihr sogar verboten worden, mit auf mein Zimmer zu gehen. Ich hatte ja diese alte Chaiselongue. Sie zog sich nur das Kleid aus und legte sich in mein Bett. Ich holte mir das Unterbett aus dem Bett hervor und schlief damit als Zudecke auf der Chaiselonge. Wir waren beide ganz artig. Meine Wirtin war in Schwerin beim „Zsupan"". Ehrlich, wie ich immer bin, erzählte ich ihr von unserem Missgeschick. Gudrun hatte an diesem Abend die Tür zugeworfen und keinen Schlüssel dabei. Sie war zu der Klassenkameradin gefahren und hatte bei ihr auf der Treppe gewartet, bis sie aus dem Theater kam, damit sie dort wenigstens übernachten konnte. Frau Zimmermann hörte sich das alles wohlwollend an. Dann fiel ihr wieder ein, dass sie mich aus der Wohnung haben wollte. Daraufhin schrieb sie einen zweiten Brief an meinen Vater.

2. Originalbrief von Fr. Zimmermann an meinen Vater:
„Bln 17.8.53
Sehr geehrter Herr Pastor Röhr!

Wenn ich alles geglaubt hätte aber nicht das, wie sich Ihr Herr Sohn in der letzten Zeit benommen hatte. Von Anfang an hatte ich es immer gut gemeint und hatte verschiedenes übersehen was mir nicht paßte. Aber zuletzt ging es zu weit. Man muss ja schließlich die Kirche im Dorfe lassen. Wie oft habe ich verboten und gebeten, Herr Röhr lassen Sie Ihren Besuch nicht immer auf das Ruhebett sitzen, man hält darauf seinen Mittagsschlaf aber nicht darauf rumtoben, wozu stehen denn Stühle im Zimmer. Besuch war immer reichlich vertreten, so das ich mich in meiner eigenen Wohnung nicht mehr wohl fühlte. Ein Stuhl wurde gleich am Anfang entzwei gemacht. Im vorigen Monat war ich einige Tage verreist, als ich wieder kam war das Ruhebett wieder durchgebrochen die vordere Kante wo die Lasten über drauf saßen. Da hat Ihr Herr Sohn eine andere Leiste rangeschlagen und fertig war die Sache. So geht das natürlich unter keinen Umständen. Also geehrter Herr Pfarrer sollte Ihnen Ihr Sohn etwas anderes erzählen, dann muss ich eben sagen, das es eine große Lüge ist. Das habe ich bestimmt nicht verdient. Ich habe einen Fachmann als Zeuge und das genügt mir. Dann ist der Läufer dermaßen mit Schuhkrem und Marmelade beschmiert, das sieht gemein aus. Vor längerer Zeit nahm ich den Läufer raus und vor kurzem das Ruhebett, das gefiel natürlich dem jungen Herrn nicht und darauf hin kündigte er das Zimmer, das war natürlich die einfachste Lösung; aber nicht für mich. Dann während meiner Abwesenheit hatte Fräulein Karin Reuter über Nacht bei Ihrem Sohn geschlafen, von einem Pfarrerssohn müßte man ja etwas anderes erwarten wo er noch so jung ist. Meine Toilette wurde jedesmal durch den Besuch verunreinigt und das ging wie ein Gänsemarsch jeder benutzte die Toilette und sogar wurden an meinem Paradehandtuch die Hände abgetrocknet, tolle Zustände waren es. Auch hat er die Dreistigkeit besessen und in meinem Hause bei meinem Milchhändler geklatscht und hat dort zweimal von dem Ruhebett erzählt, was mir natürlich gleich wieder erzählt wurde. Die Leute haben natürlich darüber gelacht und haben danach gar nicht gefragt. Es sind noch so verschiedene Sachen worüber man hinweg geht. Wenn Sie mir das nun Übel nehmen Herr Pfarrer dafür kann ich nicht; denn meine Möbel sind ja keine Klamotten. Nun bitte ich darum für allen Schaden, den ich hatte mir umgehend 50 DM zu schicken. Sollte es nicht der Fall sein, so müßte ich andere Schritte unternehmen, was vielleicht nicht angenehm wäre, unter keinen Umständen lasse ich mir soetwas bieten. Wenn jeder Mieter das machen würde hätte man in ein paar Jahren nur Trümmer. Auch hatte ich vor längerer zeit 2 Mark ausgelegt, trotzdem ich das erwähnte rückt und rührte sich nichts, bis ich eines Morgens sagte, Herr Röhr bringen Sie mir doch zehn Schrippen mit rauf, die ich natürlich nicht bezahlte und so blieben 1,40 DM Rest; die bis heute noch nicht bezahlt sind, das sind herrliche

Sachen. Einen günstigen Bescheid entgegensehend zeichnet mit aller Hochachtung

Fr. M. Zimmermann
Bln. N 58 Gleimstr. 25"

Vati hat 30,- DM angezahlt!

Zu der Chaiselonge muss ich Folgendes bemerken. Mein Freund Martin, der nachher die Gertrud Herr geheiratet hat, war oft bei mir. Ihn reizte die „Chaise". Eines Tages kniete er sich auf dieses Ding, stützte sich mit den Händen ab und hopste mit der Hinterkarre in die Luft. Das ging ein paar Mal gut, bis es plötzlich knack machte und die vordere Leiste gebrochen war. Nun hing die Vorderseite durch. Damit die Wirtin nichts merken sollte, stapelten wir unsere großen Lehrbücher unter die Bruchstelle. Wir besorgten uns eine Leiste und nagelten sie an. Ich habe nie Marmelade und Schuhcreme auf den komischen Läufer geschmiert. Die Schuhe putzte ich grundsätzlich auf einer großen Zeitung. Ich musste raus, das war ihre Devise. Übrigens waren diese Briefe im Semester ein großer Schlager. Das Sprichwort: Auch sie Herr Röhr müssen mehr Wasser lassen, hat sich bis heute bei Semestertreffen gehalten.

Meine Wirtin Frau Thiele

Zum Glück fand ich schnell ein anderes Zimmer in der Bornholmer Straße. Bekannte von Handrichs aus Borne hatten dort eine Konfektionsschneiderei für den VEB Betrieb „Fortschritt" in Weißensee. Sie bekamen etliche Ballen Stoff geliefert und mussten daraus eine bestimmte Anzahl von Kleidern in verschiedenen Größen liefern. Unter den Scheiderinnen, die zu Hause nähten, war auch meine neue Wirtin. Ihr bisheriger Student der Landwirtschaft war mit dem Studium fertig und verließ Berlin. Die Bekannten wussten von meiner Zimmersuche und schickten mich zu Frau Thiele. Die neue Studentenbude gefiel mir und ich verstand mich mit Frau Thiele gut. Das Zimmer war zwar kleiner, aber sehr modern und gemütlich eingerichtet. Frau Thiele war schon Rentnerin. Ihr Mann war 1945 nach dem Einzug der Russen auf die Straße gegangen und kam nie wieder. Leider wurde Frau Thiele nachher etwas verwirrt und in eine geschlossene Psychiatrie eingeliefert. Das geschah, als ich abends mit dem Zug von zu Hause kam. Ich sah den Krankenwagen und erkundigte mich unten auf dem Flur, was denn da los wäre. Frau Thiele hatten sie gerade auf der Trage nach unten bringen wollen. Ihre Tochter, die aus Dortmund gekommen war, hatte sie schon nicht erkannt, aber meine Stimme erkannte sie da oben sofort. „Der Röhr!", sagte sie. Ich besuchte sie so manches Mal in der Klinik. Immer saßen viele Patientinnen in einem großen Saal. Sie freuten sich über meinen Besuch und lenkten mich mit ihren Fragen von Frau Thiele ab. Eine Frau wollte immer wissen, ob sie draußen Kaisers Geburtstag feiern. Frau Thiele war eigentlich recht normal. Sie hat wohl dort sehr gelitten.

Die Brautschau

Noch ein Wort zu unserem ersten Treffen von Karin und mir in Berlin. Von Treuenbrietzen fuhr man mit der Bahn bis Potsdam-Wildpark, lief bis zur Kastanienallee, stieg in die Straßenbahn, fuhr damit durch die ganze Stadt Potsdam bis zum Hauptbahnhof. Von dort ging es mit der S-Bahn nach Berlin. Zum ersten Treffen war ich von Berlin nach Wildpark hinausgefahren, um Karin dort abzuholen. Wir hatten uns nur einmal an diesem Weihnachtsabend in Treuenbrietzen gesehen. Wie mochte sie jetzt aussehen? Manchmal kamen Zweifel auf. Der Zug lief ein. Die Fahrgäste kamen aus dem Bahnhof. Würde ich sie wiedererkennen? Dann kam sie in Begleitung einer älteren Dame aus dem Bahnhof. Sie sah doch gut aus. Kein Reinfall! Ich pirschte mich von hinten heran und gab mich zu erkennen. Die Tante Hotti war sehr nett, war als Anstandswauwau mitgekommen und sollte sich einen Eindruck von dem neuen Freund verschaffen. Galant, wie ich damals war, nahm ich ihr den Koffer ab und hatte damit bei der Tante gewonnen. Sie fuhr in Berlin zu einer Verwandten. Wir beide fuhren zu mir in die „verbotene" Studentenbude.

Gertrud Herr und Martin Raetz, Kino in Westberlin

Das Studium begann. Wieder traf ich Gertrud Herr. Wir setzten uns in den Vorlesungen zusammen. Es war eigentlich üblich, dass wir bei Vorlesungen in den einzelnen Hörsälen die gleichen Plätze einnahmen. Martin Raetz aus unserem Semester hatte ein Auge auf Gertrud geworfen und nahm mit mir Kontakt auf. Er wechselte auch in unser Seminar. So kam es, dass er sich zu uns setzte und im Laufe der Zeit wurden beide ein Paar und heirateten nach dem Studium. Martin starb leider schon im März 2003. Wir drei machten, wenn es möglich war, alle Prüfungen gemeinsam. Wir lernten auch zu dritt. Allerdings mussten wir als Präpariergruppe in der Anatomie mindestens 4 Studenten sein. So kam noch ein Kommilitone dazu. Wir verstanden uns auch mit ihm sehr gut. Gertrud war eine überaus fleißige Studentin, ließ aber Martin wenig Freiheiten. Er bekam von seiner Wirtin immer die BZ des Ostens zum Lesen. Sie hatte immer denselben Text, wenn sie bei ihm anklopfte und ihm die Zeitung geben wollte: „Herr Raetz, den BZ!"

Ich dagegen ging gerne ins Kino nach Westberlin. Für 25 oder 50 Pfennig West kam man schon hinein. Für die 18-Uhr-Vorstellung musste man schon 1 DM bezahlen. Man konnte auch in der Nähe der Sektorengrenze in den Kinos mit Ostgeld bezahlen. Einmal wollte ich sehen, wie viele Kinos ich an einem Tag schaffen würde. Ich war in fünf Vorstellungen und musste schon rennen, wenn ich ins nächste Kino wollte. Zum Schluss wusste ich nicht mehr so recht, was ich mir alles angesehen hatte. Das Westberliner Kino war sowieso für alle Studenten mit Ausnahme der großen Genossen ein Anziehungspunkt.

Auch an der Uni hatten wir Russischunterricht. Der Lektor las mit uns Fachtexte von Pawlow. Das hatte wenigstens mit unserem Fach etwas zu tun und war nicht schwer.

Einmal in der Woche hatten wir für zwei Stunden eine politische Vorlesung. In den ersten beiden Jahren war es der „Marxismus/Leninismus", im dritten Jahr war es die „Politökonomie", die wir uns anhören mussten. Nach diesen Vorlesungen von 10 bis 12 Uhr stieg fast das ganze Semester in die S-Bahn, fuhr zum Potsdamer Platz und ging in eines der beiden Kinos, die „Aladin" und „Camera" hießen. Man musste sich von den politischen Vorlesungen erholen.

Aufstand an der Fakultät

Diese Fächer führten 1956 zu einem „Aufstand" an unserer und der medizinischen Fakultät. Obwohl wir uns sonst mit den Medizinstudenten nicht riechen konnten, waren wir uns hier einig. Wir lehnten den politischen Unterricht und den Russischunterricht ab. Wir hatten alle das Abitur gemacht und fragten uns, was das noch nützen sollte. An den beiden Eingängen zur Fakultät, das Gelände der Fakultät war durch die Kliniken mit ihren Ställen sehr groß, wurden nie Studentenausweise kontrolliert, weil uns die Pförtner kannten. Die erste Reaktion auf unseren Protest war, dass die Tore zur Fakultät geschlossen wurden. Wir sollten alle durch die schmalen Pforten gehen und den Ausweis vorzeigen. Das wollten wir nicht. Man hatte zu unseren Pförtnern anscheinend Stasi mit an die Pforten gestellt, die die Ausweise sehen wollten, sonst ließen sie uns nicht durch. Wir lehnten auch das ab und durften nicht in die Fakultät. Unsere Studenten mit Parteibuch gingen mit Ausweisvorzeigen durch und wollten zeigen, wie gut das geht. So sammelten sich vor beiden Eingängen viele Studenten an. Zum Glück kam die Pferdeschlächterei Schumann aus Weißensee mit einem LKW, um ein Schlachtpferd aus der Klinik abzuholen. Nun blieb den Pförtnern nichts anderes übrig, als das große Tor zu öffnen. Mit großem Hallo stürmten wir alle in die Fakultät. Als sie einen von den letzten Kommilitonen gegriffen hatten, stürmte die ganze Truppe wieder zurück. Sie ließen ihn sofort frei. Der Durchbruch war auf der anderen Seite nicht unbemerkt geblieben. So machten sie auch dort den

Weg frei. Wir mussten aber feststellen, dass die Genossen, die mit ihrem Ausweis in die Fakultät gelangt waren, den Professoren, die sich über die fehlenden Studenten wunderten, sagten, wir lehnten ihre Vorlesungen ab und boykottierten sie. Sie wurden aber kurze Zeit später eines Besseren belehrt. Die Professoren standen fast alle zu uns. Unser Klinikchef in der Inneren, Prof. Dr. Schützler, hielt mal zu diesen Vorgängen in der Klinikstunde eine Rede, da guckten die Genossen beschämt unter den Tisch. Es war mäuschenstill. Ihn wollte man später verhaften, doch er wurde rechtzeitig gewarnt und konnte nach Westberlin türmen. Einige von den alten Professoren wurden in dieser Zeit aussortiert und entlassen.

Schirdewan vom ZK der SED

Die Partei ließ nicht locker. So wurde eine Versammlung im Hörsaal der Anatomie anberaumt. Unsere Medizinstudenten kamen auch. Als wir in den Hörsaal wollten, war der fast bis auf den letzten Platz von Arbeitern besetzt. Vorher hatten wir schon in der Phillipstraße LKWs mit Kampfgruppen gesehen. Im Fakultätsgelände schlichen Typen in Ledermänteln herum, telefonierten. Man hatte eine große Streitmacht aufgefahren, um uns evtl. festnehmen zu können. Als Redner zu dieser Versammlung war Genosse Schirdewan vom ZK angetreten. Da wir nicht wussten, was die fremden Männer im Hörsaal zu suchen hatten, fragte ein Kommilitone den Genossen Schirdewan, was das zu bedeuten hätte, es sollte doch eine Studentenversammlung sein? Da meinte er, das wären Arbeiter aus Berliner Betrieben, die das Geld verdienten, damit wir studieren könnten. Unser Sprecher erwiderte, er hätte nichts gegen eine Abordnung der Betriebe, aber nicht der ganze Betrieb. Daraufhin verließen wir alle die Versammlung. Aus diesem Grund wurden nachher so ca. 18 Studenten exmatrikuliert. Sie gingen nach Westberlin und Westdeutschland und setzten dort ihr begonnenes Examen fort. Unsere „alten“ Professoren hatten ihnen die Zensuren in den Fächern, die sie schon abgeschlossen hatten, bestätigt.

Es war üblich, dass sich die Professoren in den Kliniken und Instituten aus den klinischen Semestern „Hilfsbremser“ aussuchten, die nach dem abgeschlossenen Examen als wissenschaftliche Assistenten im Institut oder in der Klinik blieben. Sie waren der Nachwuchs der Assistenten. Nach dieser Aktion mit Schirdewan wurden die Hilfsbremser, die nicht in der Partei waren, gegen Genossen ausgetauscht. Da war so mancher schwache Geist dabei. Unter den Genossen waren auch viele, die ihr Abitur an der Arbeiter- und Bauernfakultät (ABF) gemacht hatten, und einige haben oft nur mit Hilfe von die Parteivertretern den Abschluss erreicht. Es waren aber auch sehr kluge Köpfe dabei, die eine Professur bekamen. Manche Schwächlinge fühlten sich auch als Assistent nicht wohl.

In einer Klinik wurde auch ganz schön getrunken. Das gehörte zu diesem Bereich und lag auch am Professor, der keinen Tropfen stehen ließ. Wenn das Bier alle war, musste jemand mit einem Fahrradanhänger und den leeren Bierkästen zu „Schmiedepaul", das war eine Kneipe gegenüber der Fakultät, um Nachschub zu holen. Als nun ein Assistent F. aus unserem Semester Bier holen sollte, kam er mit der falschen Sorte zurück. Da meinte Professor Ruthe, mit dem ist auch gar nichts los, der kennt nicht mal die Biersorten.

Aufmärsche zu politischen Feiertagen

Die Politik wurde in unserer Fakultät nach Möglichkeit recht klein geschrieben. Wir hatten wenig Genossen als Studenten an der Fakultät. Zum 1. Mai und zum 7. Oktober mussten wir uns in der Fakultät treffen. Von dort sollte es im Marschblock zur Hauptuni Unter den Linden gehen. Tafeln mit Losungen wurden verteilt. Vom Gelände der Fakultät bog der Marschblock in die Hannoversche Straße und dann schwenkte er auf die Friedrichstraße ein. Der Eingang zum U-Bahnhof Oranienburger Tor lag nicht weit vom S-Bahnhof Oranienburger Straße. Schon dort verschwanden die ersten Studenten. Dort standen mutterseelen allein auch die Transparente. Der letzte größere Teil verdünnisierte sich am Bahnhof Friedrichstraße. Ich nahm nie an einer „Feierstunde" teil.

Anscheinend ging vieles, was die Politik betraf, an mir vorbei. Als ich wieder einmal am Gesundbrunnen ins Kino gehen wollte, traute ich meinen Augen nicht, Kollegen aus meinem Semester standen dort auf der Straße und verteilten DDR-Flugblätter. Ich wusste nichts davon, wahrscheinlich war ich nicht vertrauenswürdig.

In Berlin bekamen wir ein Grundstipendium wie auch an den anderen Universitäten von 180 Ostmark. In Berlin bekamen aber alle Studenten eine Berlinzulage von 20 Mark. Hatte man einen Prüfungsdurchschnitt von zwei, gab es dafür 40 Mark, bei einer Eins gab es 80 Mark Zuschlag. Aufgrund meines guten Durchschnitts beim Vorphysikum bekam ich eine Zulage von 40 Mark. Nach dem Physikum wurde diese gestrichen. Im vierten Jahr bekam ich wieder 40 Mark. Die hat man mir aber aus politischen Gründen mitten im Semester weggenommen. Einem Kommilitonen aus meinem Seminar hatten sie in Westberlin bei einer Flugblattverteilung ein paar aufs „Mäulchen" gegeben. Obwohl er sogar schlechter als 3 stand, musste er ein Pflasterchen bekommen. Ich war jedenfalls für ihn meine 40 Mark los.

Prüfungen

Mit den Prüfungen während des gesamten Studiums war das immer so eine Sache. Mir ging es oft so, dass ich dachte, in diesem oder jenem Fach bist du fit. In anderen Fächern hatte ich Bedenken. So manches Mal trat genau das Gegenteil ein. Zum Lernen hatten wir unsere Gertrud. Sie fragte uns wie ein Professor ab, legte uns Objektträger unter das Mikroskop, wir hatten darauf das Richtige zu erkennen usw. Wir wechselten die Lernorte. Jedes Studentenzimmer war mal beim Lernen Gastgeber. Unseren vierten Mitstreiter hatten wir im Verdacht, er würde mit seiner Wirtin schlafen. Er kam nie mit der Sprache heraus. Wir haben ihn dann doch überlistet. Als wir mal bei ihm lernten, warf Martin abends einen dicken Wälzer auf sein Bett. Er lag morgens noch genauso da!

Chemie war nicht gerade mein Lieblingsfach. Prof. Chomse hatte seine vier mal 45 Minuten an Wochenstunden auf drei volle Stunden zusammengelegt. Seine gute Fee war seine Oberassistentin, die er „Mausi“ nannte. Hielt er eine Vorlesung und verschrieb sich bei einer Formel an der Tafel, erkannten unsere Chemiespezialisten im Semester den Fehler sofort und schurrten mit den Schuhen. Dann schoss Mausi mit einem Lappen zur Tafel und korrigierte den Fehler. Um uns die Wirkung von Gips vorzuführen, löste er das Gipspulver auf und goss es in eine Form. Nachdem der Gips gehärtet war, entnahm er der Form die Figur. Es war eine nackte Frau, die wie in der Antike auf einem Sockel kniete. Diese „Venus“ wurde durch die Reihen gereicht. Als sie bei uns ankam, stand schon mit Bleischrift „Mausi“ auf dem Sockel. Chomse freute sich, als man ihm die Figur wieder auf den Tisch stellte. Einmal hatte ich Bedenken, Chomse könnte mich durch die Chemieprüfung fallen lassen. Wir waren schon alle nach der Vorlesung in die Mensa gegangen, da fiel mir ein, dass ich wohl ein Heft im Hörsaal hatte liegen lassen. Ich spurtete zurück und wollte den Saaldiener fragen, ob er das Heft gefunden hätte. Ich vermutete ihn im Vorbereitungsraum hinter der Tafel, riss die Tür auf, da stand Chomse eng mit Mausi zusammen. Er hat mich dafür nicht bestraft.

Das chemische Praktikum

Bei den chemischen Praktika betreuten uns Assistenten. Zum Abschluss des Praktikums mussten wir eine Analyse kochen. Man bekam ein Reagenzglas mit meist einem weißen Pulver in die Hand gedrückt und sollte eben durch die Analyse bestimmen, welche Chemikalien dort enthalten sind. Man sagte uns auch, wie viele Stoffe enthalten sein müssten. In meinem Reagenzglas sollten drei Stoffe zu finden sein. Ich kochte und kochte und fand nur zwei. Viele waren mit dem Kochen schon fertig und kamen zu mir. Ich fing immer wieder an, es fand sich kein dritter Stoff.

Schließlich kam unser überheblicher Assistent Dr. Burkhardt und versuchte sich selbst an meinem Salz. Er fand auch nichts. Da sagte ich so, dass er es hören konnte, der kleine Student soll es finden, der große Assistent findet es auch nicht. Als die letzte Analyse abgegeben wurde, stellte man fest, dass meine Probe mit einer anderen beim Ausgeben vertauscht worden war. Dort waren drei Stoffe gefunden worden. Meine Äußerung wurde mir nachher bei den Praktikumsprüfungen zum Verhängnis. Drei Assistenten und Assistentinnen prüften. Ich stellte mich bei einer Frau an. Zu meinem „Freund" wollte ich nicht. Der kam plötzlich über den Flur und sah mich dort stehen. Er ging in das Zimmer zu seiner Kollegin und griente mich recht freundlich an, als er wieder über den Flur ging. Ich wurde auch gleich „gesenkt" und musste 14 Tage später noch einmal antreten. Es gab zum Glück keine Zensuren.

In Anatomie mussten wir an toten Hunden präparieren. Dem Hund war das Fell abgezogen, wir sollten verschiedene Gruppen (Muskeln, Nerven, Gefäße etc.) herauspräparieren. Mit der Unterhaut fing es an. Dann folgten die Muskeln, Sehnen, Gefäße, Nerven, Geschlechtsorgane usw. Ein Assistent kam und nahm eine mündliche Prüfung der einzelnen Gruppen ab. Diese Prüfung wurde als Testat in ein Büchlein eingetragen.

Ein präparierter Hund

Das letzte und schwerste Präparat war das Gehirn. Hatten wir das letzte Testat erfolgreich abgeschlossen, war es üblich, mit dem Assistenten ein Schnäpschen zu trinken. Während wir da so vergnüglich saßen, fiel mir ein, dass ich um 16 Uhr meine Praktikumsprüfung in Chemie zu wiederholen hatte. Ich rannte zum Institut und wurde von meinem „Freund" zur Prüfung empfangen. Zum Glück dachte ich, geht er mit mir in den Stinkraum, das ist in chemischen Instituten ein Labor, in dem Experimente durchgeführt werden, die einen ziemlichen Gestank verbreiten. Da kann er wenigstens meine Alkoholfahne nicht riechen. Wir hatten uns kaum an einen Tisch gegenüber hingesetzt, fragte er nach Alkohol. Mir wurde ganz übel. Ich habe aber die Prüfung bestanden.

Martins Aberglauben

Jetzt standen die Prüfungen im Vorphysikum an. Martin war kein Prüfungsmensch und auch ein bisschen abergläubisch. Wenn wir Prüfung hatten, musste eine bestimmte Abfolge eingehalten werden. Seinen Schlips durfte ich nur binden. Wir wohnten nicht weit voneinander entfernt. Er kam zu Fuß mit einer großen Zeitung zu mir, in der er den Schlips zum Binden transportierte. Normal fuhr er jeden Morgen mit der S-Bahn zur Fakultät. Gertrud kam vom Zentralviehhof über den Ostring, Martin stieg in der Schönhauser Allee zu. Ich fuhr mit der Straßenbahn Nr. 46 direkt bis zur Hannoverschen Straße Ecke Friedrichstraße. War Prüfung angesagt, musste ich mit Martin in die S-Bahn steigen. Gertrud musste in der S-Bahn am hinteren Ende einsteigen und durfte keinen Kontakt zu uns haben! Wir trafen uns dann erst in der Fakultät. Das war Gesetz! Wir mussten das bis zum Ende der Studienzeit durchstehen.

Vorphysikum bei Prof. Chomse

Prof. Chomse prüfte im Vorphysikum immer erst im Dezember. Die anderen Professoren hatten schon im Sommer die Prüfungen abgenommen. Man hatte Prof. Chomse in früheren Jahren übel mitgespielt. Er kannte uns nur aus den Vorlesungen und kam nicht in die Praktika. Einige Studenten hatten Freunde, die Chemie studierten, zu Chomse mit ihrem Namen in die Prüfung geschickt. Das kam heraus. Seitdem ließ Chomse sich immer vor jeder Prüfung den Studentenausweis zeigen. In der Prüfung hatte er auch so seine Marotten und Sprüche. So fragte er, wenn er abends um 18 Uhr die Kirchenglocken hörte und der Student sehr schwach war, ob er wüsste, warum die Glocken läuteten? Chomse klärte ihn auf, sie läuten, weil er durchgefallen wäre. „Chomse noch mal wieder!" Ähnlich erging es manchem Studenten, wenn er die Frage stellte, was er draußen sehen würde. Er würde die Bäume sehen. Richtig, meinte Chomse, wenn die wieder Blätter haben, könne er noch einmal vorbeikommen. Mich fragte er auch, was ich denn draußen sehen würde. Es ging aber um das Chlorophyll der Blätter. Anilin stand auch noch auf dem Programm. So kam ich heil durch die Chemieprüfung.

Das Brustbein

Im Physikum hatte ich Pech. Ich war damals noch bei privaten Tierärzten in Mecklenburg unterwegs und impfte Schweine gegen Rotlauf. Normalerweise bekam man 20 Pfg. pro Schwein. In Mastanstalten gab es nur 10 Pfg. Wenn man ganz großes Glück hatte, bekam man 50 Pfg., ich nie. Bei knauserigen Tierärzten gab es sowieso nur 10 Pfg. Ich war also beim Impfen und kam kurz vor der Anatomieprüfung zurück nach Berlin.

Unser Oberassistent hatte mich bei den Testaten gelobt, meinte aber, er würde mich bei der Prüfung reinlegen können. Es prüfte Professor Koch selbst. Das Präparieren ging sehr gut. Dann bekam noch jeder Student ein Organ, wie es immer hieß. Mir drückte Prof. Koch ein Brustbein (Sternum) in die Hand. Ich sollte sagen, was da alles so für Sehnen, Muskeln usw. ansetzen. Ich war erstaunt, was da alles ansetzte. Ich wusste das aber nicht. Als wir dann am nächsten Tag nachmittags bei Koch in Histologie und Embryologie geprüft wurden, was für mich gut lief, wurden wir anschließend von Koch mit den Zensuren bekannt gemacht. Sie, Herr Röhr, sagte Koch, müssen in Anatomie noch einmal antreten. Ich fragte ihn gleich, wann das sein würde. Da war Koch so perplex, dass er zunächst nicht antworten konnte. Er war es gewöhnt, dass durchgefallene Kandidaten weinten und jammerten. Ich weinte nicht und habe ganz geschäftsmäßig gefragt. Er rettete sich aus der misslichen Lage und meinte, die Termine würden im Herbst in der Apotheke am Schwarzen Brett angeschlagen werden. Das war eine lange Zeit. Inzwischen begann das neue Semester, man durfte bis dahin nicht an den Vorlesungen teilnehmen.

Die Verwechslung bei Prof. Vogel

Mich erwischte es noch einmal in Physiologie. Zu viert gingen wir zur Prüfung. Martin, dazu kamen eine Kollegin R., ein Kollege O. aus unserem Seminar und ich. Es ging immer alphabetisch zu. Zuerst mussten wir im Labor bestimmte Untersuchungen durchführen. Die Kollegin bekam Urin, der andere bekam einen Froschschenkel, an dem er Versuche mit elektrischem Strom an den Muskeln machen sollte. Martin bekam ein frisches Froschherz, sollte ebenfalls die Funktion des Herzens mit Strom untersuchen. Als letzter Prüfling bekam ich Magensaft und sollte eine Magensafttitration durchführen. Die Oberassistentin Frau Dr. Leisegang überwachte die Versuche. Bei Kollegin R. klappte gar nichts, obwohl sie einen tollen Spickzettel in der Tasche hatte und alle Chemikalien, die sie brauchte, standen auf dem Tisch. Bei den anderen beiden liefen die Versuche so ganz gut. Bei mir gab es keine Probleme. Als mich dann Frau Dr. Leisegang prüfte, meinte sie zu mir, sie würde mir eine 1 - 2 geben, eigentlich hätte ich eine 1 verdient. Wenn ich oben beim Professor aufpassen würde, würde ich sicher eine 1 bekommen. So stiegen wir in den 4. Stock zum Professor Vogel hoch. Er war uns nicht sehr sympathisch. Wir mussten uns an einen rechteckigen Tisch setzen. Zu dritt saßen wir auf dem Sofa, die Kollegin saß an der einen Stirnseite, der Professor an der anderen Stirnseite, kehrte uns aber den Rücken zu und wusste eigentlich gar nicht, mit wem er sprach. Ich saß fast hinter dem Professor und konnte auf sein Prüfungsprotokoll gucken, das er nebenbei führte. Der erste

Kollege wurde nach dem Muskel gefragt. Es kam nicht viel. Dann kam die Kollegin an die Reihe. Sie wusste gar nichts. Schließlich wollte er ihr eine Brücke bauen, sie sollte den Aufbau der Niere beschreiben, nichts. Dann fragte er, was denn Schwellen- und was Nichtschwellenstoffe wären. Da muss ich noch kurz an den Präpariersaal erinnern. Als die Kollegin mit ihrer Gruppe das Testat Geschlechtsorgane machte, fummelte der Oberassistent mit einer Sonde in den männlichen Geschlechtsorganen umher. Plötzlich sprang der Penis hervor, Hunde haben einen Knochen im Penis, der die Kollegin doch sehr erschreckt hatte. Daraufhin stellte der Assistent die Frage nach den Schwellkörpern. Die konnte sie auch nicht so recht erklären. Weil sie das nicht wusste, lachte der Assistent fies und laut. Das war gemein. Schnell sprach sich auf dem Präparierboden die Sache mit den Schwellkörpern herum. Als diese Kollegin nun in der Physiologieprüfung von Schwellenstoffen und Nichtschwellenstoffen hörte, sagte sie, Schwellenstoffe sind Stoffe, die anschwellen und Nichtschwellenstoffe sind Stoffe, die nicht anschwellen. Bloß kurz zur Erklärung, Schwellenstoffe werden über die Niere ausgeschieden, der Rest bleibt im Körper. Kaum hatte sie die Antwort gegeben, da brüllte der Professor los, raus, so etwas würde ihm nicht einmal ein Mädchen aus der 8. Klasse anbieten. Sie musste gehen. Da Martin kein Prüfungsmensch und durch den Rausschmiss ziemlich verunsichert war, verwechselte er in seiner verständlichen Aufregung die linke mit der rechten Herzhälfte. Er durfte auch gehen.

Ich fühlte mich recht sicher und wartete auf seine Frage, die aber mein Kollege an meiner Stelle beantwortete. Ich sah auch, dass der Professor seine Antworten, die nicht ganz richtig waren, in meine Spalte schrieb. Als ich ihn darauf aufmerksam machte, drehte er sich nur einmal um und beließ alles so. Zum Schluss sprach er mich noch einmal an und sagte, nun Sie noch einmal! Er fragte mich noch einmal nach den Muskeln, also das, was er den Kollegen zum Anfang gefragt hatte. Zum Schluss meinte er, Herr O. sie waren anfangs ganz schlecht, haben aber zum Schluss gut Bescheid gewusst. Er bekam eine 3. Mir erklärte er, ich wäre durchgefallen. Bei so viel Blödheit kann man nichts machen. Unten im Institut stand Frau Dr. Leisegang und wollte mir zur 1 gratulieren. Sie war entsetzt, als sie meine Geschichte hörte, ging sofort nach oben zum Professor, um die Sache zu retten. Er blieb bei seiner Meinung. Mein Kollege O., der durch diese Verwechslung die Prüfung geschafft hatte, fühlt sich bis heute als Sündenbock.

Als wir in die klinischen Semester kamen, brauchten wir für die klinische Propädeutik ein Buch, das man nicht kaufen konnte. Es war von zwei ungarischen Professoren geschrieben worden. Man konnte es nur von Studenten der älteren Semester ausleihen, sofern sie es hatten. Obwohl der Kollege O. das Buch nicht selbst für sich hatte, hat er sich für mich dieses Buch besorgt! Für mich war das ein Eingeständnis seines Fehlverhaltens in der Prüfung bei Vogel. Die Wiederholung der Prüfungen im Herbst ging reibungslos über die Bühne. So waren wir wieder „vollwertige“ Studenten und konnten an den Vorlesungen teilnehmen.

Prof. Borchert genannt Bibo

Von einer Prüfung mit Hindernissen möchte ich noch berichten. Am 18.07.1957 hatten wir uns zur Parasitologieprüfung eingetragen. Wie das zu den Prüfungen üblich war, gingen die männlichen Prüflinge mit schwarzem Anzug, weißem Oberhemd und silbergrauem Schlips zur Prüfung. Die Damen kamen meistens in einem schwarzen Kleid. Einige Professoren freuten sich sehr, wenn die Damen ein schönes Dekolleté hatten. Das ging schon in Parasitologie im Kursus los. Prof. Borchert, Bibo (Bienenborchert) genannt, trat gerne von vorne an die schmalen Tische heran, an denen wir mikroskopierten und schaute gern in das Mikroskop der Damen. Uns kam es so vor, als wolle er eher mal in den Ausschnitt gucken. Wenn er beim Herantreten den Damen auf den Schuh trat, meinte er: Der Chef füßelt mit den Studentinnen. Für die Prüfungen bei ihm war es von Vorteil, wenn die Studentinnen das Dekolleté besonders betonten. Wir baten Gertrud darum. Sie lehnte ab, obwohl wir das gerne als Prüfungshilfe gesehen hätten. Wahrscheinlich war das der Grund, warum uns Bibo schikanierte. Als wir geschniegelt und gebügelt am Donnerstag, den 18.7. vormittags im Institut zur Prüfung erschienen, wurden wir nach Hause geschickt. Der Herr Professor hätte keine Zeit, wir sollten Freitag wiederkommen. Freitag der zweite Versuch. Herr Professor hatte wieder keine Zeit oder keine Lust? Der nächste Termin wurde auf den Sonnabend festgelegt. Wir hatten schon keine weißen Oberhemden mehr. Es war nämlich sehr heiß und die Hemden durchgeschwitzt. Als wir dann sonnabends erschienen, war Bibo tatsächlich da und gab zu verstehen, er wäre extra unseretwegen in die Stadt gekommen. Eine tolle Leistung!

Im Labor standen vier Mikroskope mit einem Präparat. Jeder bekam ein Mikroskop zugewiesen. Friedhelm, unser vierter Kollege, und ich sollten selbst erkennen, was unter dem Mikroskop liegt. Bei Friedhelm war es ein Blutausstrich mit Toxoplasmen. Bei mir waren Lungenwürmer zu erkennen. Leichte Präparate. Martin sollte, so wurde es gesagt, einen Hundemischkot haben, dabei ging es immer um das Eierpaket des Hundebandwurmes. Gertrud sollte Geflügelmischkot haben, also ging es um die Eier des Eileiteregels, auch leicht zu erkennen. Leider fanden weder Gertrud noch Martin ihre speziellen Eiablagen. Wir waren alleine, so konnten wir anderen in den Mikroskopen mitsuchen. Wir fanden auch nichts. Man war ja auf jedes Präparat fixiert. Bibo erschien nach einer Weile. Ich war der erste Prüfling, saß ihm an einem schmalen Tisch gegenüber und spulte mein Wissen über Lungenwürmer ab. Er unterbrach mich ständig, setzte seine Brille auf und wieder ab, steckte sie in die Tasche, holte sie wieder heraus und sagte fortwährend: Bleiben Sie ganz ruhig, Herr Kollege, sehen Sie mich an. Es war fürchterlich. Die anderen Drei drehten sich schon um und fragten sich, was das soll, wie sie mir später erzählten. Plötzlich stand er auf, ging zu den anderen, holte sein Zeigerokular aus der Tasche und steckte es bei Gertrud aufs Mikroskop. Ein Zeigerokular enthält einen Zeiger, den man im Blickfeld genau auf einen bestimmten Punkt einstellen konnte. Hatte man z.B. ein Sandkorn unter dem Mikroskop, so konnte man den Zeiger mit der Spitze genau auf dieses Sandkorn einstellen. Bibo wollte nun von Gertrud das Zeigerokular auf das Eileiteregelei und bei Martin auf das Hundebandwurmpaket eingestellt haben. Sie konnten es nicht, weil nichts da war. Bibo hatte aber bei jedem dieser Objekte etwas gefunden. Als Bibo merkte, das sie nichts gefunden hatten, brüllte er rum, sie hätten keine Ahnung und verließ unter Geschimpfe den Raum. „Eine Fünf", war mein Kommentar. Plötzlich sauste Gertrud hinterher. Ich dachte schon, sie wollte Bibo am Schlips zurückholen. Nach einiger Zeit ging die Tür auf, Gertrud hatte den Oberassistenten Herrn Dr. Wiedner im Schlepptau. Er ging zu den Mikroskopen, warf einen Blick hinein und erkannte sofort, dass die Präparate vertauscht waren. Dr. Wiedner ist dann wohl zu Bibo gegangen und hat ihm klaren Wein eingeschenkt. Die Sache war eigentlich beschämend für den Herrn Professor. Bibo kam zurück und meinte nur, man könnte sich auf die Mitarbeiter nicht mehr verlassen. Er war derjenige, auf den man sich nicht verlassen konnte, er hatte doch schon alles gesehen, was gar nicht da war. Schweren Herzens hat er die Prüfung fortgesetzt. Wir vier Prüflinge hatten „mit Rücksicht" auf die vertauschten Präparate bestanden, meinte Bibo. Eine Schweinebacke!

Das Praktikum

Nach dem Vorphysikum mussten wir im Sommer 1953 ein Praktikum in der Landwirtschaft machen. Ich kam vom Land, kannte das alles und bat um ein Praktikum in der MTS Wiesenburg. Nun kamen mir meine Erfahrungen mit dem Trecker bei Handrichs zugute. Zunächst war ich in der Werkstatt beschäftigt, weil ich noch keinen Führerschein hatte. Die MTS organisierte die Fahrschule im Betrieb. Als ich den Führerschein für „Traktor mit Anhänger", so hieß das, gemacht hatte, schickte man mich in die Brigade nach Borne. Dort wurde ich als Schichtfahrer in der Ernte eingesetzt. Die Trecker liefen in zwei Schichten. Als der Hauptfahrer für längere Zeit krank wurde, übernahm ich den „Pionier". Das machte so viel Spaß, dass ich nach den sechs Wochen Praktikum noch den Sommer über in der Brigade blieb. Dabei habe ich schönes Geld verdient. Meinen Führerschein für PKW und Motorrad konnte ich gleich anschließend in Treuenbrietzen in der Fahrschule erwerben.

Dr. Kurth in Teterow

Noch ein Wort zu den Tierärzten, bei denen ich meine ersten Schritte in der Praxis machte. Das Schweineimpfen konnte ich. Als Pflichtpraktikant hatte ich mich bei einem Tierarzt Dr. Kurth in Teterow eingetragen. Die Fahrt dorthin ging ja noch. Man kam nachts um 23 Uhr auf dem Bahnhof an und hatte das Vergnügen, durch die ganze Stadt zu laufen. Dr. Kurth wohnte am anderen Ende der Stadt. Bei ihm habe ich auch nur Schweine geimpft. Mit einer alten AWO mit rotem Tank fuhr ich in die Dörfer. Die AWO sprang oft schlecht an, war sehr schwer und hatte statt einer Kette ein Kadern zur Kraftübertragung auf das Hinterrad. Eines Tages gab die AWO etwa 12 km vor Teterow bei der Heimfahrt den Geist auf. Das Kadern war kaputt. So schob ich das Motorrad Richtung Teterow und hatte Glück, denn bald hielt Dr. Kurth mit einem seiner beiden Opel P4 neben mir. Er hatte zwei davon, von denen einer immer in der Werkstatt stand. Er würde nach Hause fahren und ein Seil holen. Wie das gehen sollte, war mir nicht recht klar, denn ein Motorrad konnte und durfte man nicht abschleppen. Dr. Kurth kam, band das Seil hinten an den P4 und an den Lenker der AWO. So ging die Reise ab. Er fuhr nur 30 km/h. Wir kamen ohne Polizei gut in Teterow an. Als Ersatzfahrzeug stand ein Damenfahrrad mit „Hühnerschreck“ (Anbaumotor von MAW) in der Garage. Er hatte es mal für eine Studentin gekauft. Toll war das nicht.

Die Mahlzeiten nahm ich am Tisch bei Kurths ein. Für den Tag über bekam ich sehr gut belegte Brote mit. Eines Tages war diese Pracht vorbei. Was war geschehen? Sonntags war ich mit Genehmigung von Dr. Kurth mit dem Hühnerschreck zu meiner Großmutter nach Waren gefahren. Am nächsten Tag erzählte ich davon. Dabei rutschte mir unbewusst heraus, dass ich verlobt wäre. Von Stund an gab es karge Kost für unterwegs. Eine Milchleistungsprüferin, die mit mir durch Groß Roge ging und bei der wir die Mittagspause einlegten, nahm sich meine ausgepackten Brote, klappte sie auseinander und meinte, sie haben wohl eine Freundin und haben das gesagt? So war es. Der Grund war Kurths Tochter, die in Westberlin in einem Krankenhaus Schwester war. Für sie suchten sie einen Schwiegersohn, der mal die Praxis übernehmen sollte. Ihr Sohn hatte kein Interesse. Da gaben sie, wenn man nach Berlin zurückfuhr, für die Tochter einen Brief mit Geld mit, den die Tochter auf dem Ostbahnhof entgegennehmen sollte. Sie stand prompt auf dem Bahnhof. Auch wenn ich nicht verlobt gewesen wäre, mein Typ war sie nicht. Ich habe mir doch gut belegte Brote für die Impftage mitgenommen. Wenn die beiden Kurthsens vom Frühstückstisch aufgestanden waren, wickelte ich schnell meine Brote aus und belegte sie neu!!

In Teterow habe ich sehr viele Schweine impfen müssen. Zur Praxis gehörte ein Volksgut mit einer großen Schweinemastanstalt. Etliche 1000 Schweine wurden hier gemästet. Die Impfung war gut organisiert. Das Futter für die Schweine wurde mit kleinen Loren, wie sie in Ziegeleien üblich waren, in den Stall gebracht. Auf den Gängen waren entsprechende Schienen eingelassen. Auf den Kasten der Lore legte man eine große Tafel und darüber wurde ein weißes Tuch gedeckt. Das war alles sehr sauber. So konnten wir den Impfstoff, die neuen und die gebrauchten Impfnadeln unterbringen. Damals gab es noch keine automatische Bühnerspritze, die über einen Schlauch mit der Flasche verbunden war. So konnte man in einem Zug den Impfstoff aus der Flasche ziehen. Wir hatten aber zwei 30 ml Dosierungsspritzen. Mit einer impfte ich in der Bucht jeweils sechs Schweine, dann gab ich die Spritze zum Gang und bekam eine frisch gefüllte Spritze mit neuer Nadel zurück. Das ging recht zügig. Bei den vielen Schweinen war es notwendig, dass zwischendurch jemand im Büro die gebrauchten Nadeln sterilisieren musste. Heute kennt man das nicht mehr. Man bekommt fast zu jeder Flasche mit Impfstoff eine automatische Spritze mitgeliefert.

Die Umsiedler vom Rhein

In der Umgebung von Teterow wurden 1936 Umsiedler aus dem Ruhrgebiet angesiedelt. Adolf Hitler gestattete nur dem ältesten Sohn einer Familie Bergmann zu werden und die Stelle des Vaters zu übernehmen. Andere Kinder mussten mit ihren Familien die Heimat verlassen. So kamen viele junge Familien nach Mecklenburg, wie mir bekannt ist, speziell eben nach Teterow und in die Umgebung von Laage. Die Familien bekamen Land und bauten darauf ihre Höfe auf. Das waren tolle Höfe. Sie lagen außerhalb der Gemeinden etwa im Abstand von 300 bis 500 m. Die Gebäude waren mit roten Spaltklinkern gebaut. Es war alles tiptop. Sie waren katholisch und vermissten sehr eine katholische Kirche. So bekamen sie Spenden aus der BRD, um eine Kirche in Levitzow zu bauen. Meistens wurde Material aus der BRD für die Kirche geschickt. Da kamen Klinker, Balken usw. Als ich in Teterow war, habe ich den Bau der Kirche beobachten können. Die Bauern leisteten Spanndienste und fuhren das Baumaterial vom Bahnhof zum Bauplatz. Zu DDR-Zeiten gingen Aufkäufer für Schlachtvieh durch die Gemeinden und erfassten es. Dr. Kurth schickte mich mal sonntags nach Levitzow, ich sollte den Schlachtviehtransport auf dem Bahnhof abnehmen und die Verladepapiere ausfüllen.

Der Aufkäufer, ein kleines Bäuerlein mit einer mageren Kuh und ich, wir drei standen auf dem Bahnhof. Es kam kein anderer Bauer mit seinem Vieh, die gingen an uns vorbei zur Kirche. Ich fand das ganz toll. In Schwetzin, einem anderen Dorf bei Teterow, wurde mal ein Reiterfest gefeiert, an dem auch der Kaplan teilnahm. Die Pferde wurden gesegnet, ein Gottesdienst wurde gehalten und gegen Abend begann dort auch Tanz. Dr. Kurth hatte mich hingeschickt, ich sollte ihn vertreten. Er gab mir auch genügend Kleingeld mit, damit ich einen ausgeben konnte. Allerdings, so stellte ich fest, war ich dem Herrn Kaplan ein Dorn im Auge, ich war nicht katholisch. Man sah ihm das so richtig an, wenn er mit seinen Schäfchen sprach und zu mir hinsah.

Kommilitone „Siegmund"

In unserem Semester und speziell unserem Seminar hatten wir einen Kommilitonen Siegmund. So will ich ihn nennen, der aus solch einer Familie kam. Er war sehr streng erzogen worden. Er trank und rauchte nicht, hatte keinen Umgang mit Mädchen. Aus diesem Grund kam er auch nicht zu den Studentenbällen, weil er nicht tanzen konnte. Als das so alles im Semester bekannt wurde, hänselte man ihn. Er wollte sich ändern und fing mit dem Trinken an. Das führte dazu, dass er oft abends betrunken mit einem abgerissenen Plakat unter dem Arm auf der Straße umherlief, von der Polizei aufgegriffen wurde und zur Ausnüchterung auf einem Revier in die Zelle kam. Er kannte viele Reviere. Sein Freund unter den Professoren war Prof. Chomse. Seine Vorlesungen verpasste er nie. Einmal hatten sie ihn wohl recht spät aus seiner Zelle entlassen, wo er anscheinend auch wenig Schlaf gefunden hatte. So kam er etwa eine Viertelstunde später in die Vorlesung zu Prof. Chomse und setzte sich oben im Hörsaal auf die letzte Bank und schlief ein. Er gab ab und zu einen Schnarchton von sich und brachte Chomse völlig durcheinander. Chomse guckte immer nach oben, konnte ihn aber nicht sehen. Auch das ging vorbei.

Ein anderes Mal kamen wir aus der Uni und gingen mit 5 bis 6 Leutchen zum S-Bahnhof Oranienburger Straße. Wir erzählten, als plötzlich Siegmund wie von der Tarantel gestochen losrannte und im S-Bahnhof verschwand. Zwei leichte Mädchen hatten ihn erkannt. Er schuldete ihnen noch Geld für seine „Besuche." Er hat sich dort über den Umgang mit Frauen „informiert". Sie wollten ihn zur Rede stellen, erwischten ihn aber nicht. Als die Kommilitonen nach der Versammlung mit Schirdewan exmatrikuliert wurden, hatte man ihn aufgrund seines Lebenswandels auch exmatrikuliert. Er machte im Westen sein Staatsexamen und ging dort in Norddeutschland in die Praxis. Von Stund an wollte er nichts mehr mit seiner östlichen Vergangenheit zu tun haben. Nach der Wende ist es Kollegen passiert, die ihn auf Tagungen trafen und ihn ansprachen, dass er sie nicht mehr kennen wollte! Andere hat er angesprochen und sie gebeten, sie sollten nichts über seine Heldentaten im Osten erzählen.

Ich hatte mit ihm auch Ärger. Er hatte keinen Wecker und wollte meinen, den ich ihm geliehen hatte, abkaufen, aber bezahlt hat er ihn nie. Damals machte das Buch über den „Tierarzt Dr. Vlimmen" die Runde. Es war der zweite Band erschienen, den ich mir gekauft hatte. Siegmund hatte ihn auch von mir zum Lesen bekommen. Er wollte sich bei einem Assistenten einschmeicheln, gab ihm auch das Buch zum Lesen. Ich habe es nicht wiedergesehen. Später hat er mir allerdings einen Gutschein für ein westliches Fachbuch verkauft. Das war nicht schlecht. Wir bekamen für den Kauf von westlichen Fachbüchern von der Uni Gutscheine. Es gab aber nur wenig. Da war es ein besonderes Glück, wenn man einen Schein bekommen konnte.

Dr. Illmer-Kephalides, Waren

Einen anderen Tierarzt Dr. Illmer-Kephalides lernte ich in Waren/Müritz kennen. Ein sehr netter alter Herr. Er war am Schlachthof angestellt und fuhr nachmittags, wenn er dort fertig war, in die Praxis. Ich habe auch bei ihm Schweine geimpft, konnte aber nachmittags mit in die Praxis. Zum Impfen durfte ich mit seinem Opel in die Dörfer fahren. Er wollte nicht, dass die Bauern in seinem Notizbuch etwas lesen sollten. So hatte er eine eigene Geheimschrift entwickelt. Die sah aus, als hätte man eine Schrift im alten Ägypten bei Ausgrabungen gefunden.

Hier in Waren habe ich an der für mich ersten Embryotomie teilgenommen. Dr. Illmer-Kephalides wurde zu einer Rindergeburt gerufen. Ihm war die Geburtshilfe zu schwer, deshalb bat er den jungen Kollegen Dr. Witzmann aus Waren um Hilfe, er möchte für ihn die Geburt machen. Ich fragte schüchtern bei Dr. Witzmann an, ob ich daran teilnehmen könnte. Ich fuhr mit ihm noch einmal nach Lansen, einem Dorf bei Waren, zu dieser Kuh. Es war die einzige Kuh eines LPG-Mitgliedes. Dr. Witzmann musste eine Embryotomie machen. Die Sache war so schwierig, dass sich die Embryotomie bis in die Nacht hineinzog. Unsere Helfer waren schon verschwunden. Schließlich war ich mit Dr. Witzmann allein. Dabei habe ich das Sägen mit dem Embryotom gelernt, mir hat es gereicht. Schließlich schafften wir beide es allein, Allerdings hatte ich vorerst die Nase gestrichen voll. Später in der Praxis erledigte ich noch viele Embryotomien mit Erfolg.

Dr. Hung, Belzig

In Belzig praktizierte schon vor 1945 ein junger Tierarzt Dr. Hung, der aus Niemegk stammte. Er war ohne weiteres ein guter Tierarzt, wie man von den Bauern hörte. Man zog ihn zu den Soldaten ein und setzte ihn als Veterinär bei der SS ein. Das erzählte er mir später. Seine Frau stammte aus Burg bei Magdeburg und zog nach dem Zusammenbruch in den „Westen". Dazu überquerte sie mit den sechs Kindern die Elbe und suchte sich ein Quartier im Dorf Bertingen gleich hinter der Elbe. Jeder weiß, dass die Westalliierten auch Sachsen-Anhalt für West-Berlin eingetauscht hatten. Nun saßen sie doch im Osten. Dr. Hung kam aus der Gefangenschaft und praktizierte von diesem Dorf aus im damaligen Kreis Tangerhütte. Die Familie wohnte in einem Dorf in einem Reihenhaus, das wie ein Landarbeiterhaus von einem Gut aussah. Die Wohnungen waren recht groß. In jedem Haus wohnten vier Parteien. Dr. Hung wohnte im ersten Teil. Im dritten Teil wohnte eine Familie, in der die Mutter eine große Genossin war. Beide Familienoberhäupter konnten sich, wie es mir die Dorfbewohner berichteten, nicht riechen. So soll es öfter abends im Dunkeln zwischen beiden zu recht handfesten Auseinandersetzungen gekommen sein.

Dr. Hung besuchte Dr. Schneiders, wenn er mal in Niemegk war. So ergab es sich, dass Dr. Hung mich dort traf. Dr. Schneiders war dem Kollegen auch nicht sehr verbunden. So erlebte ich es selbst, als ich Dr. Schneiders mal besuchte. Er hatte eine gute Flasche Wein vom Rhein von seinen Verwandten geöffnet. Er war ein richtiger Genießer, der genussvoll den Wein schlürfte. Da klingelte es an der Haustür und Dr. Hung kam ins Zimmer. Wohl oder übel bot er dem Kollegen ein Glas Wein an. Der setzte das Glas an und trank den Wein in einem Zug aus. Ich guckte Dr. Schneiders an, der rollte nur so mit seinen Augen. Das sagte alles. Über Dr. Schneiders ließ Dr. Hung anfragen, ob ich bei ihm ein bisschen arbeiten wollte. Sein bisheriger Student kam von der Uni Leipzig und hatte sein Examen beendet. Ich sagte zu, weil er als Tierarzt einen guten Ruf im Kreis hatte. Nach zwei Jahren Schweineimp-

Dr. Schneiders mit Motorrad

fen bei Dr. Schneiders kaufte ich mir ein Motorrad, eine Jawa CZ. Dr. Schneiders hatte auch etwas Geld vorgeschossen.

Damit konnte ich zu Dr. Hung fahren. In Rogätz musste ich mit einer Fähre über die Elbe setzen. Im Winter fuhr die große Fähre mal nicht, die Gäste wurden mit einem großen Kahn übergesetzt. Für mein Motorrad legte man eine dicke Bohle quer über den Kahn. Ich stand im Kahn und musste das Motorrad halten. Zum Glück wackelte keiner. Wir kamen unbeschadet drüben an.

Dr. Hung hatte eine eigenartige Tageseinteilung. Um 10 Uhr gab es Frühstück. Dann wurden alle Anrufe der Bauern aufgeschrieben und ab ging es in die Praxis, die sehr groß war. Wie schon in Belzig duldete er keine Konkurrenz. Als er mal verreist war und ich die Praxis allein machen sollte, gab er mir die Telefon-Nummer eines Kollegen, bei dem ich mir Hilfe holen sollte. Der Kollege wohnte 50 km weit weg. Wir fuhren so um 11 Uhr in die Praxis und kamen, ohne unterwegs etwas zu essen, so um 23 Uhr wieder nach Hause. Er hatte von unterwegs ab und an zu Hause angerufen, um evtl. neue Aufträge entgegenzunehmen. Dann gab es das Mittagessen. Anschließend wurde noch Papierkram vom Tage erledigt. Um 3 Uhr nachts gab es Kaffee, dann konnte man ins Bett gehen. Für mich hatte er ein Dachkämmerchen mit Dachschräge, Dachfenster und ohne Ofen in der Dorfgaststätte gemietet. In einem Metallständer, wie er so früher auch in Küchen anzutreffen war, hing ein emailliertes Waschbecken. Bei starkem Frost war das Dachfenster vereist, ein superdickes klammes Federbett diente mir als Zudecke. Wenn ich im Bett unter dieser Decke lag, durfte ich nicht einmal die kleinste Bewegung machen, dann war die neue Stelle eisig kalt und ich schreckte davon hoch. Das Wasser im Waschbecken war gefroren. Das Eis musste ich erst aufklopfen, dann konnte ich mich ein bisschen waschen.

Nach dem Mittagessen in der Nacht saßen wir oft zusammen. Er erzählte aus seiner Studenten- und Soldatenzeit und holte diverse Gegenstände aus dieser Zeit aus einer großen Truhe. Er hatte noch seine Utensilien aus der studentischen Verbindung mit gestickter Mütze etc. Aus der Kriegszeit führte er Schmalfilme vor. Es war alles da. Seine Einstellung konnte man auch an den Namen der Kinder ablesen. Eine Tochter hieß Dorothea nach Herrmann und Dorothea. Charlotte wurde nach der Frau von Stein gerufen. Die beiden jüngsten Söhne hießen Ullrich, nach Ullrich von Hutten, und Albrecht, nach Albrecht dem Bären. Diese Besuche gingen recht schnell zu Ende. Ich hatte noch Prüfungen in Berlin zu machen, konnte also, als er mir ein Telegramm schickte, nicht sofort weg. Als ich ein paar Tage später nach Bertingen kam, war die eine Tochter anwesend und sagte, als ich nach den Eltern fragte, die wären schon ein paar

Tage in Westdeutschland! Sie durften das erste Mal mit dem Auto fahren. Ich sollte mit meinem Motorrad die Praxis machen. Benzingeld hätten sie auf den Tisch gelegt. Das war dann doch nichts für mich. Ich nahm mir Benzingeld für meine Fahrt nach Bertingen und fuhr nach Hause. Da war für mich Schluss!

Später hörte ich von einem Kollegen aus meinem Semester, dass er dort in dieser Praxis ein paar Jahre Vertretung machen musste.

Dr. Hung hatte man wegen Beihilfe zur Republikflucht eingesperrt. Er hatte einen Freund im Dorf, es war der ehemalige Ortsbauernführer. Der kam zu ihm und bat ihn, er möchte verreisen und ob er ihm seine Koffer zum Bahnhof fahren könnte. Dr. Hung fuhr den Herrn zum Bahnhof, der ihn abends aus dem Westen anrief und sagte, er wäre gut angekommen. Er war getürmt. Daraufhin hat man Dr. Hung verhaftet, eingesperrt und sein neues Auto, einen P 70, der Vorgänger vom Trabant, wurde als Fluchtfahrzeug konfisziert. Dr. Hung flüchtete nicht lange danach mit der ganzen Familie nach dem Westen. Die älteste Tochter blieb aber hier. Sie war, wie ich später hörte, zum schwarzen Schaf von der Familie abgestempelt worden.

Schuhkauf bei Leiser

Sehr begehrt waren bei uns Schuhe aus Westberlin. So fuhr ich nach Westberlin und kaufte mir vom Impfgeld bei Leiser ein paar sehr gute Schuhe. Damit man mir die Schuhe bei der Kontrolle nicht wegnimmt, zog ich die neuen Schuhe an und ließ meine alten Treter bei Leiser. Es taute, Schneematsch, Sand und Steinchen vom Streuen lagen noch auf dem Bürgersteig. Ich kam mit meinen Schuhen gut in meiner Wohnung an. Inzwischen regten sich Zweifel, ob die Schuhe nicht zu klein wären. Die Farbe gefiel mir so gut, deshalb hatte ich sie genommen, obwohl sie etwas drückten. Die Schuhe musste ich wieder umtauschen. Vom Schneematsch waren sie etwas dreckig geworden. So nahm ich eine Zahnbürste und kratzte damit den Sand und die kleinen Steinchen aus den Rillen der Sohle. Mit den Schuhen in der Tasche zog ich wieder zu Leiser und trug denen mein Anliegen vor. Ein Chef bediente mich. Ich musste sie wieder anziehen und den Fuß unter eine Art Röntgengerät halten. Steckte man den Fuß mit Schuh unten in einen Kasten, konnte man von oben in dem Gerät sehen, wo die Zehen waren. Nein, sagte der Herr, das ist zu eng und gab mir ein anderes Paar, allerdings nicht in der schönen dunkelbraunen Farbe.

Hamburg

1960 hatte ich für Karin und mich bei der Polizei einen Antrag für eine Reisegenehmigung nach Hamburg gestellt, wo meine Tante seit 1923 wohnte. Wir bekamen die Genehmigung und durften sogar mit dem Auto fahren. Wir fuhren über den Übergang bei Horst, auf der Gegenseite lag Lauenburg. Wir mussten mit dem Gepäck in Horst zur Kontrolle in eine Baracke. Dort wurden auch die „Westgermanen" kontrolliert. Unser Kontrolleur bemühte sich sehr, in unseren Sachen Geld zu finden. Er nahm meine Ersatzhose, die ich im Koffer hatte und befühlte intensiv die Nähte und den Hosenbund. Kein Geld. Der „gute" Mann hatte nicht überlegt, dass wir aus der Nähe von Berlin kamen und schon längst unser Geld in Westberlin umgetauscht und nach Hamburg geschickt hatten. Das konnte ich ihm doch nicht sagen! Als wir zum Auto kamen, stand da schon wieder einer. Was denn im Verbandkasten, der unter der Heckscheibe lag, wäre? Sehr unwirsch habe ich ihm erklärt, dass dort sicher das Verbandszeug enthalten sei. Ich hätte den Kasten noch nie aufgemacht. Dann schob er ab. Meine Stimmung wird ihm nicht gefallen haben. Es hätte natürlich auch anders ausgehen können. In Lauenburg empfing man uns sehr freundlich. Wir wären nach sechs Wochen das erste Ostauto, das die Grenze hätte passieren dürfen und ob sie uns ein paar Fragen stellen dürften. Dann konnten wir weiter nach Hamburg fahren. Wir hatten natürlich einen großen Fehler gemacht, indem wir unser Geld der Tante geschickt hatten. So wusste sie, wie viel Geld wir hatten und durften überall unsere Zeche alleine bezahlen. Meine Tante war nicht arm, aber sie wollte uns wohl nicht verwöhnen.

Bad Nauheim

Im April 1961 konnten wir noch einmal ganz offiziell, von der Dienststelle genehmigt, nach dem Westen zu einer Tierärztetagung in Bad Nauheim mit dem eigenen Auto fahren. Mein alter Herr Kollege Dr. Schneiders stammte von der Mosel, seine Frau kam aus Boppard. Jedes Jahr im Herbst fuhr er mit seiner Frau mit der Bahn nach Boppard und musste unterwegs öfter umsteigen. Ich lud ihn ein, mit uns mit dem Auto mitzufahren. Er lehnte anfangs ab. Dann rief er wieder an, sie wollten doch mitfahren, die „Mutter", wie er immer sagte, wäre schlecht zu Fuß. So sind wir sehr früh mit unserem Auto über Bebra an den Rhein gefahren. Bei der Verwandtschaft von Dr. Schneiders konnten wir in einem Hotel direkt an der Strandpromenade übernachten und vom Balkon den Schiffsverkehr auf dem Rhein beobachten. Es war eine herrliche Reise durch den Frühling. In Westdeutschland blühte alles eine Woche früher als bei uns. Wir hatten natürlich wieder Geld von Berlin aus nach Bad Hersfeld postlagernd geschickt, denn mit unseren Ostpiepen konnten wir da nichts bestellen, obwohl uns die Tagungsleitung bei der Anmeldung heimlich 80 DM zusteckte, die gerade für das Quartier reichten. Den Zoo in Frankfurt haben wir besucht und zufällig Grzimek gesehen. Eigentlich waren wir etwas enttäuscht, dass unsere westdeutschen Kollegen nicht einmal zum Gesellschaftsabend eine entsprechende Kleidung anhatten. Wir hatten uns vorher erkundigt, was man anziehen müsste. Ich habe mir noch einen Hut und einen neuen Schlips gekauft, da ich nur bunte Schlipse besaß. „Uni“ war Mode! Zum Sommermantel trug man Handschuhe etc. Wir Ostgermanen waren besser als die Westgermanen gekleidet. Zum Gesellschaftsabend tranken wir sogar einen besseren Wein! Sehr unangenehm fielen mir die Vertreter von Arzneimittelfirmen auf. Sie bewachten „ihre“ Professoren, die die Gutachten für ihre Arzneimittel schrieben. Sie wurden „umhegt“ und „umpflegt“.

Besuch bei Republikflüchtlingen

Von Frankfurt/Main aus besuchten wir noch Freunde in der Nähe von Baumholder und Saarbrücken. Sie waren aus der DDR getürmt. Werner Meredig, der Junglehrer von Borne, wohnte in Fohren-Linden bei Baumholder. Ich habe ihn damals das letzte Mal gesehen. In Saarbrücken lebt die Freundin von Karin. Ihr Vater arbeitete in Berlin bei der BVG und bekam einen Tipp, man wollte ihn verhaften. Bei Nacht und Nebel flüchteten sie nach Westberlin. Stunden später wollte man sie abholen. Es war höchste Zeit gewesen.

Von dort sind wir über Köln gefahren. Dort lebte ein Jugendfreund meiner Frau, der auch das Weite gesucht hatte. Auf der Rücktour hielten wir in Dortmund an, um die Tochter meiner Wirtin aus Berlin zu besuchen. Der Mann bat uns inständig, wenigstens eine Nacht bei ihnen zu bleiben. Wir verlebten dort sehr schöne Stunden. Es war gut so, sonst hätte uns die Autopanne nachts auf der Autobahn erwischt.

Die Rückfahrt in die DDR

Auf der Rückfahrt am nächsten Tag streikte plötzlich bei Braunschweig der Motor meines Wartburgs. Die rote Lampe leuchtete auf, der Motor war aus. Gerade hatte ich an einer Tankstelle mein letztes Westgeld ausgegeben. Ich trat die Kupplung, startete, da lief der Motor! Ließ ich die Kupplung los, war Schluss. Ich rührte mit dem Ganghebel im Getriebe herum, startete wieder, gab mächtig Gas, ließ schleifend die Kupplung los, der Wagen rollte wieder. Anscheinend hatte ich durch meine „Rührerei“ den 3. und damit direkten Gang gefunden. So fuhren wir mit ca. 60 bis 70 km/h Richtung Heimat. An dem Grenzübergang Helmstedt/Marienborn auf östlicher Seite schnauzte man mich gleich erst einmal an, ich hätte da und da zu parken. Obwohl ich dem Grenzer erklärte, dass mein Getriebe kaputt wäre, gab er nicht nach. Ich fuhr ein Stück vor und traf einen anderen Grenzer, dem ich mein Anliegen vortrug und meinte, wir sollten doch froh sein, dass ich mit dem kaputten Auto bis hierher gekommen wäre, so würden wir doch „wertvolle“ Devisen sparen, wenn ich ein neues Getriebe im Westen hätte einbauen lassen müssen. Der „Schmalz“ passte. Ich durfte so stehen bleiben. Fertig mit der Kontrolle, man hatte meine Westwaren und die Zeitungen nicht gefunden, kam ich an eine weitere Schranke und sah unten im Tal noch eine Schranke. Ich bat den Grenzer, er möchte den Posten unten im Tal anrufen, er sollte mich durchfahren lassen, da ich mit dem kaputten Getriebe an der Steigung nicht wieder in Gang käme. Das geht nicht, sagte er. So fuhr ich los und musste unten halten. Als ich dem das erzählte, sagte der mir, der Genosse hätte ihn nur anrufen brauchen! Schweinebacken! Bis nach Hause habe ich ganz schön draufgelegt. Das Getriebe hielt bis nach Hause.

Einkauf in Westberlin

Als Tierarzt in Niemegk fuhren Dr. Winter, Karin und ich fast jeden Donnerstagnachmittag nach Berlin. In Ostberlin in der Nähe des Alex war unser Versorgungsdepot für Tierarzneimittel. Dort fuhren wir hin, gaben unsere Bestellung auf, die gleich zusammengestellt wurde. So konnten wir die Medikamente sofort mitnehmen. Die Autos stellten wir am Bahnhof Friedrichstraße ab und fuhren mit der S-Bahn zum Zoo. Dort kauften wir ein bisschen ein und gingen um 18 Uhr ins Kino. Nach dem Kino aßen wir am Kudamm im „kleinen Schultheiß“ Abendbrot und fuhren nach Hause. Ich nahm mir immer eine Illustrierte, eine Rundfunkzeitung, Zigarren und Kaffee „Zuntz den Kleinbohnigen“ mit.

Mit dem Mauerbau war diese schöne Zeit zu Ende. Es gab keine Illustrierte und keine Rundfunk- und Fernsehzeitung mehr. So mussten wir das Fernsehprogramm für die kommende Woche, das am Wochenende bei ARD und ZDF im Diktattempo gesendet wurde, mitschreiben. Die Privatsender gab es noch nicht. Ich schrieb das Programm mit der Schreibmaschine ins Reine. Es gab noch keinen Computer, mit Durchschlagpapier und Kohlebögen hatte ich sechsmal das Programm. Die fünf Durchschläge gab ich an gute Freunde weiter. So ging das jede Woche.

Das eingefrorene Kühlwasser

Im Winter war ich wieder einmal mit Dr. Winter in Berlin. Er hatte neben dem Wartburg noch einen F8 - ein Cabriolet. Nachts, als wir ans Auto kamen, waren wir überrascht, wie kalt es war. Die Scheiben am Auto waren fest zugefroren. Nun kam die große Frage, war das Kühlwasser auch eingefroren, denn Dr. Winter hatte nie Frostschutzmittel auf seine Autos aufgefüllt. Zu Hause hatte er eine geheizte Garage, da konnte nichts passieren. Angezogen mit dicken Ledermänteln, die damals große

Mode waren, fuhren wir in dem recht kalten F8 los. Der F8 hatte eine ganz miese Heizung. Unterwegs roch es plötzlich etwas komisch. Das gefrorene Kühlwasser war verdampft. Was nun? Inzwischen waren wir an der Passkontrollstelle Schönefeld angekommen. Vorher hatten wir noch versucht, Schnee, den es reichlich gab, in die Kühleröffnung zu stecken. Das half nicht. Wir fuhren dann zu den Wohnbaracken der Grenzer, die gleich in der Nähe waren. Den Grenzer im Wachhäuschen fragten wir, ob er uns einen Eimer Wasser holen könnte. Nein, das ginge nicht, er könnte seinen Posten nicht verlassen, man würde das vom Kontrollpunkt aus sehen. Ich habe ihn überredet, seinen Part im Wachhäuschen zu übernehmen. Damit war er einverstanden. Die Flinte gab er mir aber nicht. So kamen wir zu Kühlerwasser und konnten nach Hause fahren. Der Motor und der Kühler nahmen uns das nicht übel.

Karin in Gefangenschaft

Einmal musste ich dienstlich nach Potsdam. Zwei Rundfunkmechaniker von der PGH wollten mitfahren. Jürgen Jänicke wollte in Potsdam aus einem Lager Ersatzteile holen. Wolfgang Wolter wollte zum Alex fahren und dort eine Lederoljacke abholen, die er angezahlt hatte. Meine Frau sollte nach Wannsee fahren, um einige Westsachen einzukaufen. Am Hauptbahnhof Potsdam wollten wir uns treffen. Ich war da, Jürgen Jänicke war da und sogar der Alexfahrer, nur meine Frau fehlte. Als sie um 19 Uhr noch nicht kam, S-Bahnzüge fuhren nach Potsdam nur alle 40 Minuten, reichte mir das. Man konnte sie nur bei der Kontrolle in Griebnitzsee aus dem Zug geholt haben. Ich fuhr hin, Wolfgang kam mit. Jürgen war ängstlich und wartete lieber auf dem Bahnhof Potsdam. Vorher hatte ich schon mit einem Polizisten meinen Ärger. Am Bahnhof Potsdam durfte man nicht parken. Und jedes Mal, wenn ich da mit dem Auto stand, kam er auf mich zu. Ich fuhr dann weg und kam wieder. Das Spielchen ging eine ganz Zeit. Nun fuhren wir nach Griebnitzsee. Dort durfte man nicht einsteigen und auch nicht auf den Bahnsteig gehen. Dem Eisenbahner erklärte ich mein Anliegen, der ließ Wolfgang und mich durch. Oben an der Treppe stand ein Grenzer, der uns nicht auf den Bahnsteig lassen wollte. Schließlich ließ er uns auch durch, wir sollten in eine Baracke gehen, in der sich die ganze Kontrollmannschaft aufhielt. Nein, sie hätten keine Frauen aus den Zügen geholt, wer weiß, wo sich meine Frau rumtreiben würde. Alle machten sich lustig. An der Treppe ging ich noch einmal zum Grenzer, der mir dann unter dem Siegel der Verschwiegenheit sagte, dass auf dem letzten Bahnsteig noch ein paar Frauen festgehalten werden. Drüben war ein ehemaliges Dienstgebäude für den Fahrdienstleiter als Büro des Zolls eingerichtet worden. Als ich durch das erste Fenster guckte, sah ich einen Zöllner und zu meinem Ärger eine Zöllnerin sitzen. Ich ging rein, nannte meinen Namen und fragte nach meiner Frau. Wolfgang hatte mir vorher noch gesagt, dass meine Frau im Nebenraum sitzen würde. Der Zöllner blätterte in einem dicken Buch und suchte nach meinem Namen. Ich konnte ihn beruhigen, ich wäre nicht in seiner Liste verzeichnet. Daraufhin verließ er den Raum und ging auf den Bahnsteig. Die Zöllnerin meinte, meine Frau wäre nicht da. Ich stand vor ihrem Schreibtisch, sah die Ausweise der „inhaftierten" vier Frauen und erkannte sofort das Bild meiner Frau in ihrem Ausweis. Als ich ihr das sagte, war sie platt. 1 : 0 für mich. Dann erwiderte sie, meine Frau hätte in Wannsee 30 wertvolle Ostmark ausgegeben, 1 : 1. Ich habe der guten Frau dann in sehr scharfem Ton gesagt, dass ich schon etliche Stunden auf meine Frau gewartet hätte und sie als Zöllnerin für alle nicht behandelten Fälle in der Praxis verantwortlich machen würde. Daraufhin sollte ich den Raum verlassen, sie wollte noch ein paar Worte mit meiner Frau alleine sprechen. Sie erklärte ihr, dass ich mich unmöglich aufgeführt hätte und wenn das ein Arbeiter aus dem Karl-Marx-Werk in Babelsberg gehört hätte, hätte er sich sicher sehr darüber aufgeregt. Außerdem fragte sie, ob Karin zu Hause ein Kleinkind hätte. Als meine Frau verneinte, konnte sie nicht verstehen, wie eine erwachsene Frau Bananen essen könnte! Meine erste Frage war, als meine Frau aus dem Büro kam, ob sie ihr etwas weggenommen hätten. Sie hatten nicht! Vorher stand ich mit Wolfgang auf dem Bahnsteig. Der Zöllner, der mich schon aus dem Büro kannte, stand auch etwas entfernt in der Nähe der Treppe. Da erschien auf der Treppe ein Offizier, der mit dem jungen Zöllner tuschelte. Daraufhin kam er zu mir und fragte, wer ich sei und was ich wollte. Da konnte ich nur lachen, dass er wohl schon alles vergessen hätte. Er schob zusammen mit dem Offizier ab. Vorher in der Baracke auf dem S-Bahnsteig, wo viele Genossen waren, da war sogar der Offizier „stark" im Auftreten. Auf dem Bahnsteig kniff er mit seinem Muffki!

Der Verlobungskaffee

Zu unserer Verlobung schenkte uns die Tante meiner Frau aus Westberlin den Kaffee, Puddingpulver und andere kleinere Raritäten, die es im Osten immer nicht gab. Zufällig war ich mit dem Motorrad in Berlin. Die Jawa CZ hatte eine Sitzbank und unter dieser Sitzbank war ein recht großes Fach für das Handwerkzeug. Da brachte ich den Kaffee unter. Die anderen Sachen steckte ich in einen Koffer, den ich auf dem hinteren Sitz mit einer Wäscheleine festband. Am Ende machte ich mindestens 15 bis 20 Knoten. So fuhr ich Richtung Treuenbrietzen, wo die Verlobungsfeier am 30.4.1955 stattfinden sollte. Am Grenzkontrollpunkt „empfing" mich eine Zöllnerin. Ein schlechtes Zeichen! Sie wollte unbedingt in meinen Koffer gucken. Ich erklärte ihr, dass ich Student sei, zum Wochenende nach Hause führe, im Koffer meine dreckige Wäsche hätte. Außerdem hätte ich gerade alles so schön auf dem Sitz festgebunden. Montag käme ich zurück, dann würde ich den Koffer nicht so fest auf den Sitz binden. Dann könnte sie alles kontrollieren, dann ging das einfacher. Sie ließ mich schließlich fahren. Froh, dass ich diese Hürde überwunden hatte, fuhr ich fröhlich über die Autobahn bis Michendorf, von dort auf der Landstraße Richtung Beelitz - Treuenbrietzen. Plötzlich dachte ich, es war an der Holzbrücke kurz vor Treuenbrietzen, da wäre ein Verkehrsunfall. Als ich näher kam, sah ich, dass dort „gefilzt" wurde. Die Polizei kontrollierte offiziell die Fahrzeuge. Inzwischen gab es Volkskontrolleure, Arbeiter aus Betrieben, die als Zollkontrolleure eingesetzt wurden und das Gepäck sehen wollten. Das nannte man „Filzen". Unterwegs hatte ich schon bemerkt, dass der Kaffee so langsam zu riechen begann. Ein herrlicher Duft, der mich verraten konnte. So ließ ich den Motor laufen. Der Polizist forderte mich auf, den Motor auszustellen. Ich erklärte ihm, dass ich dann das Motorrad nicht wieder starten könnte. So lief der Motor weiter und verbreitete zum Glück einen fürchterlichen Gestank Es war ja ein Zweitakter. Vom Kaffee war nichts mehr zu riechen, als solch ein Volkskontrolleur mein Gepäck, meinen Koffer, sehen wollte. Der war hartnäckig, obwohl ich ihm gesagt hatte, dass mich diese Tussi in Berlin schon kontrolliert hätte und ich steife Finger von der Fahrt hätte. Ich begann mit sehr „steifen" Fingern mühsam die Knoten zu lösen. Dann wurde es dem Herrn zu viel, ich konnte abfahren! Von diesen Geschichten gibt es noch viele. Dies soll reichen.

Die Verlobungsringe

Zur Verlobung gab es ja auch die Verlobungsringe. Ich habe den Verlobungs- und späteren Ehering nicht viel getragen. Als Student setzte ich ihn immer vor Prüfungen ab. Ich dachte immer, der Professor würde mal sagen, na, mit kleinen Mädchen kennst du dich aus, aber nicht mit dem Stoff für die Prüfung! Im Beruf war es oft mit dem Ring recht hinderlich. Ich erzählte den Leuten manchmal, ich hätte den Ring bei einer rektalen Untersuchung in der Kuh verloren! Viele haben es geglaubt.

Mit dem Gold für die Ringe war es nicht so einfach. Mit Dr. Winter versuchten wir am Zoo Gold zu kaufen und fragten in Juweliergeschäften nach Gold. Ich fragte immer: „Haben Sie Gold?" Wir hatten beide unsere dunkelgrünen Ledermäntel an. Die Verkäufer guckten uns ganz ängstlich an und vermuteten in uns zwei Gangster. Schließlich besorgte uns eine Zahnärztin in W-Berlin Zahngold.

Verlobung

Die letzten Prüfungen im Staatsexamen am Freitag, den 13.12.57

Am Freitag, dem 13.12.1957, hatten wir unsere letzten Prüfungen in der Tierzucht und bekamen auch drei Zensuren, Tierzucht, Tierernährung, Tierbeurteilung. Morgens um 7 Uhr mussten wir im Stall des Instituts zur Tierbeurteilung erscheinen. Mein Klassenkamerad Walter Fäder (Pen) aus Wiesenburg studierte in Berlin Chemie und wohnte nur um die Ecke in der Stolpischen Straße. Wir waren oft zusammen und unternahmen in Berlin viel. Wir aßen oft zusammen Abendbrot und gingen dazu manchmal in eine Kneipe „Bannach", die auf der gegenüberliegenden Straßenseite meiner Wohnung war. So waren wir auch am Vorabend meiner Tierzuchtprüfung dort, aßen warm und tranken dazu ein dunkles Bockbier. Wegen der bevorstehenden Prüfung wollten wir auch bald wieder gehen. Plötzlich ging die Tür auf und ein ehemaliger Studienfreund von Walter Fäder kam herein. Wir hatten uns lange nicht gesehen. Er hatte das Studium geschmissen und verdiente sich sein Geld im Chemiewerk Adlershof. Er lud uns zu einem Glas Bock ein. Dann ging ich nach Hause, legte mich ins Bett, um ausgeschlafen zu sein. Was mir noch nie im Leben passiert war, plötzlich drehte sich mein Bett von zwei kleinen Gläsern Bock! Ich lief die ganze Nacht zwischen Bett und Toilette hin und her und überlegte, ob ich am Morgen wirklich zur Prüfung gehen sollte. Eingedenk des Mottos meines Vaters aus Kindertagen, gab ich nicht auf und fuhr zur Uni. Es wurde von 7 bis 14.30 Uhr ohne Pause durchgeprüft.

Prof. Wiesner schluckte laufend Tabletten. Er wird wohl auch einen Kater gehabt haben. Mir hat er keine Tablette gegeben. Mit fortschreitender Prüfungsdauer war in meinem Kopf kaum noch etwas zu finden. Als Abschluss kam für mich die Frage nach dem Ei. Keine Ahnung! Meine Kollegen guckten mich ungläubig an und konnten das nicht verstehen. Ich konnte mich nachher nicht mehr daran erinnern, wie ich die Frage beantwortet habe. Nach der Prüfung erkundigte sich Prof. Wiesner danach, mit welcher Gesamtnote wir das Examen bestehen würden. Bei mir sagte er, ich würde es wohl mit einer Zwei bestehen. Ja, sagte ich, wenn ich heute zwei Dreien und eine Zwei bekommen würde. Das können Sie nicht, ich gebe Ihnen zwei Zweien und eine Drei, war die Antwort. So hatten wir Drei mit einer Zwei als Gesamtnote das Staatsexamen bestanden.

Mit der Abschlusszensur war das so, wenn man mit allen Prüfungszensuren, die zum Staatsexamen gehörten, die Zahl 65 erreichte, bestand man mit einer Zwei. Hatte man Pech und kam auf 66 Punkte, gab es eine Drei. So hatte mir der Freitag, der 13., doch noch Glück gebracht und das hat er später immer gemacht. Nach dem Staatsexamen wollten wir Vier noch eine große Fete starten. Es kam ein kläglicher Abend heraus. Wir waren alle ausgelaugt und wollten es selbst nicht wahrhaben. Die Spannung von Prüfung zu Prüfung war gewichen.

Dr. Schneiders, Niemegk

Wir hatten wenig Fachbücher für unser Studium. Die Fakultäten in Berlin und Leipzig hatten zu wenig Studenten, um große Auflagen von Büchern zu verlegen. Die meisten Bücher wurden in Westdeutschland verlegt. Bis zur Mauer konnte man in Berlin in der Karl-Marx-Buchhandlung in der Stalinallee, jetzt Frankfurter Allee, westdeutsche Fachbücher auf einem Gutschein, der von der Uni ausgegeben wurde, kaufen. Allerdings gab es nur wenig Gutscheine, die verteilt werden konnten. Wer einen Gutschein bekam, hatte Glück. Ich konnte so manches Buch kaufen, weil es Kommilitonen gab, die gegen Geld ihren Gutschein verkauften. Man konnte aber auch zu praktischen Tierärzten gehen, die noch alte Lehrbücher besaßen. So kam ich nach Niemegk zum alten Herrn Dr. Schneiders. Er war schon weit über sechzig Jahre alt, besaß auch noch ein paar alte und sehr gute Lehrbücher, die er mir lieh. Unter anderem hatte er drei Bände der Schmaltzatlanten. Prof. Schmaltz lehrte früher an der Berliner Fakultät. Er konnte wie ein Künstler zeichnen. So hatte er die gesamte Anatomie des Pferdes in Bildern in diesen Atlanten festgehalten. Das war schon eine Meisterleistung. Vor meiner Zeit war das Pferd das wichtigste Tier, vor allen Dingen für die Wehrmacht im Ersten Weltkrieg. Dr. Schneiders borgte mir diese Atlanten.

Die Rotlaufimpfung

Es war allgemein üblich, dass Studenten bei den privaten Tierärzten Schweine gegen Rotlauf impfen konnten. Junge Tierärzte gab es wenig. Viele waren im Krieg geblieben. Der Kreis Belzig hatte auch einen Stamm alter Tierärzte. Die Impfung der Schweine war doch sehr aufwändig und schwer. Man musste in jedes Dorf und auf jedem Gehöft nachfragen, ob der Bauer seine Schweine impfen lassen wollte. Es gab nur wenige Bauern, die nicht impfen ließen. Ich konnte bei Herrn Dr. Schneiders auch Schweine impfen. Morgens kam ich mit dem Fahrrad von Borne oder Treuenbrietzen nach Niemegk, holte mir den gepackten Rucksack mit Impfstoff, Spritze und Kanülen ab und fuhr weiter in die Dörfer. Mein erstes Schwein impfte ich in Groß Marzehns bei Heinrichs. Ich hatte mehr Herzklopfen als das Schwein. Am Tag schaffte ich meistens das Impfen in zwei Dörfern. Bis nach Groß Marzehns hatte ich die längste Tagestour von ca. 72 km hin und zurück von Borne aus. Gegen Abend war ich mit der Impfung fertig, hielt in Niemegk bei Schneiders an, bekam von Frau Schneiders ein schmackhaftes und kräftiges Mittagessen und rechnete die Impfgebühren ab, die gleichzeitig bei der ersten Impfung kassiert wurden. Zum Abschluss gab es immer eine gute Tasse Kaffee. Einmal goss ich mir selbst eine zweite Tasse Kaffee ein, da brüllte mein Kollege plötzlich auf. Ich hatte ihm interessiert zugehört und dabei den Kaffee in die Zuckerdose gegossen. Sie sah wie meine Kaffeetasse aus. Pech! Die Tage waren immer sehr anstrengend.

Regierungsveterinärrat Dr. Rienäcker

Als Kreistierarzt residierte in Belzig ein Regierungsveterinärrat Dr. Rienäcker, kurz mit „Herr Rat“ anzusprechen. Er war sehr streng und manchmal auch ungerecht zu den Bauern. Widersprach ihm mal ein Bauer oder kritisierte er ihn, vergaß er dem das so lange nicht, bis er ihm das heimgezahlt hatte. So erinnere ich mich, als ich ihn mal in Belzig auf der Straße traf, kam er fröhlich angelaufen. Wir unterhielten uns kurz und er erzählte mir, dass er es gerade einem Bauern heimgezahlt hätte, der ihn vor längerer Zeit mal angepi...t hatte, so nannte er es. „Jottes Mühlen mahlen langsam, aber sie mahlen!“, sagte er dann. Einmal kam der Rat abends mit dem Veterinärhelfer Heinz Schüler im Auto nach Hause. Sie stiegen beide aus und Rienäcker „befahl“ dem Vet.-Helfer, er möchte das Auto ausräumen. Plötzlich ertönte eine Frauenstimme, nein, Herr Schüler fährt nach Hause! „Rolf“ musste selbst das Auto ausräumen. Wenn er auch draußen eine mächtige Lippe riskierte, bei seiner Frau war er lammfromm.

Ihm war zu Ohren gekommen, dass in seinem Kreis zwei Studenten mit der Impfspritze durch die Dörfer zogen. Das dulde er nicht, sagte er den Tierärzten auf der Dienstversammlung. Papa Schneiders, so nannten ihn die Tierärzte im Kreis, sagte dann, damit er es noch gerade so hören konnte: „Der Röhr impft doch." Rienäcker nahm das erst einmal so hin. Mein anderer Kollege durfte nicht mehr impfen und hatte wohl wegen des Examens auch keine Zeit mehr. Er hatte beim Rat in den Fettnapf getreten, indem er ihm eine Spritze zurückbrachte, in der angeblich noch Wassertropfen waren.

Der Rat war nicht untätig, setzte sich ins Auto und fuhr raus in die Dörfer. Dort fragte er die Bauern nach dem jungen „Knecht", das war sein Lieblingswort, der Schweine geimpft hatte. Sie sollten ihm ganz genau erzählen, wie der „Knecht" das so gemacht hatte. Jeden Handgriff wollte er wissen. In der nächsten Dienstversammlung sagte er nur: „Der Röhr macht es noch genauer als ich." Das war ein großes Lob von ihm und ich durfte weiterimpfen. Schon 1957 bot er mir an, in Niemegk eine Praxis aufzumachen. „Bau keinen Schwanz (fall nicht durch die Prüfungen) beim Examen!" war seine Rede. Obwohl sich für Niemegk viele Kollegen beworben hatten, hat er mir Niemegk freigehalten. Nach Belzig sollte ich nicht gehen, weil ich aus Borne stammte. Der Prophet würde im eigenen Lande nichts gelten, war sein Argument.

Mein erster Praxisfall mit Dr. Schneiders

Dr. Schneiders hielt auch große Stücke auf mich, obwohl ich noch gar nicht fertig war, musste ich mal mit nach Zeuden. Ein Pferd hatte eine richtige Warzenmauke. Es konnte kaum laufen, das Bein war fürchterlich dick. Wir schauten uns das Pferd in Zeuden an. Ich stand ganz dicht dahinter, als es plötzlich ausschlug und mich zum Glück auf dem Bauch traf. Da habe ich das erste Mal meinen zukünftigen Beruf verflucht.

Wir operierten das Pferd , d.h. Dr. Schneiders übergab mir alles, ich musste die „Schwarte" abschälen. Es blutete fürchterlich. Mit speziellen handgeschmiedeten Brenneisen, die im Schmiedefeuer glühend gemacht wurden, sollte ich, der davon keine Ahnung hatte, das Blut stillen. Ich schaffte es nach anfänglichen Schwierigkeiten. Ich saß am Pferd und der alte Herr Dr. Schneiders rannte, so gut er es noch konnte, in die Schmiede, um ein neues Eisen zu holen. Das war meine erste größere Operation. Papa Schneiders war es zufrieden.

Dr. Winter, Treuenbrietzen

Vater und Sohn Dr. Winter in Treuenbrietzen waren hervorragende Tierärzte. Sie hatten unter den Kollegen einen sehr guten Ruf. Als Student hatte ich Respekt vor den Winters. An einer Tierärztetagung in Leipzig durften wir als das letzte Semester teilnehmen. Ich fuhr mit. Da stellte

Weiterbildung der Tierärzte v.l.: Dr. Saupe, Dr. Krause, Reg.-Rat Dr. Rienäcker, Dr. Maus, Dr. Schwericke jun., Dr. Schneiders, Dr. Winter,

mich Herr Dr. Schwericke aus Belzig dem jungen Herrn Dr. Winter vor. So lernten wir uns kennen. Ich sollte ihn zu Hause besuchen, wenn ich bei meiner Verlobten wäre, die in Treuenbrietzen wohnte. Ich bin aber nie hingegangen. Ich fand das immer nicht gut, wenn man als Student den Tierärzten auf der Pelle saß und der Eindruck entstand, dass man sich irgendwie einschmeicheln wollte. Jedes Mal, wenn er mit dem Auto durch die Stadt fuhr und mich sah, hielt er an und nahm mich mit. Einmal fuhren wir nach Nichel zu Frau Schütte, bei der Dr. Winter Kühe auf Trächtigkeit untersuchen wollte. Damals hatten die meisten Kühe noch Tuberkulose und husteten viel. Es war Sommerzeit, den Kühen wurde Grünfutter gefüttert. Ich stand auf dem Kuhstallgang und guckte Herrn Dr. Winter bei der Arbeit zu. Mit guter Kleidung sollte man nicht in den Stall gehen. Plötzlich fing eine Kuh zu husten an, ich sprang zur Seite, es war zu spät. Mein neues Sakko bekam den grünen Mist ab. Die Kuh hatte den Mist gegen die Wand gedonnert, von dort war er abgeprallt und landete auf meiner Jacke. Das Sakko war hin. Der „Spinat" war zu echt.

Von der Prüfung bei Prof. Borchardt hatte ich berichtet. Ich wollte damals gleich nach der Prüfung, also an dem Donnerstag, an dem die Prüfung nicht stattfand, nach Treuenbrietzen fahren. Meine Verlobte war vergeblich zum Bahnhof gegangen, um mich abzuholen. Ich kam auch Freitag nicht, ich kam erst Sonnabend. Als sie mich abholte, erzählte sie mir, dass sie am Donnerstag Dr. Winter getroffen hätte, der seine Mutter und Tante vom Bahnhof abgeholt hätte. Sein Vater lag mit einem Aortenaneurysma im Josephskrankenhaus in Potsdam. Die beiden Damen erzählten ihm gerade, wie gut es ihm ginge. Er wusste aber per Telefon schon, dass der Vater gestorben war. Er fragte nach mir, wann ich käme, ich möchte doch dringend zu ihm kommen. So ging ich, was mir immer schwer gefallen ist, in das Trauerhaus. Er fragte mich, ob ich seine Praxis von Montag an bis zur Beerdigung machen könnte. Mir war gar nicht wohl. Winters waren ganz tolle Tierärzte und ich hatte noch kein Examen in der Tasche. Ich sagte doch zu, ging Montag zu Winters, bekam den F8 mit allem Zeug für die Praxis und fuhr über die Dörfer. Als ich mittags nach Hause kam, konnte ich beim Mittagessen stolz von meinen Erfolgen berichten. Der Misserfolg folgte unmittelbar.

Der erste Todeskandidat

Dr. Winter erzählte mir, dass sich morgens, als ich schon unterwegs war, ein Bauer aus Bardenitz mit einem kranken Pferd gemeldet hätte. Er wäre selbst hingefahren, wäre sich aber noch nicht im Klaren, was das Pferd hätte. Falls sich der Bauer meldet, sollte ich hinfahren, dem Pferd eine Spritze von dem und dem Medikament geben. Er würde abends dann selber noch einmal nach dem Pferd gucken. Das Telefon klingelte, es war schon der Bauer. So schwang ich mich ins Auto und fuhr nach Bardenitz.

Im Stall ließ ich das Pferd umdrehen, staute die Vene am Hals, stach in die Vene, setzte die Spritze an, hatte gerade so 2 ml injiziert, da fiel das Pferd wie vom Blitz getroffen tot um. Wir zogen das tote Pferd auf den Hof. Ein Hausschlächter kam und öffnete die Bauchhöhle. Im ersten Moment dachte ich, er hätte zu tief gestochen und die Blase getroffen, denn unheimliche Flüssigkeitsmengen liefen aus der Bauchhöhle auf den Hof. Mir wurde klar, das Pferd hatte eine Bauchwassersucht und war daran gestorben. Diese Bauchwassersucht drückte so auf Zwerchfell und Herz, dass die kurze Bewegung des Umdrehens ausreichte, um das Herzversagen zu verursachen. Es war Mittagszeit, die Leute im Dorf waren alle noch zu Hause. Meine „Heldentat" sprach sich blitzschnell herum und im Nu war der Hof voller Dorfbewohner. Ich kam mir wie Rumpelstilzchen vor, stand mit meiner Spritze in der Hand auf dem Hof und wäre am liebsten im Erdboden versunken. Da verfluchte ich das zweite Mal meinen zukünftigen Beruf. Einen dritten Fluch gab es Gott sei Dank nicht wieder. Ich schlich vom Hof, stieg ins Auto, brauste los, hielt im Wald an, holte den Beipackzettel des Medikaments heraus und las ihn ganz genau. Ich hatte nichts falsch gemacht. Abends berichtete ich Dr. Winter von meinem Missgeschick. Ihn traf das nicht sonderlich, er bestätigte nur meinen Verdacht der Bauchwassersucht. Ich ging während meiner Pflichtassistentenzeit bei Dr. Winter nie wieder auf den Hof des Bauern. Nach Jahren, als ich schon gestandener Tierarzt war, fuhr ich mit Dr. Winter auf die LPG nach Bardenitz/Pechüle. Wir wollten Färsen auf der Koppel auf

Trächtigkeit untersuchen. Kurz vor der Koppel erklärte er mir, dass ich dort einen alten „Freund“ treffen würde. Es war der Bauer aus Bardenitz. Er war inzwischen Mitglied der LPG geworden und betreute die Färsenherde. Er begrüßte mich lächelnd mit Handschlag und entschuldigte sich. Man hatte ihn damals aufgeklärt. Ich war es zufrieden.

Pflichtassistent

Als Pflichtassistenten mussten wir ein halbes Jahr nach dem Studium entweder in der Praxis, in einer Klinik, einem Institut oder auf einem Schlachthof arbeiten. Man konnte die Zeit auch teilen. Dr. Winter wollte mich erst im April als Pflichtassistent einstellen. Mir wäre ein Vierteljahr verloren gegangen. Daraufhin ging ich zum Schlachthof nach Potsdam. Schon nach ein paar Wochen merkte Dr. Winter, dass er doch schon Arbeit für mich gehabt hätte. So bin ich zum 1. März 1958 zu ihm nach Treuenbrietzen gegangen. Durch die Zusammenarbeit habe ich viel für die Praxis gelernt.

Einmal wollte er mich nach Haseloff schicken, dort wäre ein Jährling, ein einjähriges Fohlen, an Kolik erkrankt. Zwei Tierärzte hätten es schon behandeln wollen. Sie hätten nichts erreicht. Nun sollte er den Jährling behandeln und wollte mich schicken. Ich lehnte ab, ich wäre noch zu unerfahren und was sollte ich als Assistent dort machen, wenn schon zwei gestandene Tierärzte nichts erreicht hätten? Es half nichts, mit dem Argument, das wäre meine zukünftige Praxis, schickte er mich nach Haseloff. Mit dem Sohn des Bauern Otto Benke versuchten wir dem armen Fohlen zu helfen. Sicher hat der Bauer gedacht, was will dieser junge Knott schon machen? Der Sohn und ich, wir versuchten das Pferd irgendwie etwas zu beruhigen, damit ich erst mal eine Spritze geben konnte. Das Getobe ging hin und her. Mal lagen wir auf dem Pferd, mal lag es teilweise auf uns. Wir konnten es doch einmal kurz mit dem Kopf ins Stroh drücken, das reichte, um dem Pferd das Medikament in die Vene am Hals zu spritzen. Schließlich schafften wir es noch, dem Pferd die Magenschlundsonde, einen ca. 1,50 m langen Gummischlauch, in den Magen zu schieben und einen Eimer voll mit Wasser und beigegebenen Medikamenten einzugeben. Der Jährling wurde gesund. Das sprach sich rasend schnell unter den Bauern in den Dörfern herum. Als ich später in Niemegk als Praktiker anfing, war mir dieser Ruf schon vorausgeeilt.

Bei Dr. Winter habe ich sehr viel gelernt. Ich bin auch der Meinung, dass das eine ausgezeichnete Schule für mich war. Leider operierte er nicht. Er war sehr konservativ. So endete meine Pflichtassistentenzeit und ich ging nach Niemegk.

4. Tierarzt in Niemegk

Umzug zu Lindes nach Niemegk

Am 1. Juli 1958 musste ich in Niemegk die erste Staatliche Tierarztpraxis im Kreis Belzig eröffnen. Ich wollte gern in einer Privatpraxis arbeiten, so wollten es auch die anderen Privatpraktiker des Kreises. Es führte kein Weg dorthin. In Niemegk hatte man nicht mal eine richtige Wohnung für uns. So kamen wir bei der Familie Linde unter. Herr Linde hatte ein Elektroinstallationsgeschäft. Es war unser neues Zuhause. Eine kleine Kammer war unsere Küche und unser „Badezimmer“, das aus einer Waschschüssel bestand.

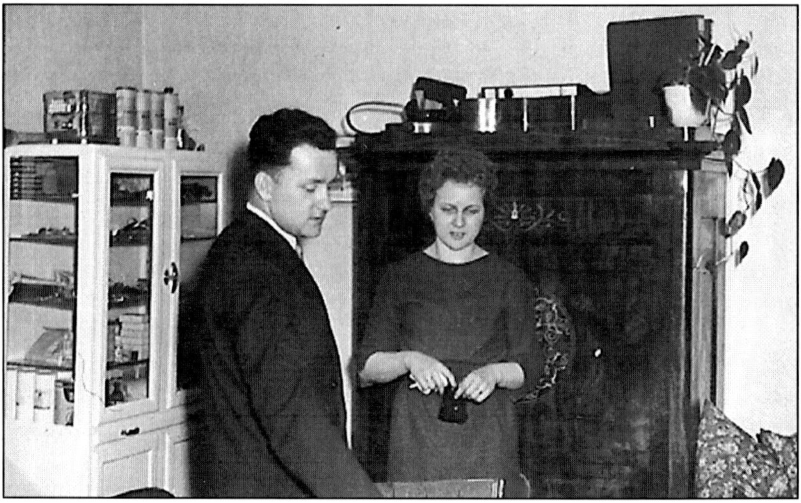

Wohnzimmer mit Instrumentenschrank bei Lindes

Trotzdem haben wir uns beide bei Lindes sehr wohl gefühlt. Lindes waren wie Eltern zu uns. Anfangs hatten wir kein Telefon, alles lief über Lindes Telefon. Frau Linde nahm die Gespräche meiner Klienten entgegen, bis ich ein eigenes Telefon bekam. Im Rahmen der Neugliederung der Kreise kamen die Dörfer Zeuden, Lobbese und Pflückuff zum Kreis Jüterbog. Die Telefone aus diesen Dörfern blieben im Amt Niemegk. So wurden einige Telefonnummern frei, von denen ich eine Rufnummer bekam.

Heiligabend gingen wir beide in die Kirche. Ich hatte Bereitschaftsdienst. Frau Linde „bewachte“ unser Telefon, das wir ins Schlafzimmer gestellt hatten. Als wir aus der Kirche kamen, sagte uns Frau Linde, dass noch ein Anruf gekommen wäre. Ich fuhr hin und habe das erledigt. Später erzählte uns Frau Linde, dass sie, als das Telefon läutete, ins Wohnzimmer gestürzt wäre, um das Gespräch entgegenzunehmen. Das Telefon stand meistens auf dem Schreibtisch, dieses Mal stand es nicht da. Frau Linde machte kehrt und wollte ins Schlafzimmer. Als sie das Zimmer verließ, raschelte es hinter ihr. Unser kleiner Weihnachtsbaum, der auf einem Nähmaschinenschrank stand, war mit Kugeln, Lametta und Kerzen abgestürzt und lag im Zimmer. Frau Linde hat ihn wieder aufgebaut. Es war ihm nichts anzumerken.

Die schnelle Tasse Kaffee

Nachmittags guckte ich oft mal schnell zu Hause vorbei, ob noch Praxisaufträge anliegen würde. War Karin unterwegs, dann rief Frau Linde schon die Treppe hoch, ich sollte mir keinen Kaffee kochen, sie hätte ihn schon so gut wie fertig. Das stimmte nie. Sie fing dann erst an, den Kaffee zu kochen und rannte noch wegen eines Stückchen Kuchens zum Bäcker. Das war alles lieb und nett, hat mich aber viel Zeit gekostet.

Karin macht den Führerschein

Als wir nach Niemegk kamen, machte Karin auch den Führerschein. Das haben wir bis heute nicht bereut. Im Gegenteil, es war immer sehr schön, wenn sie unabhängig von mir vieles erledigen konnte. Sie fährt noch heute nach Berlin. Dort ärgert sie sich immer über den Parkplatzmangel und parkt nicht gerne in enge Parklücken ein. Es ist so wichtig, dass auch der Partner Autofahren kann. 2006 hatte ich mir den Knöchel gebrochen und lag 10 Wochen auf „Eis“. So war Karin unabhängig und konnte mit dem Auto alles erledigen. Viele Männer „dulden“, dass die Frau den Führerschein hat, aber fahren dürfen sie niemals mit dem Auto. Ein toller Blödsinn!

Zwei Garagen

Zum Jahresende 1958 bekam ich einen Dienstwagen, einen P 70 Kombi. Nun brauchte ich zwei Garagen. Bei Lindes war kein Platz. Für den Privatwagen fand ich eine Garage in der Rosenstraße. Für den Dienstwagen konnte ich eine Garage bei Herrn Hahn auf dem Hof seiner Vulkanisierwerkstatt mieten. Es war nachts immer recht unangenehm und zeitaufwändig, wenn man in die Praxis fahren musste. Erst ein Stück laufen, dann konnte man fahren. Wir hatten damals im Kreis noch keinen geregelten Bereitschaftsdienst, deshalb musste man 24 Stunden erreichbar sein. Es war immer viel zu tun. Karin sagt heute noch, dass sie damals das Warten gelernt hat. Abends oder nachts war sie immer froh, wenn sie den „Papp 70“ hörte, wenn ich am Markt um die Ecke gefahren kam.

Der Neubau in der Jüterboger Straße

Anfang 1959 kam der Bürgermeister zu mir, ob denn der Kreis oder Bezirk Geld für einen Hauskauf hätte? Ein Niemegker war Objektleiter bei der HO, hatte sich ein Haus gebaut, das im Rohbau fertig war und hatte nun kein Geld mehr. Er hatte von der Bank einen Kredit, den er zurückzahlen sollte. Man hatte ihn dabei ertappt, wie er Rechnungen für sein Haus aus der HO-Kasse bezahlt hatte. Er wurde in einem Gerichtsverfahren verurteilt. Nun musste das Haus in der Jüterboger Str. 25 verkauft werden. Bewerber gab es genug. So kam der Bürgermeister zu mir. Wir wohnten noch immer zwischen Instrumenten und Medikamenten auf engem Raum bei Lindes.

Ich nahm die Baupläne, fuhr damit zum Bezirkstierarzt nach Potsdam, der das Haus über den Bezirk kaufte. Das Haus war im Rohbau fertig und musste innen noch fertig ausgebaut werden. Dazu wurde der Kreis verpflichtet. Da kam so einiges zusammen. Der Besitzer wollte eigentlich das Haus nur im unteren Geschoss ausbauen. Ihm genügten ein Wohn- und ein Schlafzimmer, ein Bad und die Küche. Das Haus war vollständig unterkellert, sehr schön. Die gerade gegründete PGH Bau bekam den Auftrag, das Haus fertig zu stellen. Damit verbunden war der Ausbau des Obergeschosses. Die Herren taten sich etwas schwer. Man musste für das Badezimmer einen Stützbalken versetzen. Es war schlimm, sie meinten,

Der Rohbau Jüterboger Str. 25 und Dienstwagen P70 Kombi

wenn der Stützbalken versetzt würde, würde das ganze Haus zusammenfallen. Schließlich haben sie es doch geschafft, ich hatte nicht nachgegeben. So haben wir oben im Haus drei Zimmer und ein Badezimmer bekommen. Herr Henkel, einer der Leiter der PGH, war mein Ansprechpartner. Er ließ sich immer wieder ärgern. Kam ich dort ins Büro und wollte noch etwas wegen des Baues besprechen, erinnerte ich ihn daran, dass noch einige Stellen zu „verschmieren" wären. Jedes Mal fiel er darauf rein und belehrte mich von Neuem, „ Maurer verschmieren nicht, Maurer verputzen!"

Das Haus hatte und hat einen großen Mangel. Der Besitzer hat auf dem Marktplatz ein altes Haus abgerissen und die alten Steine für den Kellerbau genutzt. Leider stammen die Ziegel aus der Niemegker Ziegelei und die enthalten Salpeter. Wir mussten später für den Heizungsbau große Flächen im Keller isolieren. Das Haus hatte noch einen Nachteil, es hatte nur zwei gesetzte Öfen in den beiden großen Zimmern. In der Küche stand ein Gasherd mit Heizmöglichkeit. Im geplanten Bad unten hatte ich meine Apotheke eingerichtet, hier gab es gar keinen Ofen. Oben in den drei Zimmern hatte man transportable Öfen hingestellt. Dafür waren die Kohlen zu zerkleinern, Holz musste ganz klein gesägt werden, so klein waren die Feuerungslöcher. Das schienen Ladenhüter zu sein, die man auf diese Weise loswerden wollte. Waren die Öfen durchgebrannt, blieben die Zimmer für etwa eine Stunde warm, dann wurde es wieder kalt. In kalten Wintern war das übel. Im Bad hatte man einen Außenwanderhitzer eingebaut, der mit Gas betrieben werden musste. Ein übles Gerät, das man schlecht zünden konnte.

Einbau einer Zentralheizung

1969 hätten die Öfen im ganzen Haus erneuert werden müssen. Der Stadt habe ich den Vorschlag unterbreitet, ob man nicht eine Zentralheizung einbauen könnte, ich würde mich zur Hälfte an den Kosten beteiligen. So geschah es. Was an Material belegt werden konnte, bezahlte die Stadt, Lohn usw. habe ich bezahlt. Als Schwarzbau konnte ja nur an Wochenenden gebaut werden. Endlich hatten wir ein warmes Haus. Allerdings war das Dach überhaupt nicht isoliert. Die oberen Zimmer hatten alle eine Dachschräge. Der Drempel hat eine Höhe von 80 cm. Das hatte den Vorteil, dass wir nur für den Teil des Zimmers Miete zu zahlen hatten, soweit die Decke gerade war. Um Platz in den Zimmern zu haben, standen unsere Ehebetten mit den Kopfenden unter der Dachschräge. Im Winter bin ich oft durch die Kälte aufgewacht, die mir direkt ins Gesicht fiel. Unter den Dachziegeln war ein großer leerer Zwischenraum, dann waren ein paar Bretter für die Sauerkohlplatten an die Balken genagelt. Die Sauerkohlplatten waren verputzt und darauf war die Tapete geklebt.

Es gab noch richtige Winter

So konnten Kälte im Winter und Hitze im Sommer ungehindert ins Zimmer kommen. 1998 hatte das endlich nach dem Neueindecken des Daches ein Ende. Dicke Isoliermatten schützen uns heute davor.

Im Winter konnte ich manchmal kaum laufen. Meine ganze Hinterpartie war steif. Ich dachte schon an Ischias und ähnliche Erkrankungen. Da machte mich mein Freund Dr. Hanjo Müller aus Treuenbrietzen darauf aufmerksam, dass das nur eine Muskelentzündung wäre, die durch den kalten Autositz im Winter, wenn ich nachts in die Praxis musste, hervorgerufen wurde. Beim Bau der Heizung habe ich gleich die Garage mit anschließen lassen, obwohl eine Leitung von 10 m unter dem Beton des Hofes verlegt werden musste. Seitdem gab es keine Muskelentzündung mehr. Außerdem tat die Temperatur so um die +6 bis +7° den Medikamenten im Auto auch gut.

Der Hauskauf und Erneuerungen

1981 konnten wir das Haus und 1989 den Grund und Boden von der Stadt kaufen.

Im Haus war noch ein Kuriosum zu beseitigen. 1981 ließen wir nach dem Kauf alle Fenster erneuern. Das Haus hat 11 Fenster. Die beiden großen Fenster im Wohn- und Esszimmer und das Verandafenster waren neu. Die übrigen 8 Fenster waren alt bis sehr alt, einfach und nicht ein einziges Fenster glich dem anderen. Oben waren vier Fenster, die alle hätten gleich sein können oder müssen. Jedes hatte ein anderes Maß. Die Fenster stammten alle aus dem Hausabriss auf dem Markt.

Mit dem Umbau der Heizung 1991 auf Öl und der Neueindeckung der Dächer von Haus und Garage 1998 ist für uns der Umbau beendet. Jetzt sind wir Rentner!

Hochzeit und Autokauf

Am 3. Juli 1958 wurde in Treuenbrietzen geheiratet. Dafür gab man mir einen Tag Urlaub. Da ich der erste Staatspraktiker war, wie man das auch nannte, hatte der Kreis keine Ahnung, wie das laufen sollte. Ein Dienstwagen stand nicht zur Verfügung, so musste ich mir mit Sondergenehmigung privat einen P 70 kaufen. Die Tante meiner Frau saß im Büro der HO-Leitung und sorgte dafür, dass ich mit einem Kraftfahrer der HO (Handelsorganisation) per Zug nach Zwickau fahren konnte, um mir im Werk ein Auto auszusuchen. Ich nahm eine Limousine mit Schiebedach. Einen Kombi wollte ich nicht. So fuhren wir in Zwickau ab. Es hatte leicht geschneit, die Straßen waren glatt und an meinem Auto ging ewig eine gelblichweiße Lampe nicht aus. Ich wusste nicht, was das zu bedeuten hatte, es konnte ja eine Warnlampe sein? Der Fahrer der HO sauste mit dem Kombi wie ein Wilder los. Ich hatte auch keine Fahrpraxis mit dem P70 und fuhr langsam hinterher. Auf einem Parkplatz der Autobahn hielt er schließlich an, meckerte ein bisschen mit mir rum, erklärte mir, dass der Motor noch zu kalt wäre, darum ginge die Lampe nicht aus. Etwas beruhigter fuhr ich dann auch etwas schneller. Man hatte uns in der Fahrschule gelehrt, dass unsere DDR-Zweitakter immer erst ein paar tausend Kilometer langsamer eingefahren werden müssten, sonst würde der Motor festbrennen.

Die erste Rindergeburt

Ich hatte mich inzwischen in der Praxis gut eingelebt, fühlte mich in allen Fällen recht sicher, hatte ja einen hervorragenden Lehrer. Allerdings hatte ich noch keine Rindergeburt gemacht, hatte so meine Bedenken. Als ich in der Praxis unterwegs war, mein Bruder war mitgefahren, erreichte mich ein Anruf, in der LPG Neuendorf bei Niemegk wäre eine Kuh krank. Als ich in den Stall kam, zeigte man mir eine Kuh, die nicht kalben konnte. Mir fiel das Herz in die Hosentasche. Eine Unsicherheit ließ ich die Leute nie merken, ich war immer forsch drauf. So ging ich munter ans Werk und holte ein gesundes Kälbchen auf die Welt. Geburten bei allen Tierarten waren später meine Lieblingsbeschäftigung.

Ein guter Start

In der Praxis hatte ich auch viel Glück bei meinen Behandlungen. Das sprach sich unter den Bauern herum. Wenn es mal nicht so klappte, waren sie der Meinung, es ging nicht anders. Als jüngster Tierarzt damals im Kreis holten mich oft die älteren Kollegen, sie waren fast alle schon Rentner und baten mich um Hilfe, wenn körperlich schwere Arbeiten anstanden, wie die Geburtshilfe bei einer Kuh. Manchmal war es mir peinlich, wenn mich einer der alten Herren um Hilfe bat, wenn er mit einem Krankheitsfall nicht weiterkam. Ich konnte meistens helfen. Die Bauern akzeptierten das.

Der erste Kaiserschnitt bei einer Kuh

In Brück arbeitete Herr Dr. Höflich, ein Privatkollege so Mitte 40, für den ich oft Vertretung machen musste. Er litt an der Verkalbeseuche (Morbus Bang in der Humanmedizin genannt). Da musste er so manche Woche im Bett liegen. Wenn ich ihn in seiner Praxis vertrat, besuchte ich ihn oft. So gegen 14 Uhr bekam er einen Fieberschub und war nicht mehr ansprechbar. Dann zog ich ab. Eines Abends rief gegen 21 Uhr ein Bauer Schröder aus Linthe an, seine Kuh könnte nicht kalben. Ich machte wieder Vertretung, meine Frau kam mit. Der Bauer war Mitglied der LPG geworden und hatte nur diese eine Kuh. Die Kuh war sehr großrahmig. Die Geburtswege waren sehr eng. Da kriege ich das Kalb nicht durch, dachte ich so im Stillen. Was nun? Eine Embryotomie (Zersägung des Kalbes im Mutterleib) traute ich mich auch nicht zu machen. Der Geburtsweg erschien mir auch dafür zu eng. Da blieb nur der Kaiserschnitt übrig, den ich inzwischen bei vielen Sauen mit Erfolg gemacht hatte. Ich hatte weder an der Uni, noch bei einem Kollegen einen Kaiserschnitt beim Rind gesehen. Ob das bei einer Kuh wie bei einer Sau auch gehen könnte, wusste ich nicht. Schlau, wie ich war, hatte ich mir schon vor Jahren ein Buch mit dem Titel „Schnittentbindung beim Rind“ gekauft. Ich hatte nie in dieses Buch geguckt. Jetzt kommt die Strafe, dachte ich. Ich entschloss mich zum Kaiserschnitt, fuhr nach Hause, um meine Instrumente zu holen. Vorher fragte ich noch, wer mir von den Anwesenden beim Kaiserschnitt helfen wollte? Er müsse aber standfest sein. Bei Kaiserschnitten beim Schwein hatte ich es schon erlebt, dass Helfer angeblich mal vor die Tür gehen wollten und nicht wiederkamen. Nachher hatten wir immer die Ursache des Nichtwiederkommens vor der Tür liegen sehen. Jedenfalls meldete sich ein Nachbar Kuck und ein Melker Pilsner der LPG. Sie mussten, während ich nach Hause fuhr, die Kuh in der Flanke, wo ich schneiden wollte, rasieren und sollten sich anschließend die Hände tüchtig waschen. Das machten sie vorbildlich. Meine Frau kam nicht wieder mit. Ich hatte fast alle Instrumente, die ich besaß, ins Auto gelegt. Die Kuh lag auf der rechten Seite, ich legte eine Lokalanästhesie um die Schnittstelle, dann ging es los. Meine Helfer waren einwandfrei. Das war bei solchen Operationen sehr wichtig. Bald hätte ich noch einen großen Fehler gemacht. Die Gebärmutter war frei, ich hielt die linke Hand auf die Gebärmutter und drehte mich nach dem Skalpell, um damit die Gebärmutter zu öffnen. Wie ich noch einmal so richtig hingucke, denke ich, die Gebärmutter sah doch eben noch viel heller aus, jetzt ist sie ganz dunkel? Da war mir unbewusst die Hand auf den Dickdarm abgerutscht. Das wäre eine absolute Pleite gewesen. Ein strammes Kalb kam zum Vorschein, die Kuh machte auch einen munteren Eindruck. Fast drei Stunden hatte die OP gedauert. Bei späteren OPs ging das schneller. Ich musste doch ziemlich suchen und gucken. Nun wollte ich am nächsten Morgen hören, ob die Kuh und das Kalb lebten. Schröder sollte mich anrufen. Er rief nicht an. Da kamen doch Befürchtungen auf, es wäre nicht gut gegangen. An diesem Tag fuhr ich zuerst in die Brücker Praxis und zu dem Bauern. Der begrüßte mich freudestrahlend, „Die Kuh fresst und das Kalb sauft!“, waren seine Worte. Ich freute mich riesig über die gelungene Operation. Allerdings war mein Kollege in Brück nicht so davon begeistert, er fürchtete um seinen Ruf.

Eine traurige Geburt beim Pferd

Als ich etwa um kurz nach 3 Uhr nachts wieder zu Hause war und mich ins Bett gelegt hatte, klingelte das Telefon. Ein junger Kollege Dr. J. aus Belzig erklärte mir, er wäre in Preußnitz in der LPG. Dort könnte eine Stute nicht fohlen, er käme nicht weiter, ob ich ihm helfen würde? Ich fuhr sofort los, denn bei Pferdegeburten musste man schnell sein. Als ich in den Stall kam, hingen zwei Bauern mit ihren Armen bis an die Schulter in der Stute. Ich „verscheuchte“ sie und untersuchte die Stute. Das Fohlen war schon tot, die Gebärmutter war zerrissen! Meine Kaiserschnittinstrumente hatte ich noch im Auto. So wurde in einem Wecktopf das ganze Instrumentarium auf einem Herd sterilisiert und die Stute aufgeschnitten. Es hatte keinen Zweck. Die Stute war durch die Risse im Uterus in die Bauchhöhle verblutet. Ich schläferte sie ein und nutzte die Gelegenheit, die Bauchhöhle völlig zu eröffnen, um mir das genau anzusehen. Später musste ich nie eine Stute aufschneiden, die Fohlen holte ich alle normal auf die Welt. Am Nachmittag traf ich ganz zufällig unseren Kreistierarzt, Herrn Rat: „Hast' wohl eine blutige Nacht hinter dir!“, war seine Rede, mehr sagte er nicht. Das war typisch für ihn und ein ganz großes Lob.

In Lühnsdorf gab es bei der LPG einen Brigadier, der zu jeder Sache „ochnoch“ sagte. So hatte er bald den Spitznamen „Ochnoch“ im Dorf. Ihn traf ich mal, nachdem ich den Kaiserschnitt bei der Kuh in Linthe gemacht hatte. „Kann man denn sowat och bei einer Kuh machen?“, fragte er mich. „In Linthe soll eener sowat jemacht haben! Ob denn det stimmt?“ Ich stellte mich dumm und gab ihm eine ausweichende Antwort. Das nächste Mal, als ich nach Lühnsdorf kam, drohte er schon freundschaftlich von weitem mit der Hand. Inzwischen hatte es sich herumgesprochen, wer der Operateur war.

Kaiserschnitt bei einer Sau in Hohenwerbig

Mein Schwager besuchte mich einmal, ich wurde gerade zu einer Sauengeburt gerufen. Mein Schwager kam mit und konnte bei einem Kaiserschnitt zugucken. Als wir wieder im Auto saßen, sagte er mir, dass ich vom ersten Schnitt bis zum letzten Stich der Naht 20 Minuten gebraucht hätte!

Immer ging das nicht so schnell. In Hohenwerbig, wo ich meinen ersten Kaiserschnitt bei einer Sau gemacht hatte, wo die vielen „Helfer“ alle mal vor die Tür geguckt und ihr Abendbrot abgeliefert hatten, war wieder ein Kaiserschnitt bei einer Sau fällig. Ich hatte zu Hause gerade Kaffee getrunken, als ich zu dieser Geburt gerufen wurde. Kaiserschnittinstrumente für eine Sau hatte ich immer dabei. Ich hatte mir auch gerade nach dem Kaffee, damals rauchte ich noch, eine schöne, wie die Bauern immer sagten, „S-Bahn-gefahrene“ Zigarre angesteckt. Ich wollte sie auch nicht ausmachen und rauchte die Zigarre weiter. Ich behielt sie über die Sau gebeugt im Mund, plötzlich wurde mir recht komisch. Ich nahm schnell die Zigarre aus dem Mund, sonst hätte ich neben der Sau gelegen.

Brigadebesprechung in Niemegk am Sauenstall

Beim Ferkelimpfen

Als Lehrtierarzt mit einem Assistenten und einem Praktikanten beim Impfen eines Ponyfohlens bei Olberg

Ich wurde Lehrtierarzt

Nach dem ersten Jahr in Niemegk hatte mich der Bezirkstierarzt zum Lehrtierarzt berufen, obwohl ich ihm sagte, dass ich selbst noch Lernender sei. Es half nichts. Ich wurde Lehrtierarzt und muss heute sagen, dass das auch für mich interessant war und ich viel von den Studenten lernen konnte. Von 1962 bis 1974 bildete ich 10 Pflichtassistenten, 5 Pflichtpraktikanten und 3 Veterinäringenieure aus. Dann hörte ich auf.

Ein Fall für die Stasi - 24 IM haben mich bespitzelt

Von der Gauck-Behörde hatte man mir 24 Klarnamen von IM mitgeteilt, die sich in meiner Akte verewigt hatten. Ich hatte den Antrag auf Einsichtnahme gestellt, weil ich einmal wissen wollte, ob sich in unserer Niemegker Staatlichen Tierärztlichen Gemeinschaftspraxis ein Spitzel eingenistet hatte. Es war keiner dabei.

Ein IMV schrieb, ich würde meinen Assistenten und Praktikanten die Arbeit machen lassen. Weil man mir Dörfer weggenommen hatte und ich nicht mehr so viel Geld verdiente. Wir bekamen unseren Lohn nach der Betreuung von Großvieheinheiten berechnet. Ich hatte manchmal das Doppelte an Großvieheinheiten und bekam keinen Pfennig mehr. So ging es anfangs allen Kollegen, als wir noch nicht genügend Tierärzte waren.

Ich ließ meine Assistenten und Praktikanten selten allein. Sie mussten selbständig operieren lernen. Dazu war das Ferkelkastrieren, die Operation von Binnenebern usw. eine ideale Gelegenheit. Allerdings konnte ich merkwürdigerweise da gar nicht so richtig zuschauen. Ich ging meistens etwas spazieren, nachdem ich ihnen gezeigt hatte, wie das geht und sie es auch selbständig gut konnten. Bis heute verbindet mich noch ein enger Kontakt zu den ehemaligen Assistenten und Praktikanten. Das wäre sicher nicht der Fall, wenn ich, wie der Herr da oben behauptet, sie ausgenutzt hätte.

Zum IMV „Heier" konnte man in dem Bericht noch Folgendes lesen. Ich hatte erst 1961 mein Doktorexamen gemacht. Es war einmal recht schwer, eine Arbeit zu bekommen. Zum anderen kam bei dem ersten Thema nichts heraus, daraufhin erhielt ich ein zweites Thema. Beim IMV heißt es dazu: „ ... und durch eine kleine Zusatzarbeit wurde ihm der Dr. zugesprochen." Das fand ich ganz toll! Man warf also den Studenten so einfach den Doktor hinterher. Wenn das so einfach gewesen wäre...

Als Einschätzung steht in meiner Stasi-Akte: „Bürgerliche Denk- und Verhaltensweise, in seinem Beruf sehr gut, Westkontakte haben keine operativ interessanten Anhaltspunkte gegeben."

Fast alle IM betonten in ihren Berichten, dass ich ein guter Tierarzt wäre. Kritisch angemerkt wurde, dass ich mich nicht mit jedem geduzt hätte. Das stimmt. Ich hielt es für eine bessere „Geschäftsbeziehung", wenn ich mich mit den Bauern und Viehpflegern „siezte". Ich respektierte sie, sie mich. Das ging sehr gut. Es gab hin und wieder Bauern, mit denen ich mich doch duzte oder aus anderen Gründen duzen musste. Mit dem LPG-Vorsitzenden Kernchen aus Locktow saß ich mal so gegen Abend in Locktow in der Kneipe. Wir erzählten und kamen auf unseren damaligen Kreistierarzt Dr. Hosang zu sprechen.

Dr. Hosang

Herr Kernchen meinte, mit mir würde er Pferde stehlen, aber nicht mit Hugo. Hugo war Dr. Hosang. Mir ist es eben auch passiert, dass ein Brigadier, mit dem ich mich durch verwandtschaftliche Beziehungen seiner Frau mit meinem besten Freund Harri aus Borne kannte, mir vorwarf, ich sollte mich nicht so dämlich haben und den Versicherungsschein für eine gestorbene Kuh ausfüllen. Von der Kuh wusste ich nichts, ich hatte sie nicht behandelt. Hätten wir uns gesiezt, hätte er nicht so gesprochen. Ich habe auch immer geistig Minderbemittelte geachtet und sie vernünftig angesprochen, obwohl sie in den Dörfern als „doof" angesehen wurden. Allerdings habe ich in Buchholz mal einen angesprochen, er sollte das und das richtig machen. Da guckte er mich von unten an und sagte zu mir: „Du guckst schon so!" Ich hätte vor Lachen umfallen können. In Zixdorf lebte auch solch ein junger Bursche. Er freute sich immer riesig, wenn ich ins Dorf gefahren kam. Dann rannte er vor Freude durchs ganze Dorf und rief laut: Tierauto ist da!

Kaiserschnitt bei einer Sau in Lühnsdorf

Ich war schon einige Jahre in der Praxis und musste in Lühnsdorf einen Kaiserschnitt bei einer Sau machen. Es ging alles wie geschmiert. Anschließend fragte mich der alte Herr Senst, was ich denn für die OP bekäme? „Ich bekomme nichts, da kommt eine Rechnung, alle, die geholfen haben, bekommen einen Schnaps", war meine Antwort. Das habe ich nach jeder schweren Geburt oder OP gemacht. Das war richtig gut. „Jott ach Jott", sagte Herr Senst, „ick habe jar keenen Schnaps im Haus!" Er wollte dann einen Schnaps in der Dorfkneipe ausgeben. Dort saßen wir im kleinen Vereinszimmer und jedes Mal, wenn ein Lühnsdorfer in das Zimmer kam, wurde er von W. Thiele gefragt, ob er denn den Doktor sprechen wollte? Wenn er wollte, musste er eine Stubenlage geben. So kamen wir ganz schön ins „Schlucken". W. Thiele durfte leider keinen Schnaps trinken, weil er „Thomasmehl" auf dem Acker gestreut hatte, der sich nicht mit Alkohol vertrug.

Das Telefon klingelte, meine Frau meldete ein Pferd mit Kolik in Groß-Marzehns. Es war schon dunkel, da nahm ich meinen Pflichtassistenten Schlott an die Hand und ab ging die Post zum Pferd nach Groß Marzehns. Dort hoffte ich, dass Herr Schlott im Auto bleiben würde, er hatte bei der Fete in Lühnsdorf tüchtig mitgehalten. Er stieg mit aus. Hoffentlich, dachte ich, fällt dem Bauern Elfenthaler nicht der Alkoholgeruch auf. Er merkte nichts davon. Ich war immer recht trinkfest und machte zum Glück nie bei der Arbeit einen Fehler. Ich untersuchte und behandelte das Pferd. Es ging alles seinen Gang. Im Auto erzählte mir Herr Schlott, ich wäre ja unheimlich schnell gewesen. Einmal wäre ich an dem und dann schon wieder an dem anderen Pferd gewesen. Ich hatte nur ein Pferd behandelt!

Ein Klassentreffen in Burg im Spreewald

Seit der Wende treffen wir uns alle zwei Jahre. Vor etwa drei Jahren war Burg im Spreewald unser Ziel. An einem Abend war ein Grillabend in der Bungalowsiedlung angesetzt, in der wir wohnten. Das Essen war zu Ende. Wir saßen alle gemütlich beisammen, der Gesprächsstoff war etwas ausgegangen. Um die Sache zu überbrücken, berichtete ich noch einmal von unserem ersten Klassentreffen. Da ich nun einmal beim Reden war, holte ich meine Stasiakte heraus und gab so manchen Bericht zum Besten. Der Abend war gerettet. Die meisten kamen nicht aus dem Lachen heraus. Einer, hinter dessen Stuhl ich gerade stand, saß immer steifer da. Ich merkte das schon. Später hielt er mir vor, dass der Westen durch seinen BND auch Menschen bespitzeln ließ!

Weitere Stasiberichte

So stellte IMV „Heier" weiter fest, dass ich anfangs auf Pferde spezialisiert gewesen wäre (was nicht stimmte). Nach Meinung des IMV „ist der R. (damit meint er mich) zu groß geworden. Nach außen hin vertritt er eine positive Meinung, sein Inneres ist aber völlig negativ eingestellt.... z.B. ist bei ihm nie eine Fahne bei Feiertagen zu sehen. Der R. leistet auch keine gesellschaftliche Arbeit im Ort.... Es kann eingeschätzt werden, dass R. einen großen Einfluss auf die Einwohner Niemegks und die Bauern der Landgemeinden ausübt. .... Die beruflichen Leistungen des R. sind als sehr befriedigend und als sehr gut einzuschätzen." Das muss ich den Genossen lassen, sie schätzten meine Arbeit. Viele Jahre war ich stellvertretender Kreistierarzt, obwohl ich kein Genosse war.

Zum 25. Jahrestag der DDR wurden wir drei staatlichen Tierärzte von Niemegk zur Feier eingeladen. Man hatte durch einen Umbau im Saal ein paar Plätze mehr, die man verteilen konnte. Vorher wurden wir Tierärzte nie eingeladen. Schon etwas später ging ich zur Toilette und traf beim Händewaschen meinen Kollegen Dr. Muche und den LPG-Vorsitzenden Wittstock. Die LPG und die Betriebe mussten die Feier bezahlen. Als wir wieder in den Saal gehen wollten, drängelte sich ein Bürgermeister durch die Tür. Er hatte seine Orden, die er mal in der DDR erhalten hatte, an seinem Jackett befestigt. Die Orden klapperten ganz schön, da soll ich zu ihm gesagt haben: „Was kommt denn da für ein Kaspar mit seinem Klempnerladen?" Daraufhin berieten die Obersten, ob sie mich des Saales verweisen sollten. Sie taten es nicht.

Während dieser Zeit vertrat ich wieder unseren Kreistierarzt Dr. Kurtz. Er war im Urlaub und kam am Montag nach der Feier wieder zum Dienst. Dienstag, so haben wir es immer gehalten, fuhr ich nach Belzig, um ihm die Dienstgeschäfte zu übergeben. Als stellvertretender Kreistierarzt durfte ich mit meinem Dienstwagen auf den Hof beim Rat des Kreises fahren. Als ich ausstieg, standen die „Öbersten" des Kreises zufällig auf dem Hof zusammen. „Na, Doktor, hast wohl wieder Mist gebaut!", sagte einer. „Du brauchst aber keine Angst zu haben, da passiert nichts!" Es passierte auch nichts. Diese Sache war in zwei IM-Berichten genau beschrieben. Vielleicht hätte man das hervorgeholt, wenn man mir etwas Verwerfliches vorwerfen wollte.

Fluchthelfer

Mich interessierte auch, ob die Stasi gewusst hat, dass ich meiner Cousine zur Flucht nach Westberlin verholfen hatte, also Fluchthelfer war. Sie wussten es nicht. Wie war ich zu dem Auftrag gekommen?

Meine Tante, eine Schwester meiner Mutter wohnte in Rostock. Sie war bei der Bahn angestellt. Ihre Tochter, meine Cousine Hanni, war Sängerin im Chor und manchmal auch als zweite Besetzung im Theater in Zittau. Sie hatte einen Sohn Tom von einem Schauspieler aus Dresden. Hanni war eine hübsche Frau. Sie war groß, hatte eine gute Figur und prächtiges von Natur aus rotes Haar. Hanni fiel überall auch durch ihr Auftreten auf. Tom war allerdings ziemlich schlecht erzogen und steckte voller Unsinn. Wenn Mutter abends zur Vorstellung ins Theater ging, war sich Tom selbst überlassen. Hanni verkehrte in Zittau auch in politisch zweifelhaften Kreisen und stand unter „Stasi-Beobachtung". Das erfuhr ich alles sehr viel später. Eines Tages rief meine Tante aus Rostock an, Hanni wollte sie besuchen und ob wir nicht auch nach Rostock kommen möchten. Wir setzten uns ins Auto und fuhren ahnungslos nach Rostock. Als ich mit dem Auto vor der Haustür meiner Tante hielt, öffnete sich zufällig die Tür und Hanni erschien in voller „Bemalung" (Make up) auf der großen Treppe, die zum Haus hoch führte. Es war eine richtige Freitreppe, für Hanni eine Bühne! So kam sie mit offenen Armen und laut gestikulierend die Treppe herunter und empfing uns. Ich kannte ihre Auftritte, Karin noch nicht. Sie war doch recht schockiert.

Abends ließ meine Tante die Katze aus dem Sack. Es war das Jahr 1961 und beide hatten die Absicht, im September die DDR zu verlassen! Ich war recht ärgerlich darüber, dass sie uns eingeweiht hatten. Da ließen sie die zweite Katze aus dem Sack. Hanni war bei der Stasi gut bekannt und stand auch im Fahndungsbuch der Grenzer. Sie durfte nicht nach Berlin fahren, sie hatte Berlinverbot, man würde sie aus dem Zug holen. Wollte sie zu ihrer Mutter nach Rostock fahren, musste sie mit dem Zug über Görlitz, Frankfurt/Oder, Angermünde usw. um Berlin herumfahren. Hanni musste also mit dem Auto nach Berlin gebracht werden. Das war die einzige Möglichkeit. Mich hatten sie auserkoren, dieses Amt zu übernehmen. Ich konnte schlecht Nein sagen. Ich riet ihnen nur, sie sollten sobald wie möglich abhauen. So wurde die Flucht für den Juni oder Juli geplant. Tom sollte vorher noch zu uns kommen. Falls seine Abwesenheit in Zittau auffallen würde, konnte man ihn jederzeit hier vorzeigen. Ihn brachten wir dann kurz davor nach Ostberlin zu meiner Schwester. Das habe ich auch drehen müssen, weil die Grenzer die Kinder im Ausweis eingetragen sehen wollten. Ich war immer nicht sehr freundlich mit den Grenzern und mein brummiges Gesicht hat ihnen sicher nicht gefallen, so ließen sie mich schnell weiterfahren. Tom war also in Berlin.

Mit Hanni hatten wir vereinbart, dass ich sie in Leipzig vom Hauptbahnhof zu einer bestimmten Zeit abholen sollte. Sie wollte und das durfte sie, mit einem D-Zug nach Leipzig kommen. Ich fuhr mit meinem Wartburg über die Landstraße nach Leipzig, um evtl. die Autobahnpolizei nicht stutzig zu machen. Auf ihre Begleitung bei der Rückfahrt war ich nicht erpicht. Ich hielt auf dem verabredeten Parkplatz vor dem Bahnhof an, ein Mann in Zivil kam zielstrebig auf mich zu. Jetzt haben sie dich, war mein erster Gedanke. Der Mann sprach mich an und erklärte mir, dass meine Cousine noch im Bahnhof beim Friseur wäre! Ich konnte es nicht glauben. Wir wollten möglichst unauffällig nach Berlin kommen, da geht sie zum Friseur und beauftragt noch wildfremde Menschen mit einer Nachricht für mich. Ich war sauer und wäre am liebsten abgehauen. Als sie kam, musste sie sich von mir eine rechte Standpauke anhören.

Als wir durch Leipzig zur Autobahn fuhren, fing sie plötzlich wie eine Blöde an zu schreien! Am Straßenrand stand ein ABV! (Abschnittsbevollmächtigter der Volkspolizei) Da habe ich sie noch einmal zusammengestaucht und ihr Verhaltensregeln eingebläut für die Grenze in Schönefeld bei Berlin. Das hat anscheinend gesessen. In Schönefeld hielt ich dem Grenzer beide Ausweise hin, er wollte den von Hanni noch selbst in die Hand nehmen, ich zog den Ausweis zurück und sagte zu ihm, wir hätten jetzt keine Zeit und fuhr ab. Das war geschafft. Ich brachte sie zu meiner Schwester. Abends gingen meine Schwester, eine Freundin, Hanni und Tom, der mit einem Roller nebenher rollerte, an der Sektorengrenze spazieren und schwupp waren sie in Westberlin.

Leider hat mich meine Cousine sehr enttäuscht. Ein paar Tage später fuhren Karin und ich noch einmal nach Berlin, um uns von ihnen zu verabschieden. Wir trafen uns in einem Kaffee am Ku'damm. Ich hatte sie dazu eingeladen. Außerdem habe ich ihnen noch Westmark geschenkt, damit sie zum Anfang ein bisschen Geld haben sollten. Der Kurs stand 1:5!

Danach kannte mich meine Cousine nicht mehr. Keine Post, keinen Gruß über irgendjemand. Im Mai 1989 hatte meine Tante in Hamburg 90. Geburtstag. Dazu erlaubte man mir mit einer Genehmigung nach Hamburg zu fahren. Ich traf auch Hanni, die mir am liebsten aus dem Weg gegangen wäre. Ich hatte schließlich alles für sie riskiert. Hätten sie uns erwischt, hätte man mich wie Dr. Hung eingesperrt, das Auto konfisziert usw. Das alles haben zum Glück meine Spitzel nicht gewusst!

Die Tierklinik Wittenberg

Anfangs hatte ich so meine Schwierigkeiten mit der Tierklinik. Als Dr. Schneiders nur noch dringende Fälle erledigte, hatte sich die Klinik Wittenberg vor allen Dingen in der LPG Garrey-Zixdorf eingenistet. Als ich nach Niemegk kam, gehörte diese LPG zu meiner Praxis. Als ich meinen Dienst in Zixdorf versehen wollte, sah ich ein Auto der Tierklinik auf dem Hof am Abkalbestall stehen. Im Stall wirkten ein Tierarzt und der Hufschmied Meister Dreißig. Ich stellte sie zur Rede, erklärte ihnen, dass ich für die LPG zuständig sei und keine Anweisung für die Tierklinik zur Mithilfe gegeben hätte. Sie hätten in dem Betrieb nichts zu suchen. Sie zogen ab und kurz danach wurden in einer Aussprache mit dem Chef der Tierklinik die Fronten geklärt. Seitdem hatten wir ein sehr gutes Verhältnis.

Einmal hat mich ein Bauer doch noch übers Ohr gehauen. Ich war in Garrey zur Rotlaufimpfung angemeldet. Der Schwager einer Bäuerin schickte ein Kind zu mir, ich müsste sofort zu der Bäuerin kommen, ihre

Kuh könnte schon ein paar Tage nicht aufstehen. Wenn ich nicht sofort käme, würde er die Tierklinik Wittenberg holen, die zufällig mit einem LKW in Kerzendorf, einem Dorf schon in Sachsen-Anhalt, wären. Ich schloss erst meine Impfung ab. Als ich auf den Hof kam, stand schon der Klinik-LKW dort. Im Stall lag die Kuh, völlig von der Tuberkulose aufgefressen. Sie sollten die Kuh zur Notschlachtung geben, sagte ich ihnen. Sie aber wollten sich gegen mich durchsetzen, haben die Kuh aufgeladen und nach Wittenberg gebracht. Dort schickten sie die Kliniktierärzte gleich weiter zur Notschlachtung. Bald kam die Rechnung und sie staunten nicht schlecht.

Studienrat und Ponyzüchter Olberg

In Niemegk hatten wir einen pensionierten Studienrat, Herrn Olberg. Er hielt sich Ponys und kaupelte ein bisschen mit dem Schriftsteller Erwin Strittmatter, der auch eine Ponyzucht hatte. Außerdem beschäftigte er sich mit Spinnen. Die Spinnen, es waren ganz ausgefallene Arten, sperrte er in ein Fenster, das zwar wie ein Schaufenster aussah, aber nicht so groß war. Die Spinnen beobachtete er jeden Tag und fotografierte sie in allen möglichen und unmöglichen Stellungen. Wenn er sie erforscht hatte, schrieb er darüber ein Heftchen in der „Brehmreihe", in der populärwissenschaftliche Arbeiten veröffentlicht wurden. Olberg war ein hochintelligenter Mann, der aber immer recht schludrig umherlief. Sein großes Hobby waren die Ponys. Er züchtete sie auch. Ich war sein ernannter Haus- und Hoftierarzt, obwohl ich gar nicht so gerne zu ihm hinfuhr. Am Telefon meldete er sich schon sehr laut mit einem kräftigen langgezogenen „Olberg". Dann war ich immer schon bedient. Ich habe aber alle seine Wünsche erfüllen können. War eine Stute gedeckt und sollte trächtig sein, musste ich eine Blutprobe von der Stute nehmen, die er mit seinem Motorrad, einer RT 125, ins Untersuchungsamt nach Potsdam brachte. Dann bat er mich aber noch um eine rektale Trächtigkeitsuntersuchung. Das war bei Ponys immer recht schwer, weil man schlecht mit der Hand in den engen Mastdarm kam. Pferde sind sowieso sehr empfindlich bei einer Trächtigkeitsuntersuchung. Sie konnten dabei leicht die Frucht verlieren. Wie erwähnt, machte er eigentlich alles doppelt. In Potsdam im Untersuchungsamt wurden der so genannte Krötentest und der Farbtest durchgeführt. Das musste an bestimmten Trächtigkeitstagen erfolgen und war eigentlich recht sicher. Trotzdem erzählte Günter Olberg mir jedes Mal, wenn ich ihm sagte, dass ich keine rektale Untersuchung zu machen brauchte, weil die Urin- und Blutproben untersucht würden, er traue den Fröschen nicht! Ich war heilfroh, als mein neuer Kollege die Betreuung seiner Ponys übernahm. Trotzdem rief er mich immer an, wenn

Olberg mit Pony

eine Trächtigkeitsuntersuchung gemacht werden musste. Das ist Vertrauenssache, sagte er mir, wenn ich ihn auf meinen Kollegen verwies. Die Ponys waren putzige Tierchen.

Wir hatten oft Besuch und fuhren mit ihm zu Olbergs Ponys. Ich fotografierte den Besuch mit den Ponys, die oft mit Olbergs Boxerhund spielten. Als einmal der Besuch aus dem Westen abgefahren war, stellte ich fest, dass ich gar keinen Film im Apparat hatte!!! Alles war umsonst.

Eine Geburt bei einer Ponystute

Einmal hätte ich Olberg „vernichten" können. Die Mastanstalt in Potsdam-Bornim kaufte hier bei den Bauern, Landwirten und LPG die Mastläufer zur Weitermast auf. Die Läufer wurden zweimal im Abstand von 14 Tagen mit einer Kristallviolettvakzine, ein Impfstoff, gegen Schweinepest geimpft. Das war Pflicht und die Vakzine war ein fürchterlich farbechtes Zeug. Jeder Tropfen färbte alles intensiv blau. Bei der Impfung war stets ein Aufkäufer der Mastanstalt dabei. Für den Bereich Niemegk war es Herr Bendel, in Brück Max Schulz. Die Aufkäufer wussten, wo Läufer zu impfen sind, machten die Verträge und kennzeichneten die Schweine mit einer Zange, indem sie einen Kerb ins Ohr drückten. Hatten die Läufer ein Gewicht von ca. 32 - 33 kg erreicht, wurden sie auf dem Bahnhof verladen. Dabei wurden die Kerben in jedem Ohr als Impfnachweis kontrolliert. An einem Dienstag war ich wieder mit Herrn Bendel auf „Läufertour", als mich ein Anruf meiner Frau erreichte, Herr Olberg hätte sich gemeldet, eine seiner Ponystuten könnte nicht fohlen. Ich ließ alles stehen

Olberg, Karin und Pony

und liegen und fuhr mit Herrn Bendel zu Olberg. Wir mühten uns beide ab, das Fohlen auf die Welt zu bringen, während Herr Olberg seelenruhig mit einem Hammer rostige Nägel, die aus den Derbstangen vom Koppelzaun herausguckten, in die Stangen schlug. Da war ich sauer. Was half es, Olberg interessierte das wenig, er verließ sich auf uns.

Ein Fall mit Tollwut

Olberg rief an, der Hund seiner Putzfrau hätte bestimmt einen Hühnerknochen gefressen. Ich sollte mir den Hund mal ansehen. Herr Ritter aus Beelitz war mein Pflichtassistent. Wir fuhren hier in Niemegk zum „Zickenmarkt", wie die Straße heute noch heißt. Die Frau ließ uns ins Haus und führte uns auf den Hof. An das Haus war ein Schleppdach angebracht. Darunter wurde das Schweinefutter aufbereitet. Eine etwa 90 cm hohe Bretterwand trennte den Zugang zum Hof. Durch eine kleine Holztür konnte man auf den Hof gehen. Ich hielt Herrn Ritter fest, er möchte mit mir hinter dieser kleinen Bretterwand warten, bis wir uns von hier aus sicherer Entfernung den Hund angeguckt hätten. Die Frau ließ den Hund aus dem Stall auf den Hof, der sich sehr über seine Herrin freute. Trotzdem stand für mich fest, der Hund hat Tollwut! Ich sagte der Frau, dass ich nicht so recht wüsste, was der Hund hätte. Einen Hühnerknochen hätte er auf jeden Fall nicht verschluckt. Ich würde den Kreistierarzt bitten, sich den Hund anzusehen. Eine amtliche Seuche durfte nur der Kreistierarzt feststellen. Dr. Hosang kam. Ich hatte meine Vermutung Tollwut mitgeteilt. Er ging auf den Hof, der Hund freute sich auch zu ihm, er streichelte und tätschelte ihn und meinte, das wäre so ein lieber Hund! Ich ging, ohne ihn noch einmal darauf hinzuweisen, was ich von dem freundlichen Hund hielt. Ich hörte dann, dass der Hund kurz darauf gestorben war und zur Untersuchung ins Institut nach Potsdam kam. Dort stellte man Tollwut fest. Eine Folge war, dass ein Bus mit Kindern und Erwachsenen nach Potsdam-Hermannswerder zur Tollwutimpfung fahren musste. Viele hatten den freundlichen Hund angefasst. Dr. Hosang ließ sich nicht impfen. Ihm passierte auch nichts.

Bulgarische Kollegen und die Tollwut

So Ende der 60er kamen aus Bulgarien Tierärzte in die DDR, um sich hier mit der Praxis vertraut zu machen. Jeder Kreis bekam zwei Tierärzte. Im Kreis Luckenwalde arbeiteten auch zwei bulgarische Kollegen. Sie hatten schon mit Dienstwagen des Kreises Unfälle gebaut. So schickte der Kreistierarzt Dr. Otto seinen Veterinäringenieur als Fahrer mit den beiden Tierärzten in die Praxis. Mittags berichtete der Vet.-Ing. seinem Chef, was die Bulgaren so gemacht hatten. So berichtete er, in einem Dorf waren sie gebeten worden, sich bei einem Hundehalter den Hund anzusehen, er hätte wohl einen Hühnerknochen verschluckt und deshalb eine ganz heisere Stimme. Sie guckten sich beide den Hund an und meinten, der Hund hätte eine Mandelentzündung. Einer hielt dem Hund die Schnauze auf, der andere pinselte die Mandeln! Dr. Otto fuhr sofort ins Dorf und stellte Tollwut fest. Als die beiden Bulgaren geimpft werden mussten, sollen sie mächtig gejammert haben. Sie hatten sich zum Glück nicht infiziert.

Herdbuchzüchter

Unter den Bauern gab es Züchter für Rind und Schwein. Die Schweine oder Rinder mussten bestimmte Parameter in ihren Leistungen erreichen, dann wurden diese Tiere in das Zuchtbuch eingetragen. Wer einmal Herdbuchzüchter war, wollte es auch gerne bleiben. Deshalb wurde so manches Mal geschummelt. So kannte ich einen Züchter, der mit seinen Kühen im Zuchtbuch eingetragen war. Es kam öfter ein angemeldeter Prüfer, der die Milchleistung prüfte. Damit die Kuh viel Milch hatte, wurde sie einen Tag vorher nicht gemolken! Ein Quatsch!

In der Brücker Praxis gab es mehr Schweinezüchter. Die züchteten hauptsächlich Jungeber zur Zucht und verkauften sie auf Auktionen. Sie wurden vor dem Verkauf gekört. Ein Züchter aus Gömnigk hatte mal großes Pech. Er war mit sechs Jungebern zur Körung gefahren und alle sechs Jungeber wurden aus mir unbekannten Gründen nicht gekört. Er kam nach Hause und musste diese Jungeber kastrieren lassen. Mein Brücker Kollege, ein versierter Praktiker, fuhr zu dem Bauern. Die sechs

Eber wurden angebunden. Dazu diente ein Strick über dem Oberkiefer. Die Eber waren aus einem Wurf, also alle gleich schwer, alle gleich alt usw. Der Kollege gab allen die gleiche Menge vom Narkosemittel, das in die Ohrvene gespritzt wurde. Nach der Kastration standen 3 Eber wieder auf, 3 Eber blieben liegen. Sie waren tot. Eine schlimme Sache auch für den Kollegen. Ich war froh, dass mir das nie passiert ist.

Die Herdbuchzüchter waren schon ein besonderes Völkchen. Bei einem anderen Züchter fraßen die Schweine nicht. Als ich hinkam, sah ich, dass mit der Fütterung etwas nicht stimmte. Das hat mich eigentlich bei dem Züchter gewundert. Er fütterte nämlich selbst die Schweine und war sehr darauf bedacht, alles richtig zu machen. Zuerst rief er mich allerdings zur Ordnung. Als ich mit ihm sprach, hatte ich meinen Gummistiefel auf einen Krippenrand gesetzt. „Doktor!", sagte er nur. Obwohl meine Stiefel sauber und desinfiziert waren, fürchtete er, ich könnte seine Schweine mit irgendeinem Erreger anstecken, der von der Sohle in den Trog fallen könnte. Er hatte ja recht! Ich nahm natürlich sofort meinen Fuß von dem Krippenrand. Wie sollte ich nun einem erfahrenen Züchter beibringen, dass er selbst an der Erkrankung der Schweine schuld hatte! Da kam mir eine glänzende Idee. „Wenn Sie nicht selbst die Schweine füttern würden, wüsste ich, was sie haben könnten. Aber bei Ihnen kann ich mir das gar nicht vorstellen, es muss wohl etwas anderes sein." So hatte ich ihn neugierig gemacht. Nun wollte er es trotzdem wissen. Als ich ihm erzählte, was die Ursache sein konnte, sagte er: „Jau Doktor, Sie haben Recht!" Damit war die Sache erledigt. Ich hätte ihn tödlich beleidigt, wenn ich ihm gesagt hätte, er hätte durch den Fütterungsfehler Schuld an dieser Krankheit. Man musste jeden Klienten anders behandeln. Dann hatte man schon gewonnen. Meinen Assistenten verriet ich, dass ich die Leute in drei Kategorien einteile. Manche muss man richtig zusammenniesen, manche muss man etwas unterwürfig behandeln, weil sie zu schlau sind, manche kann und muss man als Gleiche behandeln.

Der Besuch eines Stasimitarbeiters

Wir waren noch gar nicht so richtig in Niemegk eingezogen, da meldete sich ein Herr Müller von der Stasi aus Belzig, er wollte mich mal besuchen. Alle Ausreden mit Arbeitsüberlastung halfen nichts. So kam er eines Tages nachmittags um 14 Uhr zu mir. Wir hatten vorher alles, was westlich aussah, aus der Wohnung geschafft. Wir dachten, er würde gleich eine Haussuchung machen. Über eine Stunde blieb er und fragte nach „Hinz und Kunz", mit welchen Leuten ich nicht auskam, welcher Bürgermeister nicht spurte, mit welchem Bauern ich Ärger hätte usw. Ich sagte ihm, dass ich keine Schwierigkeiten hätte, die Leute würden mich schon vom

Schweineimpfen her kennen. Ich stammte aus dem Kreis, die Leute würden meinen Vater als Pastor von Familienfeiern her kennen. Er zog unverrichteter Dinge ab und meinte, er würde mich wieder einmal besuchen. Da hängte ich mich gleich ans Telefon und rief den Rat Dr. Rienäcker in Belzig an. Er war noch im Büro. Ich trug ihm diese Geschichte mit Herrn Müller vor. „Warte mal“, sagte der Rat, „ich rufe gleich zurück.“ So geschah es. Er hatte inzwischen mit Herrn Lischewski, dem Chef der Stasi in Belzig, gesprochen und ihm gesagt, er sollte seine Truppen zurückziehen, die jungen Tierärzte sollten arbeiten! Von Stund an hat mich kein Stasimann wieder belästigt. Ich wurde auch nie von den Genossen angesprochen, ob ich Mitglied der SED werden wollte. Das führe ich darauf zurück, dass Karin und ich uns immer öffentlich zur Kirche bekannt haben.

Die LPG-Werbung

Als junger Tierarzt habe ich die LPG-Werbung miterleben müssen. In Borne sollte der bäuerliche Betrieb meines Freundes, er war einer der größten Betriebe, für die LPG geworben werden. Handrichs hatten aufgrund der Größe der landwirtschaftlichen Nutzfläche ein sehr hohes Abgabesoll. Das Soll war eine vom Staat festgelegte Menge an landwirtschaftlichen Produkten, die der jeweilige Betrieb abzuliefern hatte. In dem Soll waren alle Feldfrüchte erfasst, wie Getreide, Kartoffeln, Zuckerrüben, wer Gemüse anbaute, musste auch Gemüse abgeben. Dazu kamen die Produkte aus der Tierproduktion, wie Milch, Schweine- und Rindfleisch, Eier, Wolle usw. Große Betriebe hatten da so ihre Schwierigkeiten, dieses Soll zu erfüllen. In der Dorfgaststätte fanden die Versammlungen der Gemeinde statt. Eine Versammlung jagte die andere. Wie es so üblich war, ging Harris Vater, Emil Handrich, bei trockenem Wetter mit Filzlatschen zur Versammlung. Von dort verhaftete man ihn auf Filzlatschen, weil er sein Soll anteilmäßig noch nicht erfüllt hätte. Er kam ins Gefängnis nach Brandenburg. Nun suchte man händeringend nach Anklagepunkten. Im „Spring“, so hieß eine Gemarkung, hatten Handrichs schon viele Jahre einen ausgedienten Krümmer stehen. Er war außer Dienst gestellt! Inzwischen war er durch ein neues Gerät ersetzt worden. Dieser Krümmer tauchte in der Anklage auf, Handrich würde wertvolle Maschinen verrotten lassen. Emil Handrich wurde zu ein paar Jahren Gefängnis verurteilt, seinen Betrieb zog man zugunsten der LPG ein. Nach dem 17. Juni 1953 entließ man ihn aus dem Gefängnis. Harri wollte nicht in der LPG arbeiten und ging zum Staatlichen Forstwirtschaftsbetrieb Wiesenburg als LKW-Fahrer. Die Arbeit gefiel ihm. In der Landwirtschaft fühlte er sich schon immer nicht so wohl. Als die LPG nicht genügend Arbeitskräfte hatte, sollte Harri wieder nach Hause kommen. Er blieb stur und kam nicht zurück.

Die LPG Typen I bis III

Es gab drei Typen von LPG, Typ III war die LPG, in der Vieh und Felder gemeinschaftlich genutzt und gehalten wurde. Wenn man dort Mitglied werden wollte oder musste, hatte man für seine Ackerfläche einen Inventarbeitrag zu bringen. Pro Hektar mussten soundso viel Kühe, Jungrinder, Schweine usw. eingebracht werden. Wer nicht genug hatte, musste dafür Geld einzahlen. In der LPG I schlossen sich Einzelbauern zusammen, die alles behalten konnten. Dort wurden z.T. die Feldflächen gemeinsam bewirtschaftet. Damals kam auch der Spruch auf, ab Sonnabendmittag um eins, macht jeder seins! Den Typ II habe ich nie kennengelernt.

Ein „Pferdeunfall" in Linthe

Es gab aber auch Tage, wo alle Mitglieder der LPG Typ I gemeinsam die Feldarbeit verrichteten. Ich war mal zufällig zu Hause, da klingelte das Telefon. Der Vorsitzende der LPG Typ I von Linthe rief an, sie fahren Mist von allen Höfen ihrer Mitglieder auf den Acker. Das geschah alles noch mit Pferdegespannen. Dabei wäre ein Pferd vor einem Wagen gestürzt und käme trotz Hilfe nicht wieder hoch. Das Bein ist wohl gebrochen. Sie wollten den Pferdeschlächter anrufen und weil das Pferd über die LPG versichert wäre, wollten sie mich informieren, damit ich dann den Versicherungsbericht schreiben könnte. Die Versicherung hatte ein Formular entwickelt, auf dem der Tierarzt Fragen zu dem jeweiligen Fall beantworten musste. Ich hatte schon zugesagt, sie könnten das Pferd schlachten lassen, da kamen mir doch Zweifel. Ich wollte mir das Pferd selbst einmal ansehen. So fuhr ich nach Linthe zu dem Pferd, das tatsächlich nicht hochkam. Wie ich mir die Sache richtig beguckte, lag das Pferd mit der rechten Hüfte so richtig in der Fahre/Wagenspur, die sich durch das Befahren mit den schweren Mistwagen gebildet hatte. Ich forderte die Bauern auf, das Pferd am Schwanz zu fassen und es aus der Fahre zu ziehen. Kaum war das Pferd aus der Fahre, sprang es auf und musste nicht geschlachtet werden. Ich habe nie etwas von Ferndiagnosen gehalten, auch wenn man mir haarklein berichtet hatte, was passiert war. Oft hatte das Tier eine ganz andere Krankheit, als die die Besitzer erkannt zu haben glaubten. Das ging mir recht oft so. Unterwegs im Auto machte ich mir Gedanken, wie ich das Tier behandeln wollte. Dann kam ich hin und es war ganz etwas anderes.

Die ÖLB

Nach 1945 flüchteten viele Bauern nach dem Westen und ließen ihre Höfe mit Vieh und allem zurück. Diese Betriebe wurden in die Verwaltung des Bürgermeisters übergeben. Man nannte sie devastierte Betriebe, sie hießen „Örtlich landwirtschaftlicher Betrieb", abgekürzt „ÖLB". Sie waren die Vorboten der LPG Typ III und wurden, wenn sich eine LPG Typ III gebildet hatte, in diese übernommen. Es waren meistens große Höfe, die große Stallungen für das Vieh boten, was den LPGs zugute kam.

Bei der Werbung für die LPGs ging man nicht zimperlich vor. Höfe, die schon „Schulden" beim Soll hatten, „retteten" sich in die LPG Typ III. Dort wurden ihnen die „Schulden" erlassen. Die LPGs hatten auch ein weit geringeres Soll als die Privatbauern. Ich erlebte die „Umgestaltung" der Landwirtschaft als Tierarzt. In Borne hatte man wieder zu einer Versammlung in den Dorfgasthof geladen. Thema war die LPG. Um die Bauern zu fangen, hatte man an die Ausgangstür ein Plakat geheftet, auf dem das Wort „Krieg" stand. Auf einem zweiten Plakat zur Küche hin, hatte man das Wort „Frieden" geschrieben. Die Bauern wurden nach Hause geschickt und mussten wohl oder übel durch eine der beiden Türen den Raum verlassen. Was sollten sie machen? Sie gingen durch die „Friedenstür". Dahinter lauerten die Werber mit den Verträgen für den Eintritt in die LPG. In einigen Dörfern gingen auch Gruppen von Haus zu Haus und versuchten, die Bauern zu überreden, Mitglied der LPG zu werden. So ist es mir in Groß Marzehns und in anderen Dörfern passiert, dass ich noch abends zu einem Bauern gerufen wurde, der kranke Schweine hatte. Ich kam an, ging wie gewohnt ans Hoftor, alles zu. An der Haustür klopfte ich, keine Antwort. Nach wiederholtem Klopfen und Rufen kam nach einer ganzen Weile jemand auf Filzlatschen über den Flur geschlurft. Dann kam die Frage der Oma, wer denn da wäre? Als ich mich zu erkennen gab, wurde ich eingelassen. In der Küche saß die ganze Familie beisammen und hatte „Oman" wegen der Werber vorgeschickt. Man zeigte mir dann, wo der Hausschlüssel vor dem Haus versteckt war. Nun konnte ich jederzeit ungehindert auf den Hof. Ähnliches ist mir oft passiert. In Linthe waren alle bis auf einen Bauern Mitglied der LPG geworden. In der Zeitung wurde immer von den „vollgenossenschaftlichen Dörfern" berichtet. Für Linthe traf das nicht zu. Um den letzten Bauern garzukochen, hatte man Lautsprecher vor seinem Haus in die Bäume gehängt und ihn Tag und Nacht „beschallt".

Der Stadtfunk in Niemegk

Wir hatten in Treuenbrietzen Freunde meiner Frau, die eine Tischlerei betrieben. Das erste Fernsehprogramm ARD aus dem Westen durfte man offiziell nicht einschalten. Das ZDF gab es noch nicht. In Treuenbrietzen waren ganz linientreue Genossen, die dafür sorgten, dass Bürgern die Fernsehapparate weggenommen wurden, weil sie Westsender guckten. So erging es auch unseren Freunden. Die Geräte brachte man in Fernsehwerkstätten und ließ den Westkanal ausbauen. Ein Fernsehmechaniker erzählte mir mal, dass ein Freund von ihm in Potsdam eine Werkstatt hat. Einmal kam ein NVA-Offizier zu ihm und brachte seinen Fernsehapparat, der kaputt war. Es müsste wohl eine Röhre kaputt sein, war seine Diagnose. Bei der Reparatur stellte sich heraus, dass der Kanalwähler kaputt war. Der Herr Offizier hatte zwischen Ost und West hin- und hergeschaltet und dadurch den Kanalwähler „abgewetzt". Als man ihm das sagte, war er sehr still.

Diese Kampagne mit dem Westfernsehen kam auch nach Niemegk. Ich hatte in Niemegk die Sache aus Treuenbrietzen erzählt. Das hat sich mit meinem Namen in Niemegk herumgesprochen. Im Rathaus hatte man einen Stadtfunk eingerichtet. Aus großen Lautsprechern tönte alles Mögliche über den Markt. Eines Tages riefen sie mich von diesem Stadtfunk an, ob ich nicht mal ins Rathaus kommen könnte, sie wollten mit mir ein Interview machen. Ich sollte berichten, dass ich noch meinen Fernsehapparat und mein Radio hätte und man mir diese Geräte nicht weggenommen hätte. Ich lehnte ab. Ob sie denn eine Mitteilung darüber in ihrem Funk machen könnten, ich stimmte zu. Nun donnerte diese Mitteilung über den Marktplatz. Die Leute hörten meinen Namen und sprachen mir ihr „Mitleid" aus, dass man mir die Geräte weggenommen hätte. Sie erreichten das Gegenteil von dem, was sie erreichen wollten. Das kam so, die Leute hörten meinen Namen im Zusammenhang mit der Wegnahme von Radios und Fernsehgeräten. Da sie sich nicht trauten, richtig hinzuhören, kam diese „Ente" zum Vorschein.

Die Schlundverstopfung

Im Herbst wurden in der Kartoffelernte den Rindern Kartoffeln gefüttert. Eines Tages passierte es, dass eine unzerkaute Kartoffel im Schlund einer Kuh stecken blieb. Die Gase konnten aus dem Pansen nicht entweichen und schwups blähte das Rind im Pansen auf, das konnte für das Rind gefährlich werden. Es gab zwei Möglichkeiten der Behandlung. Einmal konnte man als Tierarzt mit einem Schlundrohr, das war eine Metallspirale, die Kartoffel durch den restlichen Schlund bis in den Pansen schieben. Ging das nicht und das Rind drohte umzukippen, nahm man einen Trokar, das ist eine Art Stilet, das mit einer Metallhülse ummantelt ist. Man sticht damit an einer bestimmten Stelle der Flanke in den Pansen, zieht den Trokar heraus, die Hülse bleibt in dem Stichkanal und durch die Hülse entweichen die Gase. Man konnte diese Gase anzünden. Dabei musste man aber darauf achten, dass der Stall nicht mit abbrennt und die Hülse nicht zu heiß wurde. Ließ man durch diese Hülse die Gase voll entweichen, konnte es passieren, dass die Kuh zusammenbrach und verendete. Die durch den Gasdruck zusammengedrückten Blutgefäße weiteten sich und das Rind drohte in die eigenen Gefäße zu verbluten. Mit den Kartoffeln war es nicht so schlimm. Schlimmer war es mit Zuckerrübenköpfen, die beim Silieren der Rübenblätter mit in die Silage gekommen waren. Wurde Silage im Winter gefüttert, waren vor allem die Zuckerrübenköpfe wie Tennisbälle. Bissen die Rinder auf solchen Kopf, sprang er wie ein Ball weg und oft in den Kehlkopf. Durch den Schluckreflex versuchte das Rind den Rübenkopf abzuschlucken und schon saß er im Schlund wie die Kartoffel fest. Diese Köpfe ließen sich oft schlechter in den Pansen schieben. Da gab es dann ganz schlaue Pfleger, die nahmen sich z.B. eine Pferdepeitsche und versuchten damit die Rübe oder auch Kartoffel in den Pansen zu schieben. Dabei rutschte der Peitschenstock von der Rübe ab und bums hatten sie den Schlund durchstochen. Damit blieb nur noch die Notschlachtung. Ganz Schlaue holten den Tierarzt, um ihm diese Missetat unterzuschieben! Die Versicherung sollte bezahlen.

Die Seuchen

Als ich 1958 anfing, litten unsere Rinderbestände noch unter den Seuchen Tuberkulose, Abortus Bang (Verkalbeseuche), Leukose (ähnlich der Leukämie des Menschen) und IBR/IPV (in der Hauptsache eine Lungen- und Geschlechtserkrankung). Durch die Bildung der LPGs kamen aus den verschiedensten Höfen und Ställen die Rinder zusammen. Viele Kühe gingen an dem Stress kaputt. Die Seuchen trugen ebenfalls dazu bei und so mussten die Tiere der Krankschlachtung zugeführt werden. Oft waren es Kühe aus Kleinbetrieben, die eine tolle Milchleistung hatten. In der LPG versiegte die Milch. Schlecht gehaltene Tiere lebten richtig auf. Es war schon kurios.

Not- und Krankschlachtbetriebe

Im Kreis Belzig gab es einen Not- und Krankschlachtbetrieb Kullmann in Belzig. Er schaffte es bald bei der großen Anzahl der Tiere nicht mehr, die ihm überwiesenen Tiere zu schlachten. Herbert Haagen aus Niemegk eröffnete einen zweiten Not- und Krankschlachtbetrieb. Für die Fleischbeschau, die in solchem Betrieb von einem Tierarzt vorgenommen werden musste, hatte mich der Kreistierarzt eingesetzt. Fast jeden Tag fuhr ich zur Fleischbeschau zu Haagens und manchmal auch nach Belzig, untersuchte die Tierkörper und Organe und entnahm, wenn sie noch für die weitere Verwertung vorgesehen waren, Proben für die bakteriologische Untersuchung. Die Proben wurden nach Potsdam ins Untersuchungsamt geschickt und nach ein paar Tagen teilte man uns das Ergebnis mit. Waren die Proben in Ordnung, wurden die Tierkörper vom Tierarzt entsprechend ihres Zustandes eingestuft. Taugliche Tiere wurden der normalen

Verwertung an private Schlächter zugeführt. Minderwertiges und bedingt taugliches Fleisch wurde in der Freibank verkauft. Zu jedem solchen Schlachtbetrieb gehörte eine Freibank. Das war manchmal noch recht gutes Fleisch und war außerdem sehr billig. Wenn ich mich recht erinnere, bezahlte man für 1 kg Fleisch 2 Mark. In diesem Betrieb wurden auch viele Rinder geschlachtet, die an Tuberkulose erkrankt waren. Hier konnte man alle Formen der Tuberkulose an allen Organen sehen.

Ich bekam Nierentuberkulose

Wahrscheinlich habe ich mir bei der Fleischbeschau eine Nierentuberkulose zugezogen. Ich bekam eines Abends eine mächtige Nierenkolik in der rechten Niere. Trotz Spritze des Arztes ließ der Schmerz nicht recht nach. Warmes Bier und das Hopsen auf der Treppe von oben nach unten konnten auch nicht den „Stein", den wir vermuteten, in Bewegung setzen. Um 6.30 Uhr am nächsten Tag rief ich wieder den Arzt an, er möchte noch einmal kommen und spritzen. Plötzlich merkte ich, wie der Druck in der Niere nachließ. Ich hatte das Gefühl, als rutschte aus der Niere etwas in die Blase. Dann musste ich zur Toilette und dort kamen dicke Blutgerinnsel zum Vorschein. Anschließend kam klarer Urin. Kein Stein! Der Arzt kam und meinte, ich sollte unbedingt ins Krankenhaus, um diese starke Blutung abzuklären. Im Krankenhaus Treuenbrietzen mühten sich die Ärzte durch Röntgen und durch Sieben des Urins, den Stein zu entdecken. Sie mussten mich ohne Steinerfolg wieder entlassen. Dr. H. Müller, ein guter Freund von mir, war dort Oberarzt, war zufällig im Urlaub, hatte aber schon länger angewiesen, wenn Patienten aus der Landwirtschaft mit indifferenten Nierenerkrankungen zu tun hätten, sollte man auf jeden Fall den Urin auf TBC untersuchen. Das war im August. Ende September rief mich Hanjo an und sagte, er wüsste, was meine Nierenblutung hervorgerufen hätte. Es wäre Tuberkulose. Ein Glück, dass ich auf dem Stuhl saß. Ich kannte die Niederbruchsformen der TBC bei den Rindern und wusste, wie das alles endete. Mir war übel. Hanjo hatte schon für mich einen Platz in der TBC-Heilstätte in Beelitz-Heilstätten gebucht. Dort stellte man fest, dass es sich um Rindertuberkulose handelte. Im Krankenhaus bekam ich eine Medikamentenallergie, die so schlimm war, dass man mich mit Blaulicht in die Hautklinik nach Güterfelde brachte. Dort lag ich drei Tage bewusstlos. Hohe Dosen von Prednisolon retteten mir das Leben. Schon nach kurzer Zeit waren die Urinproben negativ. Ein Behandlungserfolg? Meine Tuberkeln waren zum Glück noch nie in ihrem Leben mit Medikamenten zusammengekommen, hatten noch keine Immunität gegen Medikamente gebildet. So schien es, als würde die Behandlung schnell von Erfolg gekrönt. Damals gab es nur wenige Präparate, die auf Tuberkeln wirkten. Man stufte die gut wirkenden Medikamente in die erste Reihe ein. Die weniger wirkenden Medikamente kamen in die zweite bzw. sogar dritte Reihe. Durch diese negativen Befunde und meine Medikamentenallergie wurde ich aus der Klinik entlassen. Zur Kontrolle musste ich alle paar Wochen Urinproben in Beelitz-Heilstätten abgeben. Im Sommer fuhren wir in Urlaub nach Hiddensee. Auch nach dem Urlaub blieben die Proben negativ. Es gibt einen Spruch für die TBC, „in der Sonne fangen die Motten an zu hotten". Meine Motten blieben ruhig. Im nächsten Jahr fingen sie nach dem Urlaub doch wieder an zu hotten. Beelitz nahm mich wegen der hohen Allergiebereitschaft nicht wieder auf. Man schickte mich nach München bei Bad Berka in eine urologische Abteilung, die auf TBC spezialisiert war. Dort brachte ich ein halbes Jahr zu. Normalerweise blieben die Patienten sogar mit OP 6 Wochen. Die Behandlung wollte bei mir nicht so recht anschlagen. INH ist ein Medikament gegen TBC aus der ersten Reihe, auf das ich auch allergisch reagierte. Eine Ärztin setzte sich hin und erarbeitete ein Desensibilisierungsprogramm für mich. Das half mir, das INH zu vertragen. Die anderen Medikamente blieben fast wirkungslos. Die Klinik bekam für mich eine Freigabe für ein Präparat aus der Schweiz, das Rivampicin. Bei der TBC-Behandlung, so war es Vorschrift, mussten immer zwei Medikamente eingesetzt werden. Das brachte den Durchbruch. Als ich das Rivampicin eingenommen hatte, stellte ich fest, dass ich plötzlich weißen Stuhlgang und dunklen Urin hatte. Da habe ich doch einen Schreck bekommen. Das Rivampicin hat als Nebenwirkung sehr die Leber angegriffen. Meine Leberwerte (Transaminasen) schossen auf über 1.000 hoch. Mit Infusionen bekamen die Ärzte das wieder in den Griff. Ich behielt keine Schäden zurück. Die Rinder-TBC wurde mir in der DDR als Berufskrankheit anerkannt. Die BRD glaubte dem nicht und ließ nach der Wende noch einmal alles untersuchen. Es blieb bei der Anerkennung.

Die Verkalbeseuche

Wie schon erwähnt, gab es eine Reihe von Kollegen, die sich mit der Verkalbeseuche (Abortus Bang) angesteckt hatten. Wenn man infizierte Rinderbestände hatte, konnte man sich schnell anstecken. Die Kühe wurden trächtig, trugen aber die Kälber nicht aus. Die Kälber starben im Mutterleib ab und wurden dann abgestoßen. Die Kuh verkalbte. Es gab auch Normalgeburten. Dabei blieben meistens die Eihäute in der Gebärmutter hängen und lösten sich nicht ab, wie es normal der Fall gewesen wäre. Wenn man als Tierarzt zu solchen Fällen gerufen wurde, genügte oft schon ein Spritzer der Uterusflüssigkeit ins Auge, um infiziert zu werden. Ich habe mich zum Glück nicht angesteckt.

Der Rinderbestand des VEG (Volkseigenes Gut) Lübnitz und andere Bestände waren mit Brucellose (Abortus Bang) stark verseucht. Im Winter war das so ein Geschäft. Die Kühe wurden im VEG damals in den „modernen Offenställen" gehalten. Da konnte es passieren, dass das tote Kalb einer Kuh schon am Fußboden festgefroren war, wenn die Pfleger in den Stall kamen. Ich kam eigentlich nur in der Vertretung bzw. im Sonntagsdienst ins VEG, im Winter dick angepumpelt. Gummihosen, Gummikittel und lange Gummihandschuhe, die bis zur Schulter hoch reichten und mit einem Band festgebunden wurden, ehe ich die Kuh behandeln konnte.

Die Leukose wurde zu DDR-Zeiten nicht so vorrangig bekämpft. Dafür stand die Tuberkulose bei der Seuchenbekämpfung an erster Stelle. Wir schafften es auch, die Rinderbestände tuberkulosefrei zu bekommen. Nach einer bestimmten Untersuchungsfolge wurden sie als „Staatlich anerkannter tuberkulosefreier Rinderbestand" ausgewiesen. Dafür gab es eine Urkunde und ein grünes Schild, das am Tor des Stalles oder Hoftores angebracht wurde.

„Schlaue Bauern" und andere Kuriositäten

Es gab manchmal recht „schlaue" Bauern, die alles schon besser wussten oder die einem ein Loch in den Bauch fragen konnten.

Bei einem solchen „Schlauen" blieb mal die Kuh mit einer Nachgeburt stehen. Die Nachgeburt waren die Eihäute, die sich nach der Geburt in der Gebärmutter nicht abgelöst hatten. Der Tierarzt musste die Eihäute mit der Hand im Uterus lösen (richtig abpflücken). Das war oft recht schwierig und kostete auch viel Kraft. Hatte man die Eihäute abgelöst, legte man Antibiotika- oder Sulfonamidkapseln in den Uterus, um eine Infektion zu stoppen oder zu verhindern. Bei uns gab es damals die Sulfonamidpepkapseln. Das waren grüne Gelatinekapseln, die etwa 8 cm lang, einen Durchmesser von ca. 2 cm hatten und an den Enden abgerundet waren. In der Gebärmutter löste sich die Gelatine auf und setzte das Sulfonamid frei. Ich legte also die Pepkapseln ein. Der „Schlaue" wollte genauestens wissen, was das zu bedeuten hätte. Ich erklärte es und gab ihm den Rat, er möchte am nächsten Morgen der Kuh in die Augen gucken. Wenn diese grün leuchten würden, hätten die Kapseln gewirkt. Wie er mir später berichtete, hätten sie gewirkt!

Das Telefon klingelte, ich nahm ab, eine Frau aus Pflückuff erzählte aufgeregt, Opa wäre mit dem Pferd im Wald gewesen, hätte Holz gemacht und dem Pferd mit der Axt ins Bein gehackt. Unterwegs überlegte ich, wie ich die Sache behandeln und die Wunde verbinden sollte. Ich stürmte ins Haus, kam in die Küche und sah „Opan" auf einer alten Matratze mit provisorischem Verband am Bein liegen. Ein Irrtum.

Ähnliches passierte mir mal in Rädigke. Eine Frau rief aufgeregt bei Karin an, der Egon hätte einen Leistenbruch. Ich nahm an, dass damit ein Zuchteber gemeint war. Zuchteber hatten neben ihrer Herdbuchnummer meistens noch einen Namen. Die Frau legte auf und ein paar Minuten später klingelte wieder das Telefon, Egon ist unser Junge!

Herr Friedrich aus Garrey, ein Schweinemeister der LPG, wollte einen Besuch bei Karin bestellen. Er druckste ewig herum und kam nicht auf die Krankheit, die er anmelden wollte. Dann kam urplötzlich ganz verzweifelt seine Diagnose: „Die Ferkel haben die Scheißerei!"

Als noch die meisten Bauern privat waren, gab es auch dort Rindergeburten, zu denen ich gerufen wurde. Oft habe ich die Bäuerin oder die Töchter angeführt. Wenn ich so mit der Hand in der Gebärmutter war, um dem Kalb einen Geburtsstrick um einen Vorderfuß zu legen, tat ich plötzlich, als hätte mich das Kalb gebissen. Dann schoss eine der Frauen los ins Haus, um Heftpflaster zu holen. Oft tat ich ganz erstaunt, wenn das Kalb geboren war und es oben gar keine Zähne hatte, die wären sicher herausgefallen und lägen nun in der Kuh, erklärte ich ihnen. Sie waren oft ganz entsetzt darüber und fragten, was denn nun werden sollte. Aber Wiederkäuer haben nun mal oben keine Zähne.

Ich schrieb schon von der Läuferimpfung gegen Schweinepest, die dann an die Mastanstalt in Bornim geliefert wurden. Dazu zwei Erlebnisse: In der Brücker Praxis machte ich mit Max Schulz als Aufkäufer die „Läufertour". So kamen wir nachmittags in ein Dorf und auf den Hof eines Bauern. Viele Leute standen dort in feierlicher schwarzer Kleidung. Max Schulz fragte fröhlich und ganz interessiert, was sie denn feierten? Eine recht bedächtige Stimme sagte nur kurz „Wir haben unse Opan beerdigt!" Das war doch recht peinlich.

In einem anderen Dorf mussten bei der Läufertour die Läuferschweine hochgehoben werden, damit man dem Schwein den Impfstoff sauber unter die Haut hinter dem Ohr spritzen konnte. Dabei wurde dem Schwein auf der Seite, wo man das Schwein geimpft hatte, mit einer Zange ein Loch ins Ohr gekerbt. Daran konnte man bei der Abgabe sehen, ob das Schwein ordnungsgemäß geimpft war. Ein Mann wurde gebraucht. Es war nur die hübsche Bäuerin im Dirndl anwesend. Der Mann, der die Pölke (Läufer) hochhalten sollte, war wie vom Erdboden verschwunden. Die Frau rief und rief, es kam kein Mann. Wenn niemand zum Halten da war, gingen wir weiter. Da band sich die Frau eine „Warbschürze" (Arbeitsschürze) um, zog sich Gummistiefel an, ging in den sehr großen Stall, in dem die Pölke untergebracht waren und fing einen Läufer ein, um ihn für die Impfung hochzuhalten. Bei ihrer Jagd nach den Läufern rutschte jedes Mal ihr hübscher Busen aus dem viereckigen Dirndlausschnitt. Ich hatte Angst, dass der Läufer dort reinbeißen würde, wenn sie ihn im Arm hielt. Setzte sie den Läufer nach der Impfung ab, fasste sie nur mit einem Finger in den Ausschnitt und bubs, war der Busen wieder verschwunden. So ging das 12 x. Ich drehte mich um, aber Max gab zu, dass er die Aussicht genossen hätte.

Tante Babauchen

In Niemegk lebte eine Frau Warwas. Sie wohnte mit ihren Ziegen im Stall. Das Wohnhaus war noch vom Krieg her zerstört. Ab und zu ergab es sich, dass eine Ziege erkrankte, die ich behandeln musste. Der Stall wurde durch die Einstreu immer niedriger, weil der Mist im Stall liegen blieb. So konnte ich nur gebückt im Stall hantieren. Die Ziegen waren tiptop gepflegt. In einer Ecke war das Nachtlager von Frau Warwas. Ich muss aber sagen, dass sie für mich jedes Mal ein ganz sauberes Handtuch und auch eine saubere Schüssel mit warmem Wasser bereit hielt. Ich fand das immer ganz toll. Sie selbst hielt nicht so viel von der eigenen Reinlichkeit. Frau Warwas musste früher einmal etwas Besseres gesehen haben. Sie hatte auch eine ganz exakte Aussprache mit einem osteuropäischen Akzent. Keiner wusste so recht, wie der Krieg sie nach Niemegk gespült hatte. Meistens waren die Ziegen nur leicht erkrankt. Ich gab ihr dann eine Salbe, ein Verdauungsmittel oder den Ziegen eine Spritze. Da sie wenig Geld hatte, verlangte ich für die Behandlung immer 2 Mark. Erst wenn sie Rente bekam, kam sie treu und brav zu uns nach Hause, klingelte an der Haustür und brachte die 2 Mark. Ganz ohne Bezahlung wollte ich sie nicht lassen. Sie hätte das auch nicht gewollt.

Frau Warwas bekam von uns einen Spitznamen. Wir hatten zwei Hunde, wenn Frau Warwas an unserem Haus vorbeikam und die Hunde auf der Straße waren, sprach sie sie mit „Babauchens“ an. Die Hunde mochten sie und so kam sie zu ihrem Spitznamen „Tante Babauchen“.

Sie erzählte mal, dass eine Ratte unter ihren Rock gekrochen wäre. Das war nicht so schlimm, meinte sie. Sie hätte mindestens 5 bis 6 Unterröcke im Winter an. Da wäre sie innen hochgekrochen und oben aus dem großen Ausschnitt, wie sie selber sagte, wieder herausgekommen. Nichts passiert!

Mit den Ziegen mussten die Ziegenhalter in Niemegk im Frühjahr zum Bock in die Stadt. Niemegk hatte viele Ziegen und Ziegenhalter. Eines Tages ging Tante Babauchen mit ihrer Hörnerziege, wie sie sie bezeichnete und die sehr wild war, durch die Stadt in die Pfarrstraße, wo die Ziegenböcke bei Herrn Schulze standen. In der Stadt hatte man vor der ehemaligen Sparkasse am Markt einen Graben, ca. 1 m breit und 1,50 m tief, für die Verlegung der Wasserleitung ausgehoben. Tante Babauchen kam mit ihrer Hörnerziege dort vorbei. Durch irgendetwas hatte sich die Ziege erschreckt und fiel mit Tante Babauchen, die sich den Haltestrick um den Bauch gebunden hatte, in den Graben,. Mit viel Mühe und der Unterstützung von Passanten kamen die beiden wieder heraus. Ich musste anschließend die Ziege untersuchen, ob denn noch alles vorhanden war.

Kanone

Niemegk hatte ein Original. Sein Spitzname war Kanone. Er reparierte auch Autos, Landmaschinen, half Liegengebliebenen auf der Autobahn. Er konnte herrlich schimpfen. Einmal kam ich abends zu ihm in die Werkstatt. Ein Autofahrer war mit seinem Trabant auf der Autobahn liegen geblieben. Der Keilriemen war kaputt. Der Fahrer hatte schon auf der Autobahn selbst versucht, den Keilriemen zu wechseln. Er hatte es nicht geschafft und ließ sich von jemand zu Kanone schleppen. Als ich kam, war Kanone mit dem Keilriemenwechsel beschäftigt. „Der Kerl hat das ganze Auto auseinander genommen, um den Keilriemen zu wechseln“, tönte er laut durch die Werkstatt. Der schon verschüchterte Autobesitzer wurde immer kleiner. Einmal half Kanone Franzosen weiter, die mit ihrem PKW Panne auf der Autobahn hatten. Die Franzosen schrieben später eine Karte mit folgender Adresse: „Kanone bei Potsdam“. Sie kam an.

Ich kam gut mit ihm aus und wurde auch von seiner Frau gnädig empfangen. Vor ihr hatte er als einzigen Menschen Dampf. Sie hatten einen Boxer, den ich hin und wieder betreute. Eines Tages wollte Kanone von mir eine scharfe Einreibung, die man bei Tieren einsetzte, für sich selbst. Er hätte sie schon einmal von Dr. Schneiders bekommen, sagte er. Sein Kreuz wäre es, er könnte kaum laufen. Für Menschen kann ich diese Salbe nicht abgeben nur für Tiere, sagte ich ihm. „Ik bin doch een Tier!“, war seine Antwort. Sein Hund könnte auch schlecht laufen, ob denn der Hund die Salbe bekommen könnte. Ich gab sie ihm. Ein paar Tage später traf ich ihn auf der Straße. „Kann wieder wie ein Hirsch laufen, det Fell ist aber auch runter“, rief er mir zu.

Die Ziegenböcke

In der Pfarrstraße hielt Herr Schulze die Ziegenböcke. In den Geschäften ließ man ihm wegen seines „Geruchs“ immer den Vortritt. Er wollte das gar nicht. Ich musste öfter zu den Ziegenböcken, wenn sie erkrankt waren. Musste ich einem Bock eine Spritze geben, zog ich mit den Fingerspitzen paar Haare ab und setzte die Spritze. Einmal kam ich zu ihm. Herr Schulze führte mich zuerst zum Haus, öffnete die Haustür und zeigte mir voller Stolz einen großen Spiegelrahmen eines Spiegels, wie sie so früher in den Wohnungen zu finden waren. Der Spiegel war völlig kaputt. Was war passiert? Ein Bock war auf dem Hof. Die Haustür stand zufällig offen. Vom Hof aus konnte der Bock sich selbst im Spiegel der Wohnstube sehen. Ein Rivale! So tobte er, den Kopf gesenkt, angriffsbereit auf seinen vermeintlichen Rivalen zu. Das war das Ende des Spiegels.

Herr Schulze wusste auch, dass ich damals noch Zigarren rauchte. Er wollte mir immer etwas Gutes tun, ging zu Stoyes ins Geschäft, kaufte zwei Zigarren und ließ sich diese in eine Papierserviette einwickeln. Die Zigarren hielt er in der Hand und kam damit zu uns nach Hause gelaufen. Von der Stadt aus bis zu uns sind es etwa 1,2 km. Er klingelte, meine Frau ging ahnungslos an die Haustür, öffnete und schwupp stand Herr Schulze schon in der Veranda. Der Geruch der Ziegenböcke duftete noch recht lange in der Veranda nach.

Mein Boxer im Auto

Von meiner Liebe aus Kindertagen zum Boxer habe ich schon berichtet. Bis auf einen Boxer fuhren alle Hunde gern im Auto mit auf die Dörfer. Zeitweilig hatten wir einen Boxer und einen Dackel im Haus. Sie verteidigten es sogar gegen meine Frau. Wenn meine Frau an die Tür kam, wurden sie im Auto richtig böse. Im Bereitschaftsdienst war ich mal im Kuhstall des VEG Hagelberg. Das Auto stand auf dem Hof vor dem Stall. Ein Boxer war mit auf Tour. Alle Hunde setzten sich sofort auf meinen Sitz, wenn ich ausstieg. Die Scheiben vom Auto waren von innen etwas beschlagen. Es war schon herbstlich. Da ging eine Frau L. am Auto vorbei, die mich kannte und recht freundlich grüßte in der Annahme, dass ich da im Auto sitzen würde. Als sie zurück wieder am Auto vorbeiging, erkannte sie den Boxer auf meinem Sitz. Sie hatte sich über diesen Irrtum selbst köstlich amüsiert und ihrer Nichte davon erzählt. Auf einer Geburtstagsfeier traf ich die Nichte, die diese Geschichte dort zum Besten gab.

Die Toiletten

Nur in wenigen Häusern gab es Sanitäranlagen. Nach dem Krieg hatten viele Bauern die Absicht, mit dem angesparten Geld neue Landmaschinen und Trecker zu kaufen. Dann kam die LPG. Der Kauf der Technik erübrigte sich. Nun die Ungewissheit, was wird mit der Landwirtschaft? Unter Umständen war sogar eine Flucht in den Westen geplant. Da konnte man das Geld gut gebrauchen. Der 13. August 1961 verhinderte auch das. So konnte man in den Dörfern sehen, wie das ersparte Geld in die Sanierung der Häuser gesteckt wurde. Überall gab es neue Badezimmer und Zentralheizungen. Das war auch bitter nötig.

Bis dahin benutzte man auf dem Lande noch den „Abtritt“ auf dem Hof. Da habe ich so manches erlebt, wenn ich im Sommer auf den Hof „gestürmt“ kam. Ich ging nach Möglichkeit immer gleich auf den Hof, der immer offen war, wenn jemand zu Hause war. Die Haustüren waren fast immer verschlossen. Da überraschte ich öfter einmal eine Frau, die die Kledage hoch am Misthaufen ihre Notdurft verrichtete. Verschämt drehte ich mich um, bis alles wieder in Ordnung gebracht war. Schlimmer war es im Winter. Vom Haus aus ging man durch die Waschküche in den Kuhstall. Das war im Winter recht praktisch. Dort war es warm und nicht so eisig, wie auf dem Abtritt. Kam ich plötzlich in den Stall, überraschte ich diesen oder jenen beim „Geschäft" oder hatte mit den „Tretminen" zu rechnen. Also Vorsicht war geboten.

Bei manchen Viehhaltern kam man nur durchs Haus auf den Hof und zu den Ställen. Da roch es oft nicht sehr gut. Meine Nase war empfindlich. Ich holte in dem Fall schon auf der Straße wie ein Taucher tief Luft und atmete erst auf dem Hof wieder normal. Heute wundere ich mich, wenn sich ehemalige Bauern über den Stall- oder Güllegeruch aufregen. Sie waren selbst mal Bauern, die Vieh gehalten haben. Da roch oder stank es auch. Und wer aus der Stadt auf ein Dorf zieht, weiß vorher, dass dort Vieh gehalten wird. Vieh verbreitet nun einmal „Düfte". Als ich nach der Wende einen Freund in Hessen auf einem Dorf besuchte, sah ich, dass - aus welchem Grund auch immer - Feldwege asphaltiert waren. Die Dörfer waren wie geleckt. Diese Sterilität hat mich damals sehr bedrückt.

Als ich zu DDR-Zeiten in Leipzig ein zweijähriges Fachtierarztstudium machte und nach 14 Tagen wieder nach Hause fahren durfte, kamen wir mit dem Auto auf der Autobahn an frisch geöffneten Silagesilos und an frisch ausgefahrenem Mist vorbei. Beides roch nach Landwirtschaft. Jedes Mal machte mein Herz einen Hupfer: „heimatliche Düfte!" Bei Südwestwind hatten wir in der Stadt Niemegk den Geruch des Niemegker Schweinekombinats in der Nase. Hier wird auch Gülle ausgefahren, da regt sich niemand auf, es gehört dazu!

Im Sonntagsdienst kam ich mal abends um 23 Uhr nach Werbig. Schweine sollten Rotlauf haben. Ich klopfte an der Haustür. Alles war dunkel, man schlief schon. Licht ging an. Es kam jemand zur Tür. Ich wurde eingelassen. Wir gingen durch die Küche zum Hof. In der Küche stand ein quadratischer Tisch. An jeder Seite konnten zwei Personen Platz nehmen. An jedem Platz stand ein Kaffeetopf und lag ein Messer. An vier Plätzen lagen die Gebisse schon für das Frühstück bereit!

Am Stall knipste der Bauer das Licht an. Ich öffnete die Stalltür. So viele Ratten habe ich nie wieder gesehen. Sie kamen aus den Trögen, rannten in eine Ecke des Ganges, wo ein Reisigbesen stand. Dort drängelte sich die Bande an dem Besen. Alle wollten da hoch, das war der Fluchtweg. Sie bissen sich, jede wollte die Erste sein. Ein fürchterlicher Krach. Wir machten die Tür zu und warteten, bis das Volk verschwunden war.

Schlampereien

Ein- bis zweimal im Jahr platzte mir doch der Kragen, wenn z.B. in einer LPG eine Schlamperei nicht in Ordnung gebracht wurde, die ich angemahnt hatte. Ich schimpfte mit den Pflegern. Ich glaube, davor fürchteten sie sich, aber sie sahen ein, dass ich im Recht war. Ich vergaß den Vorfall schnell wieder und war nicht nachtragend.

Einmal kam ich in Niemegk in einen Kuhstall und stellte fest, dass die Melkzeuge nicht genügend gereinigt waren. Ich legte einen Zettel auf den Tisch in den Aufenthaltstraum, sie sollten die Melkzeuge besser reinigen. Ein Witzbold hatte auf diesen Zettel „mach es doch selber" geschrieben! Als ich das las, fürchteten sie ein fürchterliches Donnerwetter. Ich fand das aber so witzig, dass ich herzlich lachen musste.

Einmal kam ich als Vertretung nach Garrey-Zixdorf. Für das Milchviehkombinat hatten sie eine Eutersalbe bestellt, die ich dort abgeben wollte. Die Melker waren noch im Stall, um noch einige Arbeiten zu verrichten. Im Waschraum, wo die Melkzeuge gewaschen wurden, war kein Mensch. Ich guckte mir so die Melkzeuge an. Das war auch ein Hobby von mir, war ich doch vom Kreistierarzt als Milchhygieniker des Kreises eingesetzt. Da kamen zwei Melkerinnen, sie kannten mich nicht und meinten, ob ich denn Ahnung von den Melkzeugen hätte. Die konnten gar nicht so schnell gucken, wie ich die Melkzeuge auseinandergenommen hatte und wieder ging. Als die anderen Melker diese „Bescherung" sahen, fragten sie nur, wer das gewesen wäre. Da wäre einer mit Gummistiefeln, blauem Kittel, Hut und gelbem Moskwitsch gewesen. Die beiden haben sich ganz schön was anhören müssen, wie sie gerade zu dem das hätten sagen können, der wüsste besser als sie Bescheid.

Man fällt schnell in Ungnade

Wie nachtragend die Bauern sein konnten, hat ein Tierarzt, der bei mir Pflichtassistent war, erfahren müssen. Wir verstanden uns beide blendend. Er hatte hier in der Stadt ein Zimmer wie alle Assistenten oder Praktikanten, kam aber morgens zu uns und nahm alle Mahlzeiten bei uns ein. Das blieb auch so, als er in Niemegk seine erste Praxis übernahm. Er war noch unverheiratet, bekam auch kein Telefon. So war es schon ganz gut, dass er bei uns Essen und seine Praxisanrufe über unseren Apparat entgegennehmen konnte. Seine Praxis wurde von meiner abgetrennt, er bekam eigene Dörfer. Das war die Zeit, wo der IMV Heier meinte, ich würde zu viel verdienen. Die Bauern im Bereich des jungen Kollegen wollten nicht so recht glauben, dass ich nicht mehr für sie zuständig sein sollte und nicht mehr der Chef des jungen Kollegen wäre.

„Der Chef"

Mit dem Kollegen lief alles gut, er machte eine sehr ordentliche Arbeit, bis er eines Tages in seinem neuen Bereich Pech hatte. Eine Kuh konnte nicht kalben. Das Kalb war abgestorben, war eine Missgeburt. Die Bauchdecken waren nicht geschlossen, das Kalb war im Mutterleib mehr oder weniger in seinen eigenen Bauchdecken eingewickelt. Man nennt so etwas Schistosoma reflexum. Gleichzeitig waren die Gliedmaßen versteift. Man konnte die Gliedmaßen nicht einknicken. Gerade das Einknicken der Gliedmaßen war bei der Geburtshilfe immer so wichtig. So konnte man Falschlagen besser berichtigen. Der Kollege bemühte sich, das Kalb zu holen. Schließlich hatte er es geschafft. Es war ein Freitag. Er kam nach Hause, erzählte mir von der Geburt und fuhr abends zu seiner Verlobten. Damals mussten wir noch bis sonnabends 13 Uhr arbeiten. Ich habe ihn immer sonnabends vertreten. Der Kreistierarzt hat es nie gemerkt, dass der Neue sonnabends schon weg war. Sonnabends rief der Bauer aus Klepzig wegen der Kuh an, es ginge ihr nicht so gut. Auf meine Frage, ob sie saufen und fressen würde, verneinte er. Da hätte ich ihm schon sagen können, dass die Gebärmutter bei der Geburt eingerissen wurde. Ich fuhr trotzdem hin, untersuchte die Kuh und fand in der Gebärmutter ein großes Loch. Es blieb nur die Notschlachtung. Mir ist so etwas auch passiert. Ich hatte bei der abschließenden Kontrolle des Uterus das Loch im Uterus festgestellt. Der Kollege hatte diese Nachkontrolle nicht gemacht, nur das war sein Fehler.

Ein paar Tage später rief Herr Venediger aus Raben bei meiner Frau an, seine Kuh stünde mit dem Harm! Karin war sprachlos, einen Harm kannte sie nicht. Sie schrieb das auf und kündigte den Besuch meines Kollegen an, der nun für diese Gemeinde zuständig war. Nach fünf Minuten klingelte wieder das Telefon, es war Herr Venediger, eben wäre seine Frau ihm entgegengekommen und hätte ihm gesagt, dass die Kuh den Harm verloren hätte.

Damals gab es in einem Dorf höchstens 2 bis 3 Telefone. Ein eigenes Telefon hatte keiner. Am Nachmittag war ich in Dahnsdorf und traf dort Dr. Schneiders. Er impfte noch sehr gerne Ferkel gegen Ferkelgrippe. Das war für ältere Herren die richtige Arbeit. Wir erzählten ein bisschen und

Dr. Schneiders und unser Dackel in der Tasche

da sagte er ganz unvermittelt, er müsste noch nach Raben zu Herrn „Venetier“, so sprach er Herrn Venediger immer an, eine Nachgeburt bei der Kuh abnehmen! „Nachtigall, ick hör dir trapsen!“ Da hatte sich innerhalb kürzester Zeit die Sache mit der Kuh aus Klepzig in den Gemeinden herumgesprochen. Dabei hat mich gewundert, dass Dr. Schneiders die Nachgeburtsabnahme übernommen hatte.

Die Studentin aus Leipzig

Bei dieser Geburt war eine Studentin dabei. Sie kam aus Leipzig von der Uni und wohnte auch in Leipzig. Eines Tages klingelte es an der Haustür. Ich saß am Schreibtisch, schrieb Rechnungen, machte Buchführung, war nicht gerade in guter Stimmung. Karin kam ins Zimmer und meinte, vor der Tür stünde eine junge Frau, die mich sprechen wollte. Karin wollte mich ein bisschen aufmuntern. Na, ich guckte mir die junge Dame an, bat sie rein und hörte mir ihre Geschichte an. Sie studierte in Leipzig, hätte das Physikum gemacht und wäre in der Praxis völlig unbeleckt. Sie wollte gern einmal ein bisschen Praxisluft schnuppern, wäre mit dem Fahrrad von Leipzig nach Wiesenburg gefahren und hätte dort bei DKW (Dr. Krause, Wiesenburg) gefragt, ob sie mit ihm auf Praxis fahren könne. Er hatte abgelehnt und sie an mich verwiesen. Ich wäre Lehrtierarzt und der richtige Mann. So kam es, dass ich die Studentin mit auf Praxis nahm. Sie war oft sehr selbstbewusst und etwas schwierig. Anfangs kamen wir nicht so gut über die Runden. Sie kam jedes Mal mit dem Rad aus Leipzig und fuhr auch mit dem Rad wieder zurück. Eine tolle Leistung. Allerdings hatte sie einmal Pech, als sie abends, es war schon recht dunkel, kurz vor Wittenberg mit einem anderen Radfahrer zusammenfuhr. Mit dem Rad ging es noch, sie konnte weiterfahren, ihr Nasenbein war aber geknickt. Man kann heute noch den Knick erkennen.

In der Praxis war sie recht unerschrocken. Sie ging ohne Scheu zwischen die Tiere. Ich ermahnte sie immer zur Vorsicht, weil ihr einfach die Praxis im Umgang mit den Tieren fehlte. In Raben wäre es bald mal schief gegangen. Ein Landwirt hatte zwei Pferde, die jede Frau durch Bisse angriffen. Ich wurde gerufen, weil ein Pferd Kolik hatte. Ich untersuchte das

Pferd, plötzlich wurde es ganz unruhig. Der Landwirt schrie schon fast die Studentin an, sie sollte zwischen den Pferden herauskommen. Es ging noch einmal gut. Obwohl der Landwirt sie gewarnt hatte und ihr streng verboten hatte, zwischen die Pferde zu gehen, hatte sie es doch gemacht. Das war sie eben. Das hat mich anfangs doch in Schwierigkeiten gebracht. Sie war offiziell gar nicht bei mir angemeldet, sie war nicht versichert. Übrigens hatte ich das alles nur auf mich genommen, „damit ich nicht so viel arbeiten musste!", wie es der IMV „Heier" in seinem Bericht festgestellt hatte. Noch heute stehen wir brieflich in Verbindung.

Der Mauerbau

Der 13. August 1961 kam. Wir machten jedes Jahr auf Hiddensee drei Wochen Urlaub. Horst und Ille Schneider waren mit uns auf Hiddensee. Wir hatten in Kloster bei der Familie Lamparski unser Stammquartier. Damals musste man entweder über den FDGB oder über das REISEBÜRO der DDR einen Ferienplatz auf Hiddensee buchen. Uns kannten zu viele Einheimische auf der Insel, so war es nur über das REISEBÜRO möglich, Urlaub zu machen. Die Vermieter mussten das beantragen. Oft kam auch eine Kontrolle durch Polizei und Bürgermeister zu Lamparskis, wenn wir auf der Insel waren. Sie wollten immer speziell meine Papiere sehen. Es war alles in Ordnung.

Auf Hiddensee haben wir noch heute eine gute Freundin, der Vater war Fischer, sie selbst arbeitete am Ausschank einer Gaststätte. Dort führte sie als Vertreterin der Chefin ein scharfes Regiment! Ilse, so heißt sie, kennt jeden Hiddenseer und sehr, sehr viele Urlauber. Damals hatten die Fischer meistens Schweine und Rinder. Wenn unser Besuch bevor stand, rief Ilse an und berichtete mir, was so bei den Tieren der Fischer zu behandeln war. Nach Hiddensee musste ein Tierarzt von Rügen geholt werden. Ich brachte dort viele Stunden meines Urlaubs mit der Behandlung von Tieren zu. Länger habe ich allerdings mit den Fischern „Kurn" (Korn) eingefahren, wie es immer so hieß. Als Entschädigung bekam ich so manches Kilo Räucheraal geschenkt. Die Fischer hatten immer welchen, obwohl am Hafen, wenn sie mit dem Fang reinkamen, ein Kontrolleur stand, der die Entladung bis zur Einlagerung mit scharfem Blick verfolgte. Manchmal hatte ich schon so viel Aal, dass ich guten Freunden etwas abgeben musste. Unsere Wirtsleute hatten noch keinen Kühlschrank.

Das erinnert mich an ein Erlebnis in Waren/Müritz. 1959 oder 1960 kam meine Tante Herta aus Hamburg zu uns zu Besuch. Sie waren mit Tante Lies aus Rostock die Schwestern meiner Mutter. Mein Vater, Tante Herta und ich fuhren mit dem Auto nach Waren. Dort trafen wir uns mit Tante Lies. Unter anderem wollten wir in der Waldschänke, einem Ausflugslokal an der Müritz, Mittag essen. Wir saßen im Gartenlokal. Der Ober kam und wollte die Bestellungen entgegennehmen. Tante Lies bestellte 4 x Aal! Dem Ober blieb die Spucke weg. Er erklärte uns in einer langen Rede, wie schwer es wäre, Aal zu bekommen, der wäre bewirtschaftet usw. Als er geendet hatte, sagte Tante Lies ganz seelenruhig, „Schiet di mal nich in de Büx wegen dinen ollen Oal!“ Der Ober brachte vier Portionen Aal! Das auf Hochdeutsch gesagt, hätte sicher viel Ärger gegeben.

Auf Hiddensee hat die Familie Felsenstein ein recht großes Häuschen mit einem tollen Eselstall. Maria Felsenstein hielt sich einen Esel. Wenn sie mal länger auf Hiddensee bleiben wollte, brachte sie den Esel in einem PKW mit, einen großen Horch aus DDR-Produktion. Dazu wurden hinten die Sitze herausgenommen. So war es auch am 10.8.1961. Abends trafen wir den Fahrer von Felsensteins, Herrn Hering. Vorher hatte ich schon zu Karin, Horst und Ille gesagt, in Berlin passiert was, wir müssen nach Hause, um noch einmal nach Westberlin fahren zu können. Du willst bloß wieder früher nach Hause, weil du keine Lust mehr hier auf der Insel hast, hielt mir Karin vor. Hering erzählte auch etwas Ähnliches. So fuhren wir am 11.8. nach Hause. Am 12.8. fuhren wir mit dem Auto nach Berlin, ließen es wie immer am Bahnhof Friedrichstraße stehen und fuhren mit der S-Bahn zum Zoo. Wir kauften ein. Horst hatte von der Kirche noch einen Bücherschein, den er eingelöst hat. Wir gingen ins Kaffee, gingen ins Kino und fuhren so vollgepackt mit Westsachen nach 23 Uhr zurück nach Ostberlin. Uns fiel nur auf, dass am Bhf. Friedrichstraße keine Kontrolle war. Unterwegs am Kontrollpunkt Schönefeld merkten wir auch nichts. Erst am Sonntag, dem 13.8.1961, hörten wir im Radio vom Mauerbau. Wir konnten uns vorher gar nicht vorstellen, wie man solche Stadt trennen könnte. Nun war es Tatsache!

Mein Kollege Dr. Höflich aus Brück war im Oktober plötzlich mit Frau und Sohn verschwunden. Wie wir später hörten, war er mit Hilfe der polnischen Botschaft in den Westen gegangen. Die Praxis konnte mein Kollege, der in Niemegk angefangen hatte, übernehmen. So blieben wir doch zusammen.

Eine Ost-West-Geschichte noch vor der Mauer

Dabei fällt mir noch eine Geschichte zu Ost-West ein. Meine Schwester und mein Schwager wohnten am Breitenbachplatz in Westberlin. Mein Schwager war in Spandau Vikar bei einem Pfarrer Albertz, dem Bruder vom später Regierenden Bürgermeister. In Borne wohnten die Eltern von Erhardt. Erhardt und Uschi wollten gern ihre Fahrräder und ihre Federbetten haben. Das konnte man offiziell nicht nach W-Berlin bringen. Sie selbst konnten nicht nach Borne. So musste ich aushelfen und die Sachen nach Berlin bringen. Von Erhardt war eine Cousine aus der Gegend von Dahme zufällig bei seinen Eltern zu Besuch. Christa nahm Uschis, ich Erhardts Rad. Auf den Rädern banden wir große Kartons mit Federbetten für die beiden fest. In Berlin Baumschulenweg stiegen wir aus dem Zug und radelten immer gen Westberlin. Am Stadtteil Treptower Park machte der Westsektor so einen Schlenker in den Osten, den wollte ich nutzen. Als wir an die Grenze kamen, hielt uns prompt ein Grenzer an. Wir könnten mit unseren Rädern und dem Gepäck nicht in den Westsektor fahren. Ich erklärte ihm, dass ich Student sei, mir die Räder und die Betten von zu Hause geholt hätte und nun zu meiner Studentenwohnung fahren wollte. Um keinen großen Umweg fahren zu müssen, würden wir nur dieses Stück durch den Westen nutzen und kämen ja drüben wieder in den „demokratischen Sektor“. Er hatte ein Einsehen, ließ uns fahren und wir waren drüben! Bis zum Breitenbachplatz war es noch eine ganz schöne Strecke.

Die Wende

Die Wende kam. Was sollte ich beruflich machen? Wir waren in Niemegk inzwischen vier Tierärzte. Die Bestände verschwanden. Es gab wenig Arbeit. Da wurde die Stelle des Amtstierarztes für den Kreis Belzig ausgeschrieben. Wir waren vier Kandidaten, die sich für dieses Amt bewarben. Ich war der Älteste und rechnete eigentlich nicht unbedingt mit der Anstellung. Kurz und gut, trotz einiger Schwierigkeiten wurde ich doch Amtstierarzt des Kreises Belzig. Obwohl ich zu DDR-Zeiten schon ein Fernstudium über zwei Jahre an der Uni Leipzig für das Staatliche Veterinärwesen gemacht hatte, musste ich mich nach der Wende noch einmal ein Vierteljahr im Direktstudium auf die Schulbank setzen. Mir hat das viel Spaß gemacht, ich fand aber vieles Nichtfachliche übertrieben und ungerecht. Das große Motto ist bis heute geblieben, wie ziehe ich dem kleinen Mann am besten das Geld aus der Tasche. Da wurde uns schon vom Lektor berichtet, wie man in einer Neubausiedlung im Westen für die Anlieger eine neue Straße baute. Da es nur ein Wohngebiet war, wurde die Straße nicht für schwere Lasten ausgebaut. Die Bürger haben die Straße bezahlt. Alle waren zufrieden. Eines Tages fiel es der Stadt ein, hinter der Siedlung ein großes Werk zu bauen. Da wurde die leichte Straße aufgerissen und eine Straße für Schwerlaster gebaut, die die Bürger noch einmal bezahlen mussten! So ist das.

Nachdem wir in Borkheide auf dem Lehrgang unsere Prüfungen abgelegt hatten, war ich wieder wie zum Staatsexamen „ausgelaugt“. Ich wusste noch keine Endzensur, die in einem umständlichen Verfahren für jeden Prüfling errechnet werden musste und fuhr nach Hause. Ich hatte mich etwas aufs Sofa gelegt, da rief ein Kollege der Prüfungskommission an und teilte mir mit, ich hätte das Examen mit einer „2" bestanden. Ich konnte mich nicht mal freuen. Schon in Leipzig beim Examen für den Fachtierarzt war aufgefallen, dass die älteren „Semester" bessere Zensuren als die jüngeren Kollegen hatten. So war es auch in Borkheide. In Borkheide leitete ich 1999 einen weiteren Lehrgang für Amtstierärzte. Da war es auch wieder so. Ich nehme an, dass sich die jüngeren Kollegen auf das erst vor ein paar Jahren bestandene Staatsexamen verlassen hatten und meinten, sie brauchten nicht so zu büffeln wie die Alten.

Die Leukosesanierung

Nach der Wende wurden unsere Rinderbestände, die noch stark mit der Leukose verseucht waren, saniert. In der DDR wurde nichts gemacht, wie ich schon berichtet habe. Man schlachtete die gesamten mit Leukose verseuchten Rinderbestände ab und ersetzte sie durch leukosefreie Rinder. Als Amtstierarzt des Kreises Belzig attestierte ich in dieser Funktion die Verladungen der Rindertransporte zu den holländischen Schlachthöfen. Die Holländer nahmen diese Tiere ab. So manche Nacht stand ich in den Ställen und erlebte mit, wie doch viele Viehpfleger und Bauern weinten, als ihre Tiere verladen wurden.

Mit den Verladungen war das auch immer solche Sache. Westdeutsche Händler kamen zu uns, um Handel zu treiben. Unter den Händlern gab es viele Schlitzohren, die dachten, wir Amtstierärzte in den neuen Bundesländern hätten wenig Ahnung von den westdeutschen Gesetzen. Bei uns hatten sie sich ganz schön geirrt. Der Bund der Beamteten Tierärzte hatte in Berlin Lehrgänge organisiert und uns mit den Gesetzen vertraut gemacht. Es gab auch ein Standardwerk, das nach den Verfassern nur der „Geißler/Rojahn" genannt wurde. Darin stand alles, was man wissen musste. Man konnte dort jederzeit nachschlagen. Wir waren gut informiert. Unser Aufkäufer aus der ehemaligen DDR, wie man die Händler bei uns nannte, meldete im Amt einen Schlachtviehtransport von Rindern nach Polen an. 120 Rinder sollten im Raum Niemegk verladen werden, die alle mal zu meinem früheren Bereich gehörten. Ich kannte die Tiere und brauchte nicht unbedingt beim Aufladen der Tiere dabei zu sein. Ich wollte mir dann den Transport in Niemegk angucken und die Auslandspapiere ausfüllen. In Niemegk standen schon die beiden LKW mit je 60 Rindern beladen. Ich guckte sie mir an und stellte fest, dass das wirklich nur Schlachttiere sein konnten. Da waren Zwicken dabei, alte Färsen, die sicher nicht trächtig geworden waren usw. Als ich ins Büro kam, um die Transportpapiere auszufüllen, sie waren schon von meiner Sekretärin im Amt vorbereitet, sah ich, dass Rindergesundheitskarten auf den Tischen lagen. Diese Karten wurden immer gebraucht, wenn Zuchttiere verladen wurden. Ich fing also an, die EU-Atteste, die für solche Transporte vorgeschrieben waren, auszufüllen. Da kam der Beauftragte des Viehhändlers aus Amberg/Bayern zu mir, ich sollte auf die Atteste den Zusatz vermerken: „Tiere sind zuchttauglich!!!“ Das kam überhaupt nicht in Frage. Bei Zuchttieren mussten vor dem Transport bestimmte Untersuchungen durchgeführt werden, die auf den Papieren vermerkt wurden. Ich erklärte dem Herrn aus Amberg, dass dies ein Schlachtviehtransport wäre und sonst nichts. Er machte sogar den Vorschlag, dass sie die Tiere in Polen untersuchen lassen wollten. Da wäre ich ganz schön auf die Nase gefallen, wenn die Tiere plötzlich alle positiv gewesen wären. Zuchttiere wurden wesentlich besser bezahlt, wenn sie über die Grenze gingen. Die BRD zahlte auch dafür Prämien. Nachdem der Herr aus Amberg keinen Erfolg bei mir hatte, sollte ich mit seinem Chef in Amberg sprechen. Die hatten damals schon Telefone im Auto, mit denen sie in Westdeutschland anrufen konnten. Sein Chef war auch zu Hause, wollte den „kleinen“ Amtstierarzt aus dem Osten einschüchtern, drohte mit Regress. Das haben übrigens viele gemacht, wenn sie nicht das bekamen, was sie wollten. Ich bin immer stur geblieben. So blieb dem Händler nichts anderes übrig, als alle 120 Tiere wieder abladen zu lassen. Der Transport ging nicht nach Polen. Die Fahrer der beiden LKW haben mich bald aufgefressen. Sie mussten anschließend die LKWs wieder reinigen und desinfizieren.

Die Zollfahndung

Wie das manchmal so ist. Aus Nürnberg kam später ein Anruf von der internationalen Zollfahndung. Sie suchten bestimmte Viehtransporte und ob sie unsere Akten dazu einsehen könnten. Die Herren kamen, hatten damals schon einen Laptop, in dem alles vorbereitet und gespeichert war. Unsere Frauen im Büro hatten für die Verladungen ein ganz tolles System entwickelt, das wir den Zöllnern vorführen konnten. Sie waren begeistert, fanden keine Mängel bei uns. Und wie der Zufall das so will, suchten sie den Transport mit den 120 Rindern, den ich nicht abgefertigt hatte. Als sie sich verabschiedeten, sagten sie nur, bei uns wäre alles in Ordnung, wir brauchten sicher nicht zur Gerichtsverhandlung zu erscheinen. Wir brauchten auch nicht nach Nürnberg. Später lasen wir in der Zeitung, dass der Händler aus Amberg zu einer saftigen Strafe verurteilt worden war.

Die Bayern waren immer sehr stolz auf ihre Ausbildung der Amtstierärzte. Jedes Bundesland ist selbst für die Ausbildung seiner Amtstierärzte verantwortlich. Der Vorsitzende des „Bundes der Beamteten Tierärzte“ (BBT) kam aus Bayern und betonte immer wieder, wer in Bayern sein Kreisexamen gemacht hätte, könnte in allen Bundesländern seinen Dienst tun. Wir erlebten in einem Fall das Gegenteil. Ein Bauer hatte sich aus Bayern über einen Händler Rinder gekauft. Dazu musste man für die Rinder innerhalb der BRD eine Leukosefreiheitsbescheinigung vorlegen können. Der Bauer konnte es nicht. Er versprach, diese Bescheinung unverzüglich nachzureichen. Es kam keine Bescheinigung, bis sich ein Amtskollege aus Bayern meldete, er wüsste nicht, was wir für eine Bescheinigung haben wollten, in Bayern wäre so etwas nicht üblich! Wir sagten ihm, er möchte sich den „Geißler/Rojahn", ein Standardwerk, vornehmen und im Anhang der Leukoseverordnung wäre eine solche Bescheinigung als Muster ausgedruckt, die könnte er ja kopieren, ausfüllen und uns nachreichen. Es dauerte nicht lange, da klingelte das Telefon und der Kollege aus Bayern war wieder am Apparat, was er denn machen sollte, er hätte das Muster gefunden und da wären nur Spalten für 6 Rinder angeführt, es wären doch aber 7 Rinder! Wir haben ihm aus der Not geholfen.

Es gab einen ähnlich schlauen Händler, wie es der aus Amberg war. Aus Österreich kam ein Transport mit 40 Kühen, die zum Schlachthof Teterow geliefert werden sollten. Der Händler wollte sie aber unterwegs bei uns als Nutzkühe verkaufen. So wurde der Transport bei Brandenburg in unserem Kreis unterbrochen. Die Kühe kamen auf die Weide einer Agrargenossenschaft (AG). Als wir die Transportatteste forderten, waren keine da. Mit dem Ausland durften wir nicht verhandeln, so ging alles über die Veterinärabteilung der Landesregierung. Die fragten in Österreich nach, auch dort wieder Unwissen über die Transportpapiere. Der Kollege dort kannte nicht mal welche. So faxten wir ein entsprechendes EU-Attest zur Landesregierung, die es nach Österreich weitergab. Dann kam die Frage, wie man solch ein Attest auszufüllen habe? Wir schickten ein Muster auf den schon bekannten Weg. Endlich hatten wir ein Schlachtviehattest. Inzwischen waren einige Wochen vergangen, die AG wollte die Kühe nicht mehr behalten, so wurden sie nach Teterow geschickt. Den Erlös steckte die AG für Haltung und Fütterung ein, da war das Geld alle! Der Händler hat nichts bekommen.

Wir waren beim Kreis im Veterinär- und Lebensmittelüberwachungsamt eine gute Truppe und ließen uns nie auf krumme Touren ein. Jeder war ein guter Fachmann auf seinem Gebiet. Ein Aufkäufer erzählte mir, dass ein Händler von Drüben ein „schönes" Geschäft machen wollte und brauchte dazu einen Kreis, wo das angeblich ohne Schwierigkeiten durchgehen sollte. Er hatte an uns in Belzig gedacht. Da meldete sich gleich jemand und riet ab, in Belzig würden sie keinen Spaß verstehen, da wäre so etwas unmöglich. Wir hatten auch nie Ärger, nachdem wir anfangs durchgegriffen hatten.

Der Rentner

Am 1. Dezember 1997 wurde ich Rentner. Ich dachte immer, ohne meinen Beruf, der gleichzeitig mein Hobby vor allen Dingen in der Praxis war, würde ich nicht leben können. Man gewöhnt sich so schnell an das Rentnerleben und hat kaum Zeit.

Wenn ich heute zurückblicke, muss ich sagen, dass ich eine besonders schöne Kindheit hatte und dass ich mit meinem Beruf völlig zufrieden war. Ich hätte mir keinen anderen Beruf vorstellen können. Leider ging 1989 meine Tätigkeit in der Praxis zu Ende. Die amtliche Tätigkeit hat mich nicht so ganz erfüllt, obwohl ich sie gerne gemacht habe.

Vater, der Pfarrer, malt seinen Kindern Bildgeschichten.

Bübi soll diesmal seine Zahnschmerzen vergessen.

Bübi ist den Zahnschmerz los!
Doch die eine Back' ist groß!

Gerade konnt' man wieder sehen,
dass die Sau nicht wollte gehen.

Bei der andern Sau, der guten,
nutzte nichts, auch nicht die Ruten.

Und auch mit vereinter Kraft
man die Sau nicht vorwärts schafft.

Vater Hampel nimmt 'nen Strick,
doch auch damit gibt's kein Glück.

Schließlich sitzt das alte Schwein
auf der Straße ganz allein.

Mutter gibt ihr noch 'nen Tritt!
Doch hat auch sie kein Glück damit.

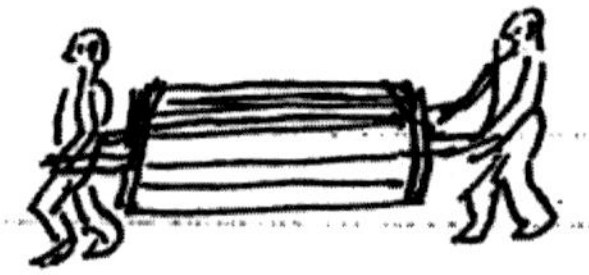

Mit dem Kasten groß und weit
ist man jetzt zur Tat bereit.

Alle Mann und auch die Lore
fahr'n das Schwein nun aus dem Tore.

Damit ist's für heute aus:
Oben im Flur, da sitzt 'ne Maus.

Inhalt

Vorwort 5
Kindheit 6
Elternhaus 6
Der Garten als Spielplatz 6
Vati als Spielzeugbauer 9
Mutti als Erzieherin 9
Meine Eltern 11
Ferien in Waren 11
Unser Viehhof in Borne 12
Das Schweineschlachten und die Gartenernte 14
Tabakanbau 16
Postamt Borne 17
Onkel Fritze 17
Pflaumenmus- und Sirupkocherei 18
Hampels, unsere Nachbarn 19
Wir waren in vielen Dingen Selbstversorger 20
Täglicher Einkauf 21
Unsere Hunde 22
„Bärchen vom Rehsumpf" und die Einquartierung 24
Bärchen in der Schmiede 25
Hundemusterung 26
Schützenkönig 26
Ganter Anton 27
Kinder spielen oft den Beruf des Vaters 27
Liebe zur Landwirtschaft 28
Pfingsten an der „Maie" 29
Der Abend im Dorf 30
Kinderspiele im Dorf 30
Kino in Belzig 32
Kartoffelernte 32
Maidenlager 33
Die Wasserversorgung 34
Auf dem Teich 35
Die Ausrede 37
Spinnichte 37
Geselligkeit 38
Vom Kochen und Heizen 39
Kein elektrischer Strom 40
Schulzeit 42
Schule in Borne 42
Der Lehrer 42
Die Utensilien 43
Der Schulraum 44
Einschulung 45
Strafe im Unterricht 45
Seidenraupen 46
Schulpause 47
Häusliche Arbeit des Lehrers 48
Erziehung der Dorfjugend 48
Mein Freund Harri 49
Reinhard Ziehe 51
Rivalitäten mit Bergholzern 51
Zivilgefangene in Wehrmachtsbaracken 52
Kriegsspiele 53
Hitlerjugend 53
Hirtenbriefe 54
Jungenschaftsdienst 54
Gendarm Oberpichler 55
Kirchendiener 56
„Ordnungshüter" 57
Nazigruß 58
Soldatenzüge 58
Verdunkelung 58
Schule in Belzig 59
Schulweg per Fahrrad 60
Die Straße nach Belzig 62
Oberschule für Knaben 64
Luftangriffe 64
Kriegsgefangene 65
Bürgermeister 66
Hamsterfahrten 67
Luftschutz 67
Absturz eines deutschen Jägers 69
Munition auf dem Borner Bahnhof 70
Tod unserer Mutter 71
Ohne Mutti musste es weitergehen 72
Der Krieg kam immer näher 72
Die Flucht 73
Zurück nach Borne 74
Russische „Einquartierung" 75
Hundewagentausch 77
Bendins Villa 77
Witze über russische Soldaten 78
Amis in Bergholz 79
Dr. Mischkowski 79

Der Bezugschein 79
Fotozirkel 81
Schulweg nach dem Krieg mit Hindernissen 81
Schulweg ohne und mit Fahrrad 82
Der Kartenständer 83
Ariovist rettet die Stunde 84
Das Abitur 84
Latein - Klatschen 85
Der Zahnschmerz 83
Unangenehmes Erlebnis in der Schule 86
Unterricht in halb Belzig 87
Einige Lehrertypen 87
Aufteilung der Klassen 87
Die Schulglocke 88
Die letzten Jahre in Belzig an der Schule 89
Der Diphtheriepatient 89
Wir Schüler als Maler 90
Der Weihnachtsmarkt 90
Berufswahl 91
Werner Meredig 92
Der Ausritt 93
Das Studium 94
Endlich Student 94
Studentenbuden 95
Erstes Klassentreffen und erste Begegnung mit Karin 97
Erster Besuch in Berlin, meine Wirtin Frau Zimmermann 98
Meine Wirtin Frau Thiele 100
Die Brautschau 101
Gertrud Herr und Martin Raetz, Kino in Westberlin 101
Aufstand an der Fakultät 102
Schirdewan vom ZK der SED 103
Aufmärsche zu politischen Feiertagen 104
Prüfungen 105
Das chemische Praktikum 105
Martins Aberglauben 107
Vorphysikum bei Prof. Chomse 107
Das Brustbein 107
Die Verwechslung bei Prof. Vogel 108
Prof. Borchert genannt Bibo 110
Das Praktikum 111
Dr. Kurth in Teterow 112
Die Umsiedler vom Rhein 113
Kommilitone „Siegmund“ 114
Dr. Illmer-Kephalides, Waren 115
Dr. Hung, Belzig 116
Schuhkauf bei Leiser 118
Hamburg 118
Bad Nauheim 119
Besuch bei Republikflüchtlingen 120
Die Rückfahrt in die DDR 120
Einkauf in Westberlin 121
Das eingefrorene Kühlwasser 121
Karin in Gefangenschaft 122
Der Verlobungskaffee 123
Die Verlobungsringe 124
Die letzten Prüfungen 125
Dr. Schneiders, Niemegk 126
Die Rotlaufimpfung 127
Regierungsveterinärrat Dr. Rienäcker 127
Mein erster Praxisfall mit Dr. Schneiders 128
Dr. Winter, Treuenbrietzen 128
Der erste Todeskandidat 130
Pflichtassistent 131
Tierarzt in Niemegk 132
Umzug zu Lindes nach Niemegk 132
Die schnelle Tasse Kaffee 133
Karin macht den Führerschein 133
Zwei Garagen 133
Der Neubau in der Jüterboger Straße 134
Einbau einer Zentralheizung 135
Der Hauskauf und Erneuerungen 136
Hochzeit und Autokauf 137
Die erste Rindergeburt 137
Ein guter Start 137
Der erste Kaiserschnitt bei einer Kuh 138
Eine traurige Geburt beim Pferd 139
Kaiserschnitt bei einer Sau in Hohenwerbig 140
Ich wurde Lehrtierarzt 142
Ein Fall für die Stasi 142
Kaiserschnitt bei einer Sau in Lühnsdorf 143
Ein Klassentreffen in Burg 144
Weitere Stasiberichte 144
Fluchthelfer 145
Die Tierklinik Wittenberg 147
Studienrat und Ponyzüchter Ohlberg 148

Eine Geburt bei einer Ponystute 149
Ein Fall mit Tollwut 150
Bulgarische Kollegen und die Tollwut 151
Herdbuchzüchter 151
Der Besuch eines Stasimitarbeiters 152
Die LPG-Werbung 153
Die LPG Typen I bis III 154
Ein „Pferdeunfall“ in Linthe 154
Die ÖLB 154
Der Stadtfunk in Niemegk 155
Die Schlundverstopfung 156
Die Seuchen 157
Not- und Krankschlachtbetriebe 157
Ich bekam Nierentuberkulose 158
Die Verkalbeseuche 159
„Schlaue Bauern“ und andere Kuriositäten 160
Tante Babauchen 162
Kanone 163
Die Ziegenböcke 163
Mein Boxer im Auto 164
Die Toiletten 164
Schlampereien 166
Man fällt schnell in Ungnade 166
Die Studentin aus Leipzig 168
Der Mauerbau 169
Eine Ost-West-Geschichte noch vor der Mauer 170
Die Wende 171
Die Leukosesanierung 172
Die Zollfahndung 173
Der Rentner 175
Vater, der Pfarrer. malt seinen Kindern Bildergeschichten 176

Weitere Memoiren im Treibgut Verlag

Elfriede Hennig:
Geschichten aus Sandberg
Elfriede Henning beschreibt in ihren Erinnerungen ihr Leben am Fuße der Burg Eisenhardt in Belzig: Von ihrer Kindheit in einer Bauernwirtschft, über die Zeit im Zweiten Weltkrieg und die DDR-Jahre bis zur Wende 1989. Ca. 40 Fotos ergänzen die Lebensbeschreibungen.

Format: 15 x 21 cm, 94 Seiten, Softcover, PREIS: 8,50 Euro
ISBN 978-3-941175-01-3

Wilhelm Leps & Adolf Leity:
Zwei Fläminger erzählen
1938 starb der eine, 1939 wurde der andere geboren. Ihre Erinnerungen an Land und Leute im Hohen Fläming - insbesondere an die Region Treuenbrietzen / Jüterbog / Marzahna - ergänzen sich zu einem sehr persönlichen Porträt einer ganzen Landschaft südwestlich von Berlin. Mit zahlreichen Abbildungen und Fotos.

Format: 15 x 21 cm, 150 Seiten, Softcover, PREIS: 12,00 Euro
ISBN: 978-3-941175-00-6